中华传统都市文化丛书

总主编　杨晓霭

传统信仰与城市生活

城隍

孙京荣　著

兰州大学出版社
LANZHOU UNIVERSITY PRESS

图书在版编目（ＣＩＰ）数据

传统信仰与城市生活 ：城隍 / 孙京荣著. -- 兰州 ：
兰州大学出版社，2015.5（2019.9重印）
（中华传统都市文化丛书 / 杨晓霭主编）
ISBN 978-7-311-04743-6

Ⅰ．①传… Ⅱ．①孙… Ⅲ．①信仰－民间文化－研究
－中国 Ⅳ．①B933

中国版本图书馆CIP数据核字(2015)第106412号

策划编辑　梁建萍
责任编辑　梁建萍　杨　洁
封面设计　郇　海

书　　名　**传统信仰与城市生活：城隍**
作　　者　孙京荣 著
出版发行　兰州大学出版社　（地址：兰州市天水南路222号　730000）
电　　话　0931-8912613(总编办公室)　0931-8617156(营销中心)
　　　　　　0931-8914298(读者服务部)
网　　址　http://press.lzu.edu.cn
电子信箱　press@lzu.edu.cn
印　　刷　三河市金元印装有限公司
开　　本　710 mm×1020 mm　1/16
印　　张　16.25
字　　数　261千
版　　次　2015年7月第1版
印　　次　2019年9月第3次印刷
书　　号　ISBN 978-7-311-04743-6
定　　价　29.00元

目　录

目　录

MU LU

总 序
——都市文化的魅力

杨晓霭

关于城市、都市的定义，人们从政治、经济、军事、社会、地理、历史等不同角度所做的解释已有三十多种。从城市社会学的历史视角考察，城市与都市在概念上的区别就是，都市是人类城市历史发展的高级空间形态。在世界城市化发展进程已有两百多年历史的今天，建设国际化大都市俨然成为人们最为甜美的梦。这正是本丛书命名为"都市文化"的初衷。

什么是都市文化，专家们各执己见。问问日复一日生活在都市中的人们，恐怕谁也很难说得清楚。但是人们用了一个非常形象的比喻来形容，说现代都市就像一口"煮开了的大锅"——沸腾？炽烈？流光溢彩？光怪陆离？恐惧？向往？好奇？神秘？也许有永远说不明白的滋味，有永远难以描摹的情境！无论怎样，只要看到"城市""都市"这样的字眼，从农耕文明中生长、成长起来的人们，一定会有诸多的感叹、赞许。这种感叹、赞许，渗透在人类的血脉中，流淌于民族历史的长河里。

一、远古的歌唱

关于"都""城""市"，翻开词典，看到的解释，与人们想象的一样异彩纷呈。摘抄几条，以资参考。都［dū］：(1)古称建有宗庙的城邑。之所以把建有宗庙的城邑称为"都"，是因为它地位的尊贵。(2)国都，京都。(3)大城市，著名城市。城［chéng］：(1)都邑四周的墙垣。一般分两重，里面的叫城，外面的叫郭。城字单用时，多包含城与郭。城、郭对举时只指城。(2)城池，城市。(3)犹"国"。古代王朝领地、诸侯封地、卿大夫采邑，都以有城垣的都邑为中心，皆可称城。(4)唐要塞设守之处。(5)筑城。(6)守卫城池。市［shì］：(1)临时或定期集中一地进行的贸易活动。(2)指城市中划定的贸易之所或商业区。(3)泛指城中店铺较多的街道或临街的地方。(4)集镇，城镇。(5)现代行政区划单位。(6)泛指城市。(7)比喻人或物类会聚而成的场面。(8)指聚集。(9)做买卖，贸易。(10)引申指为某种目的而进行交易。(11)购买。(12)卖，卖出。把"都""城""市"三个字的意义结合起来，归纳一下，便会看到中心内容在"尊贵""显要""贸易""喧闹"，由这些特点所构成的城市文化、都市文化，与乡、野、村、鄙，形成鲜明对照。而且对都、城、市之向往，源远流长，浸润人心。在中国最早的诗歌总集《诗经》中，我们就聆听到了这样的歌唱：

> 文王有声，遹骏有声。遹求厥宁，遹观厥成。文王烝哉！
> 文王受命，有此武功。既伐于崇，作邑于丰。文王烝哉！
> 筑城伊淢，作丰伊匹。匪棘其欲，遹追来孝。王后烝哉！
> 王公伊濯，维丰之垣。四方攸同，王后维翰。王后烝哉！
> 丰水东注，维禹之绩。四方攸同，皇王维辟。皇王烝哉！
> 镐京辟雍，自西自东，自南自北，无思不服。皇王烝哉！
> 考卜维王，宅是镐京。维龟正之，武王成之。武王烝哉！
> 丰水有芑，武王岂不仕？诒厥孙谋，以燕翼子。武王烝哉！

这首诗中，文王指周王朝的奠基者姬昌。崇为古国名，是商的盟国，在今陕西省西安市沣水西。丰为地名，在今陕西省西安市沣水以西。伊，意为修筑。淢通"洫"，指护城河。匹，高亨《诗经今注》中说："匹，疑作皃，形近而误。皃是貌的古字。貌借为庙。"辟指天子，君主。镐京为西周国都，故址在今陕西省西安市西南沣水东岸。周武王既灭商，自酆徙都于此，谓之宗周，又称西都。芑通"杞"，指杞柳，是一种落叶乔木，枝条细长柔韧，可编织箱筐等器物，也称红皮柳。翼子的意思是，翼助子孙。全诗的大意是：

> 文王有声望，美名永传扬。他为天下求安宁，他让国家安泰盛昌。文王真是我们的好君王！
> 文王遵照上天指令，讨伐四方建立武功。举兵攻克崇国，建立都城丰邑。文王真是我们的好君王！
> 筑起高高的城墙，挖出深深的城池，丰邑都城里宗庙高耸巍巍望。不改祖宗好传统，追效祖先树榜样。文王真是我们的好君王！
> 各地公爵四处侯王，犹如丰邑的垣墙。四面八方来归附，辅佐君王成大业。文王真是我们的好君王！
> 丰水向东浩浩荡荡，治水大禹是榜样。四面八方来归附，武王君主承先王。武王真是我们的好君王！
> 镐京里建成辟雍，礼乐推行，教化宣德。从西方向东方，从南面往

北面，没有人不服从我周邦。武王真是我们的好君王！

占卜测问求吉祥，定都镐京好地方。依靠神龟正方位，武王筑城堪颂扬。武王真是我们的好君王！

丰水边上杞柳成行，武王难道不问不察？心怀仁义留谋略，安助子孙享慈爱。武王真是我们的好君王！

研究《诗经》的专家一致认为，这首《文王有声》歌颂的是西周的创业主文王和建立者武王，清人方玉润肯定地说："此诗专以迁都定鼎为言。"（《诗经原始》）文、武二王完成统一大业的丰功伟绩，在周人看来，最值得颂扬的圣明之处就是"作邑于丰"和"宅是镐京"。远在三千多年前的上古，先民们尚处于半游牧、半农耕的生活时期，居无定所，他们总是在耗尽了当地的资源之后，再迁移到其他地方。比如夏部族不断迁徙，被称作"大邑"的地方换了十七处；继夏而起的商，五次迁"都"，频遭乱离征伐之苦。因此，能否建"都"定"都"，享受稳定安逸的生活，成了人民的殷切期望。商朝时"盘庚迁殷"，"百姓由宁"，"诸侯来朝"，传位八代十二王，历时273年，成为历史佳话。正是在长期定居的条件下，兼具象形、会意、形声造字特点的甲骨文出现。文字的发明和使用，使"迁殷"的商代生民率先"有典有册"，引领"中国"跨入文明社会的门槛。而西周首都镐京的确立，被看成是中国远古王朝进入鼎盛时期的标志。"维新"的周人，在因袭殷商文化的同时，力求创新，"制礼作乐"，奠定了中华文化的基础。周平王的迁都洛邑，更是揭开了春秋战国的帷幕，气象恢宏的"百家争鸣"，孔子、老子、庄子等诸子学说的创立，使华夏文化快速跃进以至成熟质变，迈步走向人类文明的"轴心时代"。

一个都城的建设，凝聚着智慧，充满着憧憬。《周礼·冬官·考工记》曰："匠人建国，水地以悬，置槷以悬，眡以景。为规识日出之景与日入之景，昼参诸日中之景，夜考之极星，以正朝夕。匠人营国，方九里，旁三门，国中九经、九纬，经涂九轨。左祖右社，面朝后市，市朝一夫。"（《周礼注疏》，十三经注疏本，中华书局，1986年影印本，第927页）意思是说，匠人建造都城，用立柱悬水法测量地平，用悬绳的方法设置垂直的木柱，用来观察日影，辨别方向。以所树木柱为圆心画圆，记下日出时木柱在圆上的投影与日落时木柱在圆上的投影，这样来确定东西方向。白天参考正中午时的日影，夜里参考北极星，以确定正南北和正东西的方向。匠人营建都城，九里见方，都城的四边每边三门。都城中有九条南北大道、九条东西大道，每条大道可容九辆车并行。王宫门外左边是宗庙，右边是社稷坛；帝王正殿的前面是接见官吏、发号施令的地方——朝廷，后面是集合众人的市朝。每"市"和每"朝"各有百步见方。如此周密的都城体系建构,不能不令人心生敬仰。考古学家指出:"三代虽都在立国前后屡次迁都,其最早的都城却一直保持着祭仪上的崇高地位。如果把那最早的都城比喻作恒星太阳,则后来迁徙往来的都城便好像是行星或卫星那样围绕着恒星运行。再换个说法,三代各代都有一个永恒不变的'圣都',也各有若干迁徙行走的'俗都'。'圣都'是先朝宗庙的永恒基地,而'俗都'虽也是举行日常祭仪所在,却主要是王的政治、经济、军事的领导中心。"(张光直:《考古学专题六讲》,文物出版社,1986年版,第110页)由三代都城精心构设的"规范""规格",不难想象上古时代人们对"城"的重视,以及对其赋予的精神寄托和文化意蕴。"西周、春秋时代,天子的王畿和诸侯的封国,都实行'国''野'对立的乡遂制度。'乡'是指国都及近郊地区的居民组织,或称为'郊'。'遂'是指'乡'以外农业地区的居民组织,或称为'鄙'或'野'。居住于乡的居民叫'国人',具有自由民性质,有参与政治、教育和选拔的权利,有服兵役和劳役的责任。当时军队编制是和'乡'的居民编制相结合的。居于'遂'的居民叫'庶人'或'野人',就是井田上服役的农业生产者。"(杨宽:《中国古代都城制度史研究》,上海人民出版社,2003年版,第40页)国畿高贵,遂野鄙陋,划然分明。也许就是从人们精心构设"都""城"的时候开始,"城"与"乡"便有了巨大的差异,"城里人"和"乡里人"就注定要有不同的命运。于是,缩小城乡差别,成为中国人永久的梦想。

二、理想的挥洒

对都市的向往,挥动生花妙笔而纵情赞美的,莫过于汉、晋的辞赋家。翻开文学发展史,《论都赋》《西都赋》《东都赋》《西京赋》《东京赋》《南都赋》《蜀都赋》《吴都赋》《魏都赋》……一篇篇铺张扬厉的都城大赋,震撼人心,炫人耳目。总会让人情不自禁地要披卷沉思,生发疑问:这些远在两千年前的文人骚客,为什么要如此呕心沥血? 其实答案很简单,人们太喜欢都市了。

"都"居"天下之中",这是就国都、都城而言。即使不是国都之"都城""都市",又何尝不在人们的理想之"中"。都城的繁华、富庶、豪奢、享乐,哪一样不动人心魄、摄人心魂? 而要寄予这份"享受",又怎能绕得开城市? 请看班固《西都赋》的描摹:

> 建金城而万雉,呀周池而成渊。披三条之广路,立十二之通门。内则街衢洞达,闾阎且千,九市开场,货别隧分。入不得顾,车不得旋,阗城溢郭,旁流百廛。红尘四合,烟云相连。于是既庶且富,娱乐无疆。都人士女,殊异乎五方。游士拟于公侯,列肆侈于姬姜。

意思是说，"皇汉"经营的西都长安，城墙坚固得如铜铁所铸，高大得达到了万雉。绕城一周的护城河，挖成了万丈深渊。开辟的大道，从三面城门延伸出来，东西三条，南北三条，宽阔畅达。建立的十二门，与十二地支相应，展现出昼夜十二时的畅通无阻。城内大街小巷，四通八达，住户人家几乎近千。大道两旁，"九市"连环，商店林立，铺面开放。各种各样的货物，分门别类，排列在由通道隔开的各种销售场所。购物的人潮涌动，进到市场，行走其间，人人难以回头观看，车辆更是不能回转。长长的人流，填塞城内，一直拖到城外，还分散到各种店铺作坊，处处比肩。扬起的红尘，在四方升腾，如烟云一般弥漫。整个都城，丰饶富裕，欢娱无边。都市中的男男女女，与东南西北中各地的人完全不同。游人的服饰车乘可与公侯比美，商号店家的奢华超过了姬姓姜姓的贵族。

与班固西都、东都两赋的聘辞相比，西晋左思赋"三都"（《魏都赋》《吴都赋》《蜀都赋》），产生了"洛阳纸贵"的都城效应。"三都赋"在当时的传播，有皇甫谧"称善"，"张载为注《魏都》，刘逵注《吴》《蜀》而序"，"陈留卫权又为思赋作《略解》而序"，"司空张华见而叹"，陆机"绝叹伏，以为不能加也，遂辍笔"不再赋"三都"。唐太宗李世民及其重臣房玄龄等撰《晋书》，于文苑列传立左思传，共830余字，用640余字赞叹左思"三都赋"及《齐都赋》之"辞藻壮丽"。"不好交游，惟以闲居为事"的左思，名扬京城，让有高誉的皇甫谧"称善"，让"太康之杰"的陆机"叹服""辍笔"，让居于司空高位的张华感叹，让全洛阳的豪贵之家竞相传写，这一切与其说是感叹左思的才华，不如说是人们对"魏都之卓荦"、吴都"琴筑并奏，笙竽俱唱"，蜀都"出则连骑，归从百两"的向往与艳羡。都市的富贵荣华、欢娱闲荡，太具有吸引力了！可以想象，当"大手笔"们极尽描摹之能事，炫耀都城美丽、都市欢乐图景的时候，澎湃的激情中洋溢着对都市生活多么深情的憧憬。自古以来，都城便与"繁华""豪奢"联系在一起，城市生活成了"快活""享乐"的代名词。北宋都市生活繁华，浪迹汴京街巷坊曲的柳三变，"忍把浮名，换了浅斟低唱"，一度"奉旨填词"，其词至今尚存210余阕。"针线闲拈伴伊坐"，固然使芳心女儿神往陶醉；"杨柳岸晓风残月"，无时不令人心旌摇曳；而让金主"遂起投鞭渡江之志"的还是那"钱塘自古繁华"：

东南形胜，三吴都会，钱塘自古繁华。烟柳画桥，风帘翠幕，参差十万人家。云树绕堤沙，怒涛卷霜雪，天堑无涯。市列珠玑，户盈罗绮，竞豪奢。

重湖叠巘清嘉，有三秋桂子，十里荷花。羌管弄晴，菱歌泛夜，嬉嬉

钓叟莲娃。千骑拥高牙，乘醉听箫鼓，吟赏烟霞。异日图将好景，归去凤池夸。

柳永挥毫歌颂"三吴都会"的钱塘杭州：东南形胜，湖山清嘉，城市繁荣，市民殷富，官民安逸。"夸"得词中人物精神抖擞，"夸"得词人自己兴高采烈。北宋末叶在东京居住的孟元老，南渡之后，常忆东京繁盛，绍兴年间撰成《东京梦华录》，其间的描摹，与柳永的歌唱，南北映照。孟元老追述都城东京开封府的城市风貌，城池、河道、宫阙、衙署、寺观、桥巷、瓦舍、勾栏，以及朝廷典礼、岁时节令、风土习俗、物产时好、街巷夜市，面面俱到。序中的描摹，令人越发想要观赏那盛名不衰的《清明上河图》。

太平日久，人物繁阜。垂髫之童，但习鼓舞；斑白之老，不识干戈。时节相次，各有观赏。灯宵月夕，雪际花时，乞巧登高，教池游苑。举目则青楼画阁，绣户珠帘。雕车竞驻于天街，宝马争驰于御路。金翠耀目，罗绮飘香。新声巧笑于柳陌花衢，按管调弦于茶坊酒肆。八荒争凑，万国咸通。集四海之珍奇，皆归市易；会寰区之异味，悉在庖厨。花光满路，何限春游？箫鼓喧空，几家夜宴？伎巧则惊人耳目，侈奢则长人精神。瞻天表则元夕教池，拜郊孟享。频观公主下降，皇子纳妃。修造则创建明堂，冶铸则立成鼎鼐。观妓籍则府曹衙罢，内省宴回；看变化则举子唱名，武人换授。仆数十年烂赏叠游，莫知厌足。

"侈奢则长人精神"，一语道破了"市列珠玑，户盈罗绮，竞豪奢"之底气，"烂赏叠游，莫知厌足"之纵情。市场上陈列着珠玉珍宝，家橱里装满了绫罗绸缎，当大家都比着赛着要"炫富"时，每个人该是何等的精神焕发，又是何等的意气洋洋？幻化自古繁华之钱塘，想象太平日久之汴都，试看今日之天下，何处不胜"汴都"，到处都似"钱塘"。纵班固文赡，柳永曲宏，霓虹灯下的曼妙，何以写得明白，唱得清楚？

三、"城""乡"的激荡

（一）乡里人的城市感觉

乡里人进城，感觉当然十分丰富。对这份"感觉"的回忆，令人蓦然回首。我有过一个短暂而幸福的童年。留在记忆深处的片断里，最不能抹去，时时涌现脑海的，就是穿着一身新衣，打扮得光鲜靓丽，牵着姐姐的手，"到街上去"。每到这个时候，总会听到这样的问："到哪里去？""到街上去。""啊，衣裳怎么那么好看呢！颜色亮得很啊！"答话的总是姐姐，看衣服的总是我。我总会用最喜悦的眼光看问话的人，用最自豪的动作扭扭捏捏地扯一扯自己的衣角,再低下头看看鞋袜。接着还会听到一句夸奖:"哟,鞋穿得怎么那么合适呢,是最时兴的啊!"于是"到街上去"就和崭新的衣服、新款的鞋袜连在一起。这也是我这个乡里人最早对"城市"的感觉。牵着姐姐的手到街上,四处"逛"来"逛"去,走得昏头昏脑,于是真正到了"街上"的情形反而没有多少欢乐或痛苦了。和母亲"到街上",是去看戏。看戏对母亲不是一件愉快的事。母亲看戏是为了服从"家长"的安排,而她最担心的还是城里人会说我们是"乡棒"。留给母亲的还有一点"不高兴",就是母亲去看戏总要抱着我,是个"负担"。当我被抱着看戏的时候,戏是什么不知道,看的只是妈妈的脸。看她长长的睫毛、大大的眼睛、棱棱的鼻子、白皙的皮肤。再长大一点,就是看戏园子。朦胧的感觉只是人多啊人真多啊,接着是挤呀挤,在只能看见人的衣服、人挪动着腿的昏暗中,也随着大流迈动自己的脚。如此而已! 真正成人了,似乎才懂得了母亲的感受。

曾读过日本人小川和佑著的《东京学》,有一节题作:"东京人都很聪明却心肠很坏……"。而且这个小标题,犹有意味地还加上了一个省略号。为什么会有这个结论,作者分析说:"如果为东京人辩护,这并不是说唯独东京人聪明而心肠坏,那是因为过去只知道在闭锁式共同体内生活的乡下到东京来的人,一味地只在他们归属的共同体之逻辑里思维和行动的缘故。这时候,对方当然企图以过密空间之逻辑将之击败。"(小川和佑:《东京学》,廖为智译,台北一方出版,2002年版)这个反省是深刻的。乡里人进城,回到乡里,最为激烈的反映,恐怕就是说,城里人很坏,那个地方太挤了。我曾经在大都市耳闻目睹过城里人对乡里人的态度,尤其是当车轮滚滚、人流涌动的"高峰"时段。这时候,所有的人,或跑了一天正饿着,或忙了一天正累着。住在城里的想要回家歇息,进城来的人想要找个地方落脚。于是,谁看见谁都不顺眼。恶狠狠地瞪一眼,粗声粗气地骂几句。"城"与"乡"的差别,在这个时候就表现得最明显了。但是,无论怎样的不愉快,过城里人的生活,是乡村人永远的梦;过城里人的生活,可谓是许多乡里人追求生活的终极目标。

20世纪80年代伊始,小说家高晓声发表了中篇小说《陈奂生上城》,把刚刚摘掉"漏斗户主"帽子的陈奂生置于县招待所高级房间里,也即将一个农民安置到高档次的物质文明环境中,以此观照,陈奂生最渴望的是希望提高自己在人们心目中的地位,总想着能"碰到一件大家都不曾经历的事情"。而此事终于在他上城时碰上了:因偶感风寒而坐上了县委书记的汽车,住上了招待所五元钱一夜的高级房间。在心痛和"报复"之余,"忽然心里一亮",觉得今后"总算有点自豪的东西可以讲讲了","精神陡增,顿时好像高大了许多"。高晓声惟妙惟肖的描写,一针见血,揭示的正是"乡里人"进城的最大愿望,即"希望提高自己在人们心目中的地位"。中国乡村人的生活,真的是太"土"了。著名诗人臧克家有一首最为经典的小诗,题作《三代》,诗云:"孩子,在土里洗澡;爸爸,在土里流汗;爷爷,在土里葬埋。"仅用二十一个字,浓缩了乡里人一生与"土"相连的沉重命运。比起头朝黄土背朝天的乡里人的"土",城里人被乡里人仰望着称为"洋";比起日复一日,年复一年,忙忙碌碌,永无休闲的乡里人,城里人最为乡里人羡慕的就是"乐"。为了变得"洋气",为了不那么苦,有一点"乐",乡里人花几代人的本钱,挣扎着"进城"。

(二)城里人的城市记忆

我曾从陇中的"川里"到了陇南的"山里",又从陇南的"山里"到了省城的"市里",在不断变换的旅途中,算一算,大大小小走过了近百个城市,而且还有幸出国,到了欧洲、非洲的一些城市。除生活了三十多年的省城,还曾在北京住了一年,在扬州住了两年,在上海"流动"五个年头,在土耳其的港口城市伊斯坦布尔住了一年半,在祖国宝岛台湾的台中市住了四个月零一周。每一座城市都以其独特的"风格"展示着无穷的魅力,也给我留下了许多难以忘怀的记忆。当我试着想用城里人的感觉来抒写诸多记忆的时候,竟然奇迹般地发现,城里人的城市记忆,也如同乡里人进城一样的复杂。于是,只好抄一些"真正"的城里人所写的城市生活和城市记忆。张爱玲出生在上海公共租界的一幢仿西式豪宅中,逝世于美国加州洛杉矶西木区罗彻斯特大道的公寓,是真正的城里人。她在《公寓生活记趣》中写城市生活,说她喜欢听市声:

> 我喜欢听市声。比我较有诗意的人在枕上听松涛,听海啸,我是非得听见电车响才睡得着觉的。在香港山上,只有冬季里,北风彻夜吹着常青树,还有一点电车的韵味。长年住在闹市里的人大约非得出了城之后才知道他离不了一些什么。城里人的思想,背景是条纹布的幔子,淡淡的白条子便是行驶着的电车——平行的,匀净的,声响的河流,汩汩流入下意识里去。

"市声"的确是城市独有的"风景",也是城里人最易生发感叹的"记忆"。胡朴安编集《清文观止》,收录了一篇清顺治、康熙年间沙张白的《市声说》。沙张白笔下的"市声",那就不仅仅是"喜欢"不"喜欢"了。他从鸟声、兽声、人声写到叫卖声、权势声,最终发出自己深深的"叹声"。城市啊,也是百般滋味在心头。

比起市声,最最不能抹去的城市记忆,恐怕就是"街"。一条条多姿多彩的"街",是一道道流动的风景线,负载着形形色色的风情,讲述着一个个动人的故事,呈现着各种各样的文化。潘毅、余丽文编的《书写城市——香港的身份与文化》,收录了也斯的《都市文化·香港文学·文化评论》一文,文章对都市做了这样的概括:"都市是一个包容性的空间。里面不止一种人、一种生活方式、一种价值标准,而是有许多不同的人、生活方式和价值标准。就像一个一个橱窗、复合的商场、毗邻的大厦,不是由一个中心辐射出来,而是彼此并排,互相连接。""都市的发展,影响了我们对时空的观念,对速度和距离的估计,也改变了我们的美感经验。崭新的物质陆续进入我们的视野,物我的关系不断调整,重新影响了我们对外界的认知方法。"读着这些评论的时候,我的脑海里如同上演着一幕幕城市的黑白电影,迅雷般的变迁,灿烂夺目,如梦如幻。

都市是一种历史现象,它是社会经济发展到一定阶段的产物,又是人类文化发展的象征。研究者按都市的主要社会功能,将都市分为工业都市、商业都市、工商业都市、港口都市、文化都市、军事都市、宗教都市和综合多功能都市等等。易中天《读城记》里,叙说了他所认识的政治都城、经济都市、享受都市、休闲都市的特点。诚然,每一个城市都有自己的个性,都有自己的风格,但与都市密切关联着的"繁荣""文明""豪华""享乐",对任何人都充满诱惑。"都市生活的好处,正在于它可以提供许多可能。"相对于古代都市文化,现代形态的都市文化,通过强有力的政权、雄厚的经济实力、便利的交通运输、快捷的信息网络、强大的传媒系统,以及形形色色的先进设施,对乡镇施加着重大的影响,也产生着无穷的、永恒的魅力。

四、都市文明的馨香

自古以来,乡里人、城里人,在中国文化里就是两个畛域分明的"世界",因此,缩小城乡差别,决然成为新中国成立后坚定的国策,也俨然成为国家建设的严峻课题。改革开放的东风吹醒催开了一朵娇艳的奇葩,江苏省淮阴市的一个小村庄——华西村,赫然成为"村庄里的都市",巍然屹立于21世纪的曙光中。"榜样的力量是无穷的。"让中国千千万万个村庄发展成为"村庄里的都市",这是人民的美好愿望。千千万万个农民,潮水般涌入城市,要成为"城里人"。千千万万个城市,迎接了一批又一批"乡亲"。两股潮水汇聚,潮起潮落,激情澎湃!如何融入城市,建设城市?怎样接纳"乡亲",

共同建设文明？回顾历史，这种汇聚，悠久而漫长，已然成为传统。文化是民族的血脉，是人民的精神家园。文化发展为了人民，文化发展依靠人民。如何有力地弘扬中华传统文化，提高人民文化素养，推动全民精神文化建设，是关乎民族进步的千秋大业。虽然有关文化的书籍层出不穷，但根据一个阶层、一个群体的文化特点，有针对性地进行文化素质培养，从而有目的地融合"雅""俗"文化，较快地提高社区文明层次，在当代中国文化建设中仍然具有十分重要的意义。

自改革开放以来，随着城乡人的频繁往来，大数量的人群流动，尤其如"农民工""打工妹"等大批农民潮水般地进入城市，全国城乡差别大大缩小。面对这样的现实，如何让城里人做好榜样，如何让农村人迅速融入城市生活，在文化层面上给他们提供必要的借鉴，已是刻不容缓的任务，文化工作者责无旁贷。这也正是"中华传统都市文化丛书"编辑出版的必要性和时效性。随着网络的全球化覆盖，世界已进入"地球村"时代，传统意义上的"城市"，已经不是都市文明建设的理想状态，在大都市社会中逐渐形成并不断扩散的新型思维方式、生活方式与价值观念，不仅直接冲毁了中小城市、城镇与乡村固有的传统社会结构与精神文化生态，同时也在全球范围内对当代文化的生产、传播与消费产生着举足轻重的影响。可以说，城市文化与都市文化的区别正在于都市文化所具有的国际化、先进性、影响力。为此，"中华传统都市文化丛书"构设了以下的内容：

传统信仰与城市生活：城隍

服饰变化与城市形象：服饰

饮食文化与城市风情：饮食

高楼林立与城市空间：建筑

交通变迁与城市发展：交通

传统礼仪与城市修养：礼仪

语言规范与城市品位：雅言

歌舞文艺与城市娱乐：歌舞

全丛书各册字数约25万，形式活泼，语言浅显，在重视知识性的同时，重视可读性、感染力。书中述写围绕当代城市生活展开，上溯历史，面向当代，各册均以"史"为纲，写出传统，联系现实，目的在于树立文明，为都市文化建设提供借鉴。如梦如幻的都市文化，太丰富，太吸引人了！这里撷取的仅仅是花团锦簇的都市文明中的几片小小花瓣，期盼这几片小小花瓣洋溢着的缕缕馨香浸润人们的心田。

　　我们经常在问什么是文明,人何以有修养? 偶然从同事处借到一本何兆武先生的《上学记》,小引中的一段话,令人茅塞顿开。撰写者文靖说:"我常常想,人怎样才能像何先生那样有修养,'修养'这个词,其实翻过来说就是'文明'。按照一种说法,文明就是人越来越懂得遵照一种规则生活,因为这种规则,人对自我和欲望有所节制,对他人和社会有所尊重。但是,仅仅是懂得规矩是不够的,他又必须有超越此上的精神和乐趣,使他表现出一种不落俗套的气质。《上学记》里面有一段话我很同意,他说:'一个人的精神生活,不仅仅是逻辑的、理智的,不仅仅是科学的,还有另外一个天地,同样给人以精神和思想上的满足。'可是,这种精神生活需要从小开始,让它成为心底的基石,而不是到了成年以后,再经由一阵风似的恶补,贴在脸面上挂作招牌。"顺着文靖的感叹说下来,关于精神生活需要从小开始的观点,我很同意,精神修养真的是要在心底扎根,然后萌芽、成长,慢慢滋润,才能成为一种不落俗套的气质。我们期盼着……

2015 年元旦

总　序

都市文化的魅力

引　言

　　在人类生存发展的漫长历史岁月中,作为生存的第一需要与必须选择,人类从衣、食、住、行诸方面与大自然进行了坚苦卓绝的斗争,既推进着自身的文明与进化,又创造和丰富了迄今以来地球上最为辉煌而伟大的文明。其中对居住空间与环境的探索与改造,堪称人类所取得的最卓越成就之一,城市就是这一成就美妙绝伦的代表性作品,对人类文明发展与进步起到了重大乃至决定性的作用。

　　在人类起初进化发展的很长一段时期内,由于生产力的低下,主要以巢居和穴居方式生存。随着穴居规模的不断扩大和生活水平的改善,人们逐渐学会了搭建一些简单的窝棚,并且逐步脱离了上树巢居的居住方式,将自己的根牢牢地扎入大地。后来火的发现与运用,更是为人类的生存提供了极大的方便和改善。人们从原始时期分散而居的形态开始聚集,形成了规模较大的部落,萌发出依城而居的雏形和理念。在城市不断向平面和立体拓展的历程中,空间范围被不断扩大,质量容积被不断刷新,管理模式也在不断发生更新与变化,现代化程度愈来愈高,人们生活的舒适度和幸福度也与日俱增。

　　城在古代,其大小、高低、人口数量等都有相当严格的规定。以都城而言,它是随着早期国家的建立而产生的。从西安半坡遗址和临潼姜寨遗址可以看出,在距今大约五六千年的仰韶文化时期,为了适应群居生活的需要,原始村落已经具有了明显合理的设计布局。而为了防备凶猛野兽的突然袭击,人们开始自觉地开挖环绕村落的壕沟,作为防御设施。到了距今四五千年的龙山文化时期,由于各个部落之间经常发生彼此间互相掠夺的战争,为防备敌人的进攻,各个部落都开始以城墙作为防御工程,最原始的城

引　言
YIN YAN

堡由此诞生。而原始的城堡既是城郡的萌芽，又是早期都城的起源。随着人类进入阶级社会，国家产生，城市形成，作为统治中心的都城也应运而生。原始时期的城堡虽具有初级的防御作用，但由于生产力的低下，规模往往都相当小。从周代开始，随着社会的进步，生产工具和生产技术不断得到改进，生产力水平得到大幅度提升，各地经济逐渐发展，人口也相应地渐次增加，城市从规模到布局都开始了一个不断扩张与完善的过程。至周平王时，已经出现了诸如齐国的临淄(今山东省淄博市东北)、晋国的绛(今山西省翼城县东南)、楚国的郢(今湖北省江陵县西北)、鲁国的曲阜(今山东省曲阜市)、郑国的新郑(今河南省新郑市)、吴国的吴(今江苏省苏州市)、越国的会稽(今浙江省绍兴市)、秦国的雍(今陕西省凤翔县东南)、宋国的商丘(今河南省商丘市南)等著名的都城。至战国时期，都城的建筑布局及规模更是有了长足的进步，城垣建筑的技术愈加成熟，城墙的高度与厚度也出现了增长的趋势。随着城郭整体面积的逐渐扩大与拓宽延伸，城垣的各种配套基础设施也逐渐趋于完善和丰富，出现了隍池、雉堞、城阙、城楼、闸门和吊桥等建筑物，同时城内还保留有相当数量的农业人口和可供耕种的农田土地。城市所担负的具体功能，也由单一的政治和军事中心，变成政治、军事、经济和文化多种用途综合一体化的集成型中心。在君主所居住的都城内，不但具有规模与面积都相当庞大的手工业作坊区和商业交易区，而且还在一些都城相继出现了特别设置的文化教育区。有的都城，城区内人口已经达到了几十万的规模。自秦始皇结束春秋战国以来诸侯长期割据混战的局面，建立起以咸阳为首都的幅员辽阔的统一国家秦王朝起，中国历史进入了长达两千年的漫长而稳定的封建时代。随着秦王朝的灭亡，后来的各个封建王朝兴衰更替，统一与分裂交相出现，处于中原地带的各王朝与周边少数民族建立的政权也在不断地摩擦冲突中相互融合，城市的发展大致也是随之兴败，但基本的趋势却是规模愈来愈大，功能愈加完善，人口愈加众多。而在城市的布局上，则以号称"五大古都"的西安、洛阳、开封、北京和南京作为华夏版图上最为重要的古代都市，与分布在全国各地数量众多星罗棋布的中小城市一起，组成了中国版图上的各个重要的地理坐标，也成为特定区域政治与军事机构的常设之地，并且在政治、经济、军事、外交与文化等诸多方面的发展进程中起到了驱动器的作用。

中国城郡的发展，从产生之日起，就以军事上的防御护卫和为人们提供坚实的保障庇护为首要目的，而尤以政治和军事方面的功用作为其最主要的功能。现存国内的早期古城，虽留存下了一批遗址，但由于规模都比较小,很难称得上是真正意义上的城郡。一般来说,商代可以视为中国古代城郡发展的开端。现今保存的比较典型的城郡遗址都已具备了相当的规模,而且在形制方面也具有了固定的特征与范式。到了周代,城市建设的规模和功能出现了前所未有的扩大与增强,尤其是东周之后,更是开启了后代城市发展的新起点。

城郡最早来源于古代东西方普遍存在过的采邑制。所谓"采邑",也称"采地""封地""食邑",是指古代一国的国君特别封赐给卿大夫并作为世袭俸禄的田邑。在封建社会,凡是君主赏赐给亲信、贵族和臣属的土地,都包括在此范围的土地上生存的农民。受到这种特别赏赐的人必须要效忠君主,并且承担向上进贡物品钱粮和在发生战事时提供兵员的义务;他们对自属采邑中的百姓具有管辖权,并向百姓课征租税。这种制度最初仅仅局限于受赏赐者自身终身占有,后来逐渐变成了家族式的世袭继承。在古代中国,采邑制盛行于周朝。朝廷的卿大夫在采邑内既有统治管理权,又对国君承担起平时进贡、战时出兵的义务。采邑为世袭制,一般由嫡亲长子继承。封邑的大小按照实际控制下的拥有户数计算。春秋战国时期,诸侯兼并日趋激烈,对卿大夫的采邑也产生了动摇作用。秦始皇统一中国后,确立了郡县制。接受封爵的人,主要是当时在战场上取得军功的臣子,虽然依旧有封邑的存在,但这些被分封的人却在自己的封邑内没有统治管辖权,只是以所征地方的赋税作为自己的俸禄。在西欧,这种制度最初是由法兰克王国宫相查理·马特在任期间实施。在此之前,土地都是无条件地进行分赠的。而采邑制则将土地及其所属的农民全部分封给有功劳的人,以服兵役为条件,供其终身享用,但是规定不能世袭。到了其子矮子丕平时,却把大部分土地都当作采邑分封给了臣下。查理大帝也把在战争中通过掠夺得来的大量土地分封给手下有功勋的将领,一时间采邑遍及全国各地。英国则从威廉一世起就开始实行这种制度,规定每个采邑供养一名骑士,无偿为国王服兵役。此后,国王手下的大封建主们也都把自己的土地作为采邑纷纷分封给下属,而这些下属又效仿上司再次将土地作为采邑向下分封,从而形成了一个以土地为纽带的领主与下属之间的关系。这样,领主既要担负起保护下属土地的职责,而下属也有义务为领主服务效劳,尤其是承担起为领主征伐作战的重任。采邑制对提高一个国家的战斗力很有帮助。通过这种设计,逐渐形成了一整套从国王、公爵、侯爵、伯爵、子爵、男爵到骑士的封建等级制度。采邑内的封建主具有特权,即在自己的土地内享有完全的行政、司法、军事和财政大权。随着其后逐渐成为世袭领地,至11世纪,采邑制基本

引言

YIN YAN

上被废弛。

"城"的出现，不但为人类集体居住提供了更大规模、更为安全而且更加舒适方便的地理空间，同时也为人类的社会活动带来了新的机遇与挑战。随着聚居人群数量的不断增加，人口逐渐增多，城的规模也日益扩张。同时在部族中涌现出来的英雄式的头领，也就理所当然地成了早期城邦的领导者。随着国家的出现，这些重要的城邦就成为国家的都城，居于重要的中心位置，成为这一国家的政治、经济和军事中枢，千百年来就成了名副其实的古都。而古都可分为都城与陪都两类，中央政府所在地谓之首都，而首都以外另立的都城则称为陪都。在中华民族悠远的历史上，古代都城的数目相当可观。仅据北魏郦道元《水经注》载，上古至北魏时期的都城大约就有180处。此后，都城的数目有增无减，而且都曾经是当时的经济文化繁华之地与军事重镇。在我国所有的古都中，最著名的古都是北京、西安、洛阳、开封和南京，被称为五大古都，加上杭州和安阳，又被称为我国的七大古都。除安阳在战火中受到摧毁而仅存河南安阳市西北小屯村的殷墟外，其余六大古都从型制到建筑等大部分都保存完好，为研究古代城市提供了丰富而宝贵的实物资料。而从历史来看，以这些古都作为都城的封建王朝，其统治的地域较为宽广，统治的时间相对较长，国力也较为强盛，在历史上产生的影响也最为深远。

杨宽在《中国古代都城制度史研究》一书中将中国古代都城制度的发展历史分为了两个时期，即先秦至唐代的封闭式都城制度时期和北宋至明清的开放式都城制度时期。所谓封闭式都城制度，主要指的是"郭"内存在封闭式的居民"坊里"制度和集中贸易的"市"的制度。这种制度又经过了三个发展阶段，即商代是有"城"无"郭"的时期，西周至西汉是西"城"联结东"郭"的时期，东汉至唐代是东、西、南三面"郭"区环抱中央北部"城"区的时期。这种封闭式的都城制度，其设计理念主要是为了确保都城内部的绝对安全，加强治安与防卫。唐以前的都城，由一道道厚实高大的墙垣组成，不但四方周围有内城和外郭，而且在城郭之内的重要建筑如宫殿、官署、仓库以及官僚贵族的府邸也都筑有墙垣，即使作为居民聚居区的里坊和商业区的市也都有围墙以加强防卫警戒。而开放式的都城制度产生在唐、宋之际，标志着在都城的布局方面发生了里程碑式的变革。城市的容量越来越大，城市的吸纳度越来越强，城市的开放程度也日益增强，随之其服务功能也愈来愈健全。至北宋末年，在都城东京(今河南开封)的沿街就出现了数量众多、经营种类齐全的商店，包括酒楼、茶肆和饮食店等等。另外在东京的许多交通枢纽地区,分布着或宽敞或狭窄的商业繁华街。随着都城制度发生重大变革,城内居民的生活方式也随之发生重大变化。城市经济得到发展,城市居民阶层也日益壮大,手工业者与商人的地位也逐渐提高,同时行会组织的出现更使商业发展有了团体的保障并促成了更大规模与范围的商业活动的进行。宋元明清时期,城市的商品经济进一步繁荣发达,城市的规模与人口数量也急剧增大,分布密度也相应增加,并逐渐形成相关地域内政治、经济、军事、交通和文化的中心,并承担着重要的枢纽与流通功能。

商代的都城除了"大邑"即中心国都之外,城周围的广大地区包括许多城邑都被称为"郊",也称为"野",可见这时还没有出现外城即"郭"。在布局结构方面,这时的城具有以下五方面的特征。第一,在防御设施方面,或以城墙作为防卫屏障,或以壕沟结合河流进行防御,或以城墙与壕沟相组合的形式。第二,都城已经具有固定的形制布局,东北部成为全城的重心。第三,墓葬区多分布于四周外围地带。第四,手工业作坊多分布于外围地带。第五,居民点分布于四周外围的农业和手工业区。目前比较典型的商代都城遗址有河南郑州商城、河南偃师尸乡沟商城、河南安阳殷墟和湖北黄陂盘龙城,这些都城的范围都不大,其中盘龙城仅1平方公里。有的遗址有城墙,有的则可能没有城墙,但是都有壕沟作为防御工事。有的既有城墙,又有壕沟。这种颇具规则的设计与布局,说明建造者在事先已经过精密的勘察和详尽的设计,足以证明早期人们对于城市建造的重视和全面持续发展的观念。

早期的郭,只是被动地利用原有的山川地形之利加以互相联结,以用作城的有效屏障。这种依据河流及其堤防作为屏障的办法,在古代是各国通行的惯例。战国时期,各国在边境上兴修长城以防御外敌,也是按照这种理念设计修筑的。但自从西周东都成周开始建筑"城"和"郭"两大部分以来,"城"和"郭"分别具有了不同的用途。"城"字的本义是指围绕都邑四周修筑用来防御的高墙,而这种高墙一般分为两重,里面的称为内城,外面的称为外城。《太平御览》卷一百九十三引《吴越春秋》言:"鲧筑城以卫君,造郭以居人。此城郭之始也。"由此可以看出:"城"指内城,是用以保障国君的居住安全,是为一个国家的管理者专门修建的;"郭"则指外城,是用于城内其他人口居住,是为一个国家的国君等统治者之外的百姓子民提供生活空间的。"城"具有更多的政治性,具有象征意义,通常是容纳一个国家管理机构及其人员的建筑,而"郭"具有更加实际的应用意义。后来逐渐"城""郭"合用,或者单以"城"字相称。东汉许慎在《说文解字》中这样解释:"城,所以盛民也。"说明这时人们对"城"的概念认识已经相当宽泛，没有了里外城郭的严格区别。

西周、春秋时期，天子的王畿和诸侯的封国，都实行"国""野"对立的乡遂制度。"乡"是指国都及近郊的居民组织，或称为"郊"；"遂"是指"乡"以外农业地区的居民组织，或称为"鄙"或"野"。居住于"乡"的居民叫"国人"，具有自由民性质，有参与政治、教育和选拔的权利，有服兵役和劳役的责任。当时军队编制是和"乡"的居民编制相结合的。居于"遂"的居民叫"庶人"或"野人"，就是井田上服役的农业生产者。周公平定了由管叔和蔡叔联合武庚以及东夷的叛乱之后，为了防止殷商贵族再次反叛，加强对中原地区及其四方的控制与管理，于是继承武王的遗愿，开始在洛邑建设东都成周，不但拓宽了王都的防御范围和应急力度，同时也开创了以小"城"联结大"郭"的这一重大布局模式。这种同时分设东西两都以加强中央集权统治的举措，可谓中国政治历史上的一大创举。《逸周书·作雒篇》对成周的建设情况做了具体详细的描写：

> 周公敬念于后，曰：予畏周室不延，俾中天下。及将致政，乃作大邑成周于土中。立城方千七百二十丈，郭方七十里，南系于雒水，北因于郏山，以为天下之大凑。制郊甸方六百里，因西土为方千里。分为百县，县有四郡，郡有四鄙。大县立城，方王城三之一。小县立城，方王城九之一，都鄙不过百室，以便野事。农居鄙，得以庶士，士居国家，得以诸公大夫。凡工贾胥市臣仆州里，俾无交为。

这段话的意思是说：周公非常敬业地为子孙后代考虑，他说："我担心周室不能长久存在，于是就让把都城建在天下的中心地带。"到了即将返政成王之时，就在国土的中央营建了大都邑成周。筑内城方一千七百二十丈，筑外城方七十里，南面连接洛水，北面倚靠郏山，使之成为天下最大的都会。制定了郊甸之制，方六百里，连着西土共方千里。分一百个县，每县分为四郡，每郡分为四鄙。大县筑的城，规模是王城的三分之一。小县筑的城，则是王城的九分之一。都邑不能超过一百户，以便利农耕事务。农夫若能管理一处偏远之地，就可用为庶士；士若能管理一个国家，就可用为诸公卿大夫。凡是工匠、商贾、庶士、奴仆，各州里都不能使他们交杂混居。这里，对城的类型、县的大小等做出了相当具体而明确的规定，数据精确，而且不容超越规制。值得注意的是，周公当时制定的东都成周建造布局，虽然本意主要在于防备殷商贵族遗存势力卷土重来，以驻军防御其反扑为首要目的，但却在城市整体布局和规划建设方面具有了极为重要的开创性意义,翻开了中国古代城市建设史上新的一页,开创了城市建设规划这一学科的新纪元。这种里程碑式的形制布局,不但对于当时中原各诸侯国尤其是齐、魏、韩、赵、秦等大国都城西"城"与东"郭"相结合布局特点的最终定型,而且对其后西汉都城长安西南"城"区和东北"郭"区的整体设计和布局都起到了极为重要的启发作用。

唐代长安城的前身,是隋文帝开皇二年(582)由高颎、宇文恺等人在汉代长安故城东南龙首原建设的新都——大兴城。其城在建制上分为内城和郭城,内城又分为宫城和皇城。宫城和皇城之间,有一条横街加以间隔。在修筑次序上,先建宫城,再建皇城,最后建成郭城。宫城由三部分构成,中部是太极宫,东侧为太子居住的东宫,西侧为宫女居住的掖庭宫。掖庭宫南端为掌管宫内事务的内侍省,北端为储备粮食的太仓。太极宫的正殿名太极殿,殿前有东西两廊,东廊有门下省,西廊有中书省,负责协助皇帝处理日常事务。太极殿后有两仪殿,是皇帝处理日常政务的处所,经常举行一些欢庆胜利、招待宾客或者宴请五品以上官员的宴会,也是皇帝每月朔望即初一和十五两日举行朝仪的地方。宫城前有五座城门,中央正门名承天门,宽敞无比,类似广场,每年元旦、冬至和玄宗皇帝的寿辰千秋节时,都要在此举行规模盛大的朝贺礼典,颁布大赦令和迎接他国朝贡的仪式也在此举行。宫城北有三座城门,分别为玄武门、兴安门和至德门。玄武门驻扎皇帝的禁卫军。皇城占有内城的南半部,有七条东西向和五条南北向的街。以南北向的承天门为中心,左右各对称设有中央官署。前排左右两侧有太庙和太社,也就是《考工记》所说的"左祖右社"制度。南面有三座城门,正中名为朱雀门。

在唐代,城内居民众多的"坊里"和开设商店的"市",四周都筑有围墙,所有门户都设有小官进行管理,早晚定时开闭,夜间则禁止出入。一般居民住宅只准建造在"坊里"以内,不许当街开门。等到晚上坊门、市门关闭,大街上实行宵禁,严禁通行,而且在城内有严密的警卫设施以负责治安保卫。《管子·八观第十三》曰:

> 大城不可以不完,郭周不可以外通,里域不可以横通,闾闬不可以毋阖,宫垣关闭不可以不修。故大城不完,则乱贼之人谋;郭周外通,则奸遁逾越者作;里域横通,则攘夺窃盗者不止;闾闬无阖,外内交通,则男女无别;宫垣不备,关闭不固,虽有良货,不能守也。

这段话的意思是：内城的城墙不可不坚固完整，外城的四周不可有外通的空隙，里的边界不可以左右横通，闾门不可不注意关闭，院墙与门不可不注意整修。因为，内城不完整，作乱为害的人就会图谋不轨；外城有空隙，奸遁越境的人就可以行事；里的边界随意横通，抢夺盗窃的就不会停止；闾门不关，内外随意交往，男女之间就没有界限；院墙不备，关门不牢，虽有宝贵的财货也是无法保管的。在此不但明确地提出了城墙的防卫功能，而且还涉及伦理与经济。

管子接着又从节俭的角度对国都的配置提出了具体的要求：

> 入国邑，视宫室，观车马衣服，而侈俭之国可知也。夫国，城大而田野浅狭者，其野不足以养其民；城域大而人民寡者，其民不足以守其城；宫营大而室屋寡者，其室不足以实其宫；室屋众而人徒寡者，其人不足以处其室；囷仓寡而台榭繁者，其藏不足以共其费。故曰：主上无积而宫室美，氓家无积而衣服修；乘车者饰观望，步行者杂文采；本资少而末用多者，侈国之俗也。

这段话的意思是：进入一个国家的都城，视察它的宫室，看看它的车马、衣服，侈俭之国，就可以区别出来了。城市大而农田小，农田就养活不了那些人民；城区大而居民少，居民就防守不了那个城市；院落大而房屋少，房屋就充实不了那个院落；房屋多而居民少，居民就住用不了那些房屋；粮仓少而亭台楼阁多，粮食贮备就供应不了那些靡费。所以说，君主没有积蓄而宫室却很华丽，百姓没有积蓄而衣服却很讲究，乘车者打扮车子的外观，步行者穿着艳丽的服饰，农业产品少而奢侈物品多，这就是奢侈国家的风俗。因此，建造城郡的大小规模一定要因地制宜，量体裁衣，从本国自身的政治、经济、军事等各方面实际情况出发，切忌贪大好威，奢靡浮华，给百姓带来不必要的财赋负担，起到负面作用。

宋元以来，随着城市规模的逐渐增大与功能的不断增多，在全国形成了数量繁多、大小不一的都市。尤其是元代后期，随着南方经济在总量上超越北方，经济与文化中心南移，南方城市的发达水平和经济的繁盛程度更是达到了一个新的水平。当时的杭州、南京、扬州、苏州等城市，都已经发展成为具有辐射能力的中心城市。一些江南市镇，也颇具城市规模。随着城市人口的急剧增加，城市中从事手工业、商业的人越来越多，导致乡村大量土地的荒芜和农村经济的普遍不景气，城乡差距越来越明显，城市市民数量空前增加，市民地位越来越显赫，造成了城乡二元结构上的不平衡，并进而产生了难以克服的结构性矛盾。

在城市的选址方面，也是有着相当的科学道理的。一般来说，一个城市的选址建设在硬性条件上必须要达到以下三点，即：一要"高"，指地势要高。人类在选取居住环境时，往往会因地制宜，依山水的走势即民间所言的"风水"而修筑城池。一般都是在修筑城池时，将开挖护城河时得到的土石堆积至城内，形成城中的一个高地，有的作为军事设施，有的作为神祇居处，有的也作为登高休闲的游娱之地。在平坦之地，选取一个较高的位置筑城，既可以居高临下防御外来侵犯之敌，造成易守难攻之势，又可以有效地防御和抗击夏天因暴雨而造成的洪水灾害。二要"暖"，即在采光采暖方面优先考虑。一般而言，一个城市的方向总体上是坐北朝南，所有房屋建筑也都按照这一原则修建，旧时所言的"天下衙门朝南开，有理没钱莫进来"的俗语充分说明了朝向的重要。三要"利"，即在自然环境方面尽量靠近江河湖泊等丰富水源，在交通运输方面要方便快捷，四通八达，而在军事方面更要扼制他方，成为咽喉之要塞。作为一个国家的首都，这一点显得尤为重要。国都的选址，必须要满足以下六个方面的要求。一是在地势上要平坦开阔，最好是平原，即使在山区也要选择相对平缓开阔的河谷地带，这样既有利于城市的逐渐扩张与后期持续发展，增加其日益增大的人口容积率，也在总体布局方面留有发展的空间，做到高瞻远瞩，同时也为居住在都城的人们提供了丰富充足的农产品等物质保障，建立了发达、快捷、高效的交通运输系统。二是要有充足的水源，以解决大量人口的生活用水，还可用于农业灌溉与水路航运。三是要有快速、通畅的交通运输能力，古代主要集中在陆路运输和水上运输两个方面，这样既可以将统治者的法令旨意快速传递到全国各地，又可将都城以外的信息尽快地反馈至皇帝身边，有利于统治者的决策与管理，还可以为将全国各地的物产资源源源不断运抵京城提供巨大的便利。四是都城周围要山环水绕，便于防守，防止敌人在短时间内轻而易举地攻占。为了保障都城的绝对安全，历代王朝在选址建都时都将确保安全作为重要因素考虑在内，地势险要而易守难攻之处就成为首选。古城西安之所以会成为中国历史上建都时间最长的古都，重要原因之一就是其地处关中平原，有秦岭作为天然屏障，有灞河"临河以为渊"，更有函谷关等险要关隘的保护。洛阳也是如此。五是都城所在的地理区域经济要发达，否则就难以保障城内居民的生活需要，降低首都对其他地区的经济依赖程度。六是山川要秀丽，景色要宜人。都城内住的是皇帝及其下属的王公大臣，为了保障他们骄奢淫逸、饮甘餍饫的享乐生活，都城内不但要有豪华的游乐设施，修筑大量的宫殿楼阁和沟渠池塘，而且还要建造数目相当的离宫别馆和禁园御苑，以供他们纵情游玩。多数都城内都设计有与外河相通或者干脆动用人工开掘的人工湖，如杭州的西湖、北京的颐和园等。虽然统治者在都城的选址与建造方面处心积虑，不但全面细致地考察自然环境与人文因素，而且往往还要通过占卜等方式征得神灵的支持，但无论如何，任何坚实无比、固若金汤的城市在一个王朝因自身腐败没落而行将走向衰落直至灭亡的时候，都是难逃被攻陷的结局的。

在中国古代的城市建制中，作为一座地域重镇而功能完备的城池，在人文建筑方面必须要有文庙、城隍庙、佛寺和道观四大群落。而城隍则在古代社会中通常被人们认为是冥界派往阳间执行具体事务的基层神司，类似于人间官衙与地狱阎罗殿的复合综合体。城隍庙中的"神"，其职责主要在于"攘外安内"，负责维持一方"社稷"的安宁与稳定，同时还兼有管理地方冥籍和赏善罚恶、主持公平正义的功能，事实上已相当于冥府派来长期驻守阳世的地方官吏。也就是说，城隍即是神又是官，它上可以抵达天庭，下可以直通地府，神威显赫，也可以自由出入阴阳两世，统辖一方，还可以在自己的庙中设座问案判事，职掌冥律。本书中所言的城市及城隍，以及对城隍的起源及其发展、城隍神的原型、城隍的职能等方面进行的相关论述，都是着眼于一个极为宽泛的大概念，这是首先要声明的。

说今谈古话城隍

　　说起一个城市的保护神，"城隍"产生可以说是由来已久，源远流长。如果要理清其发展的线索，就必须先要弄清楚它本来的意义及所包含的丰富内涵。而要走进这一神灵的世界，还需要我们从"城""隍"这两个字本身开始说起。

图1　古城西安长乐门城墙

一、由"城""隍"两字说起

　　"城"的本义，主要是指人们聚集居住的一个相对封闭的空间。而"隍"的本义，则是指人工开挖的没有水的环绕城墙并起保护作用的壕沟。东汉许慎在《说文解字》中解释道："隍，城池也。有水曰池，无水曰隍。"因此可见，城市最早的护城壕是无水的沟堑，城隍的出现也与水的关系不大。但是，由于古人对"城隍"二字连用的意义是"城之隍"还是"城与隍"未能给予明确的区分与定义，再加之后来护城河的出现与通用，导致人们易将"城池"与"城隍"二词根本不加区别地混用甚至相互替代，就产生了城隍与"水庸"有关乃至为其起源的说法。后来，人们为了更加通俗合理地迎合这一解释，就将城隍勉强地分为土城隍与水城隍两种，并将城隍与土地神相互关联，有些地方的城隍甚至与土地神地位平等，享受同样的供奉。大致说来，土城隍一般指那些条件较差而无力建设护城河的小城、山城或城堡的神灵，而水城隍却成为后来绝大多数城市尤其是在城池防卫体系极为严密健全的都市之神，也是城隍神的主体。但是，从其发展演变来说，应该最早是以土城隍为主的，后来才发展到了水城隍。而当以妈祖为代表的海洋神灵定型之后，妈祖承担了海洋神灵的基本功能，水城隍逐渐退出。于是，妈祖成为海洋保护神，城隍成为陆地保护神，而土地神的地位反而有所下降，成为地方小神。一般而言，自唐宋以来出现规模较大的都市后，对城隍神的封赐、供奉乃至祭祀等体系才基本形成。而与遍布华夏神州、祭祀最为兴盛普遍的关帝庙、土地庙有着明显区别的是，城隍是中国民间信仰诸神中唯一在广大农村不设庙宇且不受供奉的神灵，是独一无二的城市市民专门神。

"城""隍"二字的连用，最早出现在典籍《易·泰》中的上六爻辞："城复于隍，勿用师。"此处这二字还没有形成一个固定的词，"城"的本义只是指用来防卫都邑的城垣，即墙体，而这句话的意思是说城垣倒塌后原来筑上去的土覆盖到了沟渠中，又回到了老地方，其中包含的深刻含意是不祥之兆，如果出现了这种情况，就不能用兵打仗。唐代李鼎祚在《周易集解》中解释道："隍，城下沟，无水称隍，有水称池。"孔颖达在《正义》中进一步解释说："隍是城下池也。城之为体，由基土陪扶乃成，今下不陪扶，城则陨坏，以此崩倒，反复（覆）于隍。"意思是：隍是城墙下的沟堑。城的主体，主要是由基本的土陪扶而成，如今下面的土不陪扶，城体肯定就会坍塌，土肯定又会将沟堑覆盖。这里清楚地表明，"城"与"隍"各指的是城垣与城堑，即土墙与深沟，并没有形成一个词。

"城隍"一词的连用，最早见于汉代班固所作的皇皇大赋《两都赋》的序中，他写道："京师修宫室，浚城隍。"这里的"城隍"犹"城之隍"。而在更多的典籍中，"城隍"的意义则是"城与隍"。如《南史·陆襄传》云："梁陆襄为鄱阳内史。大同初，郡人鲜于琮结门徒，杀广晋令王筠，有众万馀人，将出攻郡。襄先已率民吏修城隍为备。"《旧唐书·李元谅传》也载："乃修城隍器械。"明代郎瑛在《七修类稿》卷七《皇陵碑》中所录御制碑文云："一浮云乎又过三载，年方二十而强。时乃长淮盗起，民生攘攘。予思亲之心明著，日遥盼乎家邦;已而既归,仍复业于皇,住三载而有雄者跳梁,初起汝颍,次及凤阳之南厢,未几陷城,深高城隍,拒守不去,号令彰彰。"可见,"城隍"一词早已经与城本身融为一体、约定俗成,但是还没有将其作为崇拜或者祭祀的对象。

古人为了躲避野兽以及其他部族的侵扰,保护城内百姓的安全,依据险要地势而修建了高大宽厚的城墙、城楼、城门以及壕城,后来又在壕沟里注入流水,使之形成一道天然的屏障,通称为护城河。一般来说,山城都依陡峭的山形走势而建,据易守难攻之利,如果在城墙周围有深水围绕,那么安全性能就会大大提高。而在平坦之地修筑城垣,通常都是用版筑之法修建,人们就地取材,用地面大量的土方以筑城墙,并且会在城中堆积一定的土方成为小丘,大量开挖取土的地方就是城墙的外围,这样城墙与城中土丘的高度与下挖的深度成正比,再灌注适量的水,就形成了一道天堑,极大提升了城市的防卫能力与安全指数。后期的城堡基本上都是按照此原则建造的,故而有了"城池"的称谓,而"池"的原意正是指有水的护城河。成语"固若金汤"就是对城池强大防御能力的概括。此语本出自《汉书·蒯通传》:"边城之地,必将婴城固守,皆为金城汤池,不可攻也。"此处的"金"指金属,"汤"指沸水。用金属建造的城墙,沸水形成的护城河,这样的城池自然极为牢固,后多用作形容词。汉唐时期,古代中国的政治、经济、文化中心多分布于黄河及其支流渭水流域,因此早期的城堡多以黄土高原的黏土版筑而成,后来加入适量石料,至明朝才开始大规模应用包砖。生活在城堡中的居民,认为与其生活、生产安全密切相关的事物都有神灵存在,于是"城"和"隍"就被理所当然地神化为城市的保护神。后来道教又把它纳入到了自己的神谱体系中,并赋予其剪除凶恶、保国护邦之职,管领阴间的亡魂,兼管司法讼狱,遂成为统领生死的一方大神。

随着人类生产力的不断发展,人口的日益增多,城市的规模也在日益扩张,吸附与辐射作用也在逐渐增强,而对于洪水等自然灾害的抵御更加彰显城池的重要地位与作用。长此以往,人们逐渐将单纯用以防御野兽入侵的水沟扩展成为初步具备综合功能的护城河,并不断地进行加固与修缮,将以前消极用以防御的堤坝、土墙或篱笆等纷纷主动修建为高大厚实的城墙,并在希望得到上苍神灵保佑的敬畏心理下,将早期还不具有神性的城隍雏形一步一步抬上了神圣而正规的祭坛并加以崇拜祭祀。后来,各个国家与民族之间频繁发生的争夺土地、财富与人口的战争,更是给希望安居乐业的人们带来了远比洪水猛兽还要可怕的威胁,城墙在保护城池方面的地位和作用与日俱增,于是人们便自然而然地将防御重心转向城墙,深广的护城河与高大宽厚的城墙互相依托,成为城市的强大屏障与安全设施。而对于封闭的城池而言,城门这一供人们出入通行的隘口的设置与防守则显得尤为重要。在早期城市的祭祀活动中,城门的地位已经引起当时人们的足够重视。东汉应劭在《风俗通义》卷八"杀狗磔邑四门"中云:"俗说狗别宾主,善守御,故著四门以辟盗贼也。太史公记秦德公始杀狗磔邑四门,以御虫菑。今人杀白犬以血题门户,正月白犬血辟除不祥,取法于此也。"这是中国历史上有关祭祀城门的最早记载,虽然祭祀的目的是防御虫灾,阻止这些害虫从门而入,但也足以说明城门在城市整体防御系统中的重要地位。

二、城隍神的出现

对于城隍这一特殊神灵的起源及原型,当代学术界至今还存在着争议,比较具有代表性的说法有三种,即"城隍祭始于尧祭八腊""村落保护神"和"祝融即城隍"。第一种观点产生最早,也最具有普遍性,古代学者和现今学界的大部分人都基本上倾向于这种观点;持第二种观点的是郑土有,他在其《中国的城隍信仰》(与王贤淼合著)和《护城兴市——城隍信仰的人类学考察》(与刘巧林合著)二书中坚定地认为"真正的城隍神原型可能是由沟渠神发展而来的村落保护神";持第三种看法的是丁山,他在《中国古代宗教与神话考》一书中提出了"祝融即城隍"的观点。本书所述,基本是综合了以上三种观点,而在倾向上则以第一种为主。

关于城隍的起源及原型,从古到今,多数学者都认为是来自于古代对水庸神的崇拜和祭祀。《礼记·郊特牲第十一》载:

> 天子大蜡八。伊耆氏始为蜡。蜡也者,索也。岁十二月,合聚万物而索飨之也。蜡之祭也,主先啬而祭司啬也,祭百种以报啬也,飨农及邮表畷、禽兽,仁之至,义之尽也。古之君子,使之必报之。迎猫,为其食田鼠也,迎虎,为其食田豕也,迎而祭之也。祭坊与水庸,事也。曰:"土反其宅,水归其壑,昆虫毋作,草木归其泽。"

这段话的意思是:天子的年终大蜡,要祭祀八位神灵。在远古伊耆氏的时代,就开始有了蜡祭。所谓蜡,意思是求索。周历每年的十二月即夏历十月,聚合了万物的神灵就到处寻索,都需要给予祭飨。在举行腊祭的时候,以祭祀发明农业的先啬为主,而以管理农业的司啬从祭,在祭品上要以各种各样的谷物来报答先啬和司啬的保佑之恩,同时还要宴飨督农官员之神以及在其田间办公处所、禽兽等神灵。凡是有功于农业生产丰收的神灵,都要毫无遗漏地给予报享祭祀,尽力做到仁至义尽。古时候的君子,对于凡是自已使用过的事物,都必定要给予回报。迎祭野猫的神灵,是因为它吃掉了许多损害庄稼的田鼠。迎祭老虎的神灵,是因为它吃掉了许多糟蹋庄稼的野猪。所以,都要把它们迎来,与神灵一起加以祭享。祭堤坊和水沟,也是因为它们对农事做出了贡献。腊祭的祝词说:"土返回田里,水归往沟中,虫灾再不发作,杂草回到草甸滋生。"说的就是这个意思。

按照上引《礼记》及后来汉代学者郑玄注的说法,在年终蜡祭时需要祭祀先啬、司啬、农、邮表畷、猫虎、坊、水庸和昆虫这八种神灵,而"水庸"则名列第七位。这里的"庸"有时也作"塘"。郑玄注解说:"水庸,沟也。"唐代孔颖达则进一步注疏道:"坊者所以蓄水,亦以障水,塘者所以受水,亦以泄水,谓祭此坊与水塘之神。"清代孙承泽在《春明梦余录》卷二十二《都城隍庙》中解释道:"记曰天子大蜡八,伊耆氏始为蜡。注曰伊耆氏尧也。盖蜡祭八神,水庸居七,水则隍也,庸则城也,此正城隍之祭之始。春秋传郑灾祈于四鄘,宋灾用马于四鄘,皆其证也。庸字不同,古通用耳。"认为《礼记》中所言的"蜡祭"八神中的"水庸"就是真正祭祀城隍神的开始。依照这种说法,那么最早的"水庸"就是指农田里纵横交织的沟渠,而先民们在年终祭祀的水塘神也就是沟渠神,其原因之一是这些可用来饮用和灌溉的水对人畜及旱作农业极为重要,是不可或缺的资源;二是这些纵横交错的水系却很有可能在夏季雨水丰沛时形成洪涝给居住在此地的人们带来无法抵御的灾害甚至是灭顶之灾,因此在每年年终岁尾祭祀众神灵的时候,人们总是小心翼翼,面面俱到,唯恐不慎遗漏了哪位神灵而遭到不应有的报复,而上述所列八神就是其中最重要的不能得罪的神灵代表。人们在庆祝一年喜获丰收的同时,也不忘感谢和酬劳赐予他们风调雨顺、五谷丰登的神祉,并希望这些神明能够继续保佑苍生和来年的大好收成。从这方面来看,当时的水庸神还只是农耕水土之神,并没有进入城市,当然更没有定型为城隍。

真正定型为城隍的是由沟渠神发展而来的村落保护神。随着农业耕作与生产水平的不断提高,加之大量野生动物经过人工的驯养逐渐成为能够供人役使或者食用的家用牲畜,人类逐渐结束了游移不定或者在树穴地洞里居住的贫寒生活,开始走向群体性定居,于是就出现了各地以一定规模按血缘关系而聚居的族群,形成了一个个血统纯正而呈现封闭状态的村落。在村落的选址方面,早先的人们往往将依山傍水、坐北朝南作为聚居落脚的首要条件,而水源的充足供应则显得无比重要。充足的水源,不但能够给聚居之地的人们带来生活上的保障和农耕灌溉的便利,同时还可以将水注入已挖好的壕沟以有效抵御野兽的骚扰以至外来的侵犯,如果再在水沟边上

围插上一些篱笆,堆积一些石块,修筑一些堡垒型的简易工事,那就更有利于防御了。而这些最基本的简易工事性质的建筑,就成了后期城市城墙的雏形。由于水在防旱排涝等方面有益于农业生产,因此人们如同崇拜各种神灵一样,也崇拜这一具有水利设施属性的神灵,于是水庸神(沟渠神)也就自然而然地被人格化。人们将早期的村落神和水城隍虽平等看待,但村落神在职责方面已经远远超越了与水有关的狭隘功能,而呈现出与村落安全保卫相关的更多义务与责任。这样,单纯的沟渠神在发展过程中逐渐从单一走向复合,与许多自然神如风神、雨神、雷神、山神一样,具有了神圣与灵验的超级功能,开始了向自然神的过渡。由于古人生活条件的恶劣,加之易受动物或他族侵犯的心理焦虑,因此城隍在军事防御和社会治安方面所起到的保民安邦作用,就被强调得至关重要。金代人张穆仲在金太宗完颜晟天会八年(1130)撰写的《济阳县新修县城记》中就对城池之设的缘由与作用表述得相当清楚:"盖思患设险,以固吾圉。为安全计者,夫人类能焉。通都大邑,万室所聚,朝市百司,仓廪府库,星列棋布,错峙其中。所以御外侮而杜奸宄者,必假金汤以为之守。"认为如果要切实有效地保护城内的万众生灵和各种设施,就必须修建坚固的城池。明代人邢端在《重修城隍庙记》中更是将没有城隍神灵保佑庇护的恶果说得更为清楚明白:"当夫郊嘶戎马,野竖旌旗,非城隍捍御之,则化肝脑为蹄尘,变庐舍为灰烬。"可见城隍在护城保民方面的功能与职责是极为重要而不可忽视的。后世城隍神的其他职掌属性,基本上都是由此衍生的。因此,城隍神的产生,实际上是与历史上战乱频繁的特殊时代密切相关的。居住在城池中而无力抵御各种天灾人祸的人们,希望上天神界的超自然神灵能够为自己提供全面、快速、灵验、长久的保护,如果在现有的神灵谱系中无法寻找到庇护自己肉体生存需求的这一神灵的话,他们就会创造出一个全新的具备保护功能的神灵,以保佑人的生命和正常生活。在这种共同的心理下,一些曾经以灾害相威胁而给人类造成过巨大震慑效果的自然神开始具备了人格,逐步开始了向人格神转化的进程。

而历史上有关城隍神祇显灵发威事迹的最早记载,正是与其强大的守土保民、助力护城的实用功能紧密相关的。《北齐书·慕容俨传》载:

> 六年,梁司徒陆法和、仪同宋茝等以郢州城内附。时清河王岳帅师江上,议以城在江外,求忠勇过人者守之。众推俨,遂遣镇郢城。始入而梁,大都督侯瑱、任约率水陆军奄至城下,于上流鹦鹉洲造荻洪,竟数里,以塞船路。众惧,俨悦以安之。城中先有神祠一所,俗号城隍神,俨

于是顺士卒心祈请。须臾，冲风惊波，漂断荻获。约复以铁锁连缉，防御弥切。俨还，共祈请，风浪夜惊，获复断绝。如此再三，城人大喜，以为神助。俨出城奋击，大破之。

这是一件发生在北齐文宣帝高洋天保六年(555)的事。当时，梁国司徒陆法和、仪同宋茝等人献郢州(治所在今湖北武昌)城投降北齐。清河王高岳率军驻扎江上，商议城在江外，想寻求一个忠诚而勇敢的将领守卫。众人都推举慕容俨，于是他就被派遣镇守郢城。慕容俨率军刚刚入城，梁国的大都督侯瑱、任约便率领水陆大军逼临城下，并在通往郢城的水路交通要道的上游鹦鹉洲上种了许多名叫荻获的水草，以阻止北齐的粮草供应。这种叫荻获的水草长得很快，绵延数里，堵塞了船道，郢城与外界的联系全部断绝，成为一座孤城。城中军民人心惶惶，情况十分危急，慕容俨和颜悦色，进行安抚。正好城中有一座神祠，人们将其中供奉的神称为城隍神，慕容俨于是就顺从军民意愿，到城隍庙里进行祈祷，以求得神灵的庇护。不一会儿，狂风大作，河中翻腾起惊涛骇浪，把长得异常茂盛的荻获冲得七零八落，到处漂流。任约又用铁链连在一起横锁大河，防御得更加严密。慕容俨回城后，又一起去到城隍庙中求神保佑，半夜里大浪滔天，将铁链和水草形成的防线又一次冲垮。梁军用铁链和水草的办法三次，三次都被风浪冲断。城中军民无不欢欣鼓舞，都认为是城隍神在暗中相助，因此士气大振。这时，梁军又发起了猛攻，侯瑱在南，任约在北，南北夹击，试图火攻。慕容俨率城中严阵以待的军队出城迎敌激战，结果大胜而归。在这一事件中，与其说是慕容俨守城成功，还不如说是城隍神以神奇的法力协助其取得了保卫城市的胜利。而城隍神与社神即土地神的职能交替与专门化，更是加快了城隍神的演进速度。

三、城隍神与社神

关于"隍"与"社"的关系，即城隍神与土地神的关系，在后来道教神仙谱系的职司方面，明确土地神是城隍神的下属。但在早期，"社"与"稷"即土地神与五谷神是并列的，享有极高的待遇，以至于"社稷"成了国家的象征。后来随着城市规模的扩大及作用的提升，才使得土地神屈居于城隍管辖之列。社，许慎《说文解字》解释道："社，地主也。从示、从土。"意思是说：社为土地之主，也就是土神。"示"这一部首，表示"桌石"或"灵石"，与如今的香案供桌类似。"土"，表示地面突起来的一堆土。《说文解字》解释道："地之吐生万物者也。"由于土地能够生长出各种供人类食用以维持生命的植物，因此，

在原始人看来,有了土地,就可以耕种和收获,也就有了衣食这一生存之本。另一方面,土地有时也会怒发脾气,山崩、地震、洪水等灾害,使人类对其产生了莫大的恐惧。这两方面的原因,使人们对土地既充满了依赖又产生了敬仰,于是就加以供奉和祭祀,希望肥沃的土地能够生长万物,为生民普赐福祉,少生祸患。最初,原始先民把一竖一横两块尖条形的石头架叠成石桌的形状,将此比拟作供奉的神像,立在部落的中心位置供部落民众进行顶礼膜拜和祈祷祝愿。长此以往,这种垒石而成的神位就形成了古老而漫长的灵石崇拜,至今在北方黄河流域的广大地区普遍存在的"磕当"就是一个明显的例证。在北方广大的农村,每个村、社、里、巷,都建有大大小小、林林总总的土地庙,一些规模小的庙宇通常只有几平方米左右,只能放下两块上小下大、貌似人形的石头,以此作为社公、社婆,也就是土地公公和土地奶奶。条件好一些的村社,就修建一座规模较大、相对宽敞的小庙,再泥塑上土地公公与土地奶奶的神像,在逢年过节或者有急事、难事,尤其是家中有病人时供人们随时奉祀。

图2　土地公公与土地奶奶

土地庙与关帝庙、城隍庙三足鼎立,成为中国民间信仰诸神中最为普遍而广泛的神祇建筑。这种对土地的崇拜,是原始宗教中自然崇拜的一个重要组成部分。而原始的土地神崇拜,则是一种对土地的自然属性及其对社会生活影响力的崇拜,与后来的土地神崇拜不尽相同。"示"与"土"合而为

"社",则象征着土地之神崇拜的正式形成。《考经援神契》中说:"社者,土地之神,能生五谷。"又说:"社者,五土之总神。土地广博不可遍敬,故封土为社而祀之,以报功也。"指出了土地无可替代的重要作用和祭祀的必要性。汉代蔡邕在《独断》中解释"五土"曰:"先儒以社祭五土之神。五土者,一曰山林,二曰川泽,三曰丘陵,四曰坟衍,五曰原隰。明曰社者,所在土地之名也。凡土所在,人皆赖之,故祭之也。"反映出人们对土地的热爱与依赖之情,也表达了人们对土地的敬仰之意。对土地的祭祀称为"社祭",作为一个长期以农耕文化为主的国家,举行这种源远流长的民俗活动,显然是相当重要的,至今仍盛行不衰。

《礼记·郊特牲》中指出:

> 社祭土而主阴气也,君南乡于北墉下,荅阴之义也。日用甲,用日之始也。天子大社必受霜露风雨,以达天地之气也。是故丧国之社屋之,不受天阳也。薄社北牖,使阴明也。社,所以神地之道也。地载万物,天垂象,取财于地,取法于天,是以尊天而亲地也,故教民美报焉。家主中霤而国主社,示本也。唯为社事,单出里;唯为社田,国人毕作;唯社,丘乘共粢盛;所以报本反始也。

这段话的意思是:在社坛祭祀土地神,而以阴气为主。祭祀的时候,国君要面朝南站立于社坛的北墙下,这是面对社坛阴面的意思。古时以天干纪日,十天干中的甲是每十日的第一日。祭社用甲日,表示用天干开始的日子。天子为百姓立的社叫太社,太社只修坛,不盖屋宇,必须要让它承受霜露风雨,以与天地之气相通抵达,从而对生成万物有效。因此,当政者一定要在亡国的社坛上加盖严实的房屋,不让它接受阳光。比如,周王朝就把殷都薄社用房屋覆盖起来,只在北墙开个小窗,使阴面透些光亮,意思是通其阴而绝其阳。建筑社坛而举行祭祀,这是用以神事大地的方式。大地载育万物,天上悬垂日月星辰,人类向大地索取资财物产,取天上日月星辰的运行法则而安排耕作,所以圣王尊敬上天而热爱大地,从而设立社坛年年举行隆重祭祀,教导人民对土地给以丰美的报答。中霤是家中的土神,社是国家的土神,家中主祭中霤,国家主祭社,都显示这样的道理:土神能提供生活资料,是人们养生的根本。唯有祭社的时候,乡里之人都得出来参加;唯有为社祭而举行田猎的时候,国民都要参加;唯有祭社的时候,乡间各丘乘(一丘约有一百四十余家,一乘四丘,约五百七十余家)级的行政单位,要供应祭祀社神所用的精粮。通过这些实际行动,来报答大地养育的根本大恩,反思自

已生成的开始。由此可见,"隍"是城堡中的产物,而"社"则是农耕社会重要的神灵,随着后来城乡二元差距的日益拉大,"社"即土地神随处都有,而城隍只有城市中才有,有的城隍庙中还有土地神的专门牌位。土地庙的规模,一般都较小,享受的香火也不够旺盛;而城隍庙则显得高大雄伟,一般都是一个城市中非常抢眼的地标性建筑,处于一城的中心位置,香火也异常旺盛,继而带动整座城市的经济、文化、娱乐和宗教等活动。

四、城隍神的演变

现今史料中最早关于城隍祠(庙)的创建时间,主要存在四种说法,即:三国赤乌年说、东汉说、汉初说、唐朝说。持"三国赤乌年说"的根据是宋代赵与时在《宾退录》卷八中的明确记载:"芜湖城隍祠,建于吴赤乌二年。""赤乌"是三国吴大帝孙权的年号,"赤乌二年"即公元239年。这条记载,作者的语气相当肯定,似有所据。今虽为孤证,没有其他资料可供旁证,但可视为最早记载城隍庙创建的文字。持"东汉说"的依据是光绪《浙江通志》卷221载宋代吴铉《始宁城隍庙记》中云:"庙创于东汉。"而持"汉初说"观点者则依据的是《通典》卷一一七《州郡典》载梁末鲍至《南雍州记》中的说法:"城内见有萧相国庙,相传谓为城隍神。"持"唐朝说"观点的主要依据是元代余阙的说法:"城隍祠,古不经见,自唐以来,始稍见之。"以上四种说法,除了第一种外,其余三种说法的依据基本上都是传说或者以不可靠的信息遗存且为笼统之言,并没有真凭实据,尤其是东汉说与汉初说两种观点采用的是方志中的个案传说,资料的时间也是相当晚,唐朝说也只是一家之言,且语义含糊不定,只有第一种观点虽也是个案,但作者的表述态度相当明晰而肯定,似有所据,因此笔者也同意这种说法。

在《南史》卷五三《邵陵携王纶传》中,已有记载提及南北朝时梁简文帝萧纲大宝元年(550),萧纶领兵到郢州(今湖北武昌),当时城中"数有变怪,祭城隍神。将烹牛,有赤蛇绕牛口出"。这里清楚地表明,即使是统率大军征服地方的统帅将领,每到一个地方,如果出现一些异常情况如怪物出没、妖孽作乱等,就必然宰牛烹煮作为供品,对当地城隍神进行祭祀。而这种具有规范性的民间宗教信仰法事活动,其实在各个地方都普遍存在并各具内容与形式。如果从地域上来说,城隍神及其庙宇建筑在江南地区地位更高、分布更广,也使江南地区成为我国城隍信仰的重要发源地和兴盛地。

到隋朝时,民间已经有了用动物作为祭品来祭祀当地城隍的风俗。但当时的城隍神只是一个抽象的神祇,并没有落实到具体的历史人物头上,既没有姓名,也没有事迹可寻。唐代以前,在地处长江中下游的吴越地区,这种带有抽象色彩的城隍神信仰就已经相当兴盛。唐代李阳冰在唐肃宗乾元二年(759)作的《缙云县城隍记》中明确指出:"城隍神祀典无之,吴越有之,风俗、水旱、疾疫必祷焉。"(《全唐文》卷437)明确了城隍神是在年节风俗、水涝干旱和瘟病流行时被奉祭祷告的对象,说明了城隍神在人们生产劳动和日常生活中的灵验功能和重要作用。而《太平广记》"宣州司户"一则所引牛肃的《纪闻》则更是透露出了大量有关城隍信仰的信息。其一是在当时的吴地,人们都对鬼怪充满了恐惧,因此每个州和县就都有了属于自己的管理鬼怪的城隍神,可见这种信仰至少是在吴地已遍地开花,其重要性自不待言。其二是通过宣州司户死而复生的"入冥"亲身经历,描述了城隍神所居住和工作的殿宇、侍卫甲杖等具体环境,突显出一种庄重肃穆而神秘莫测的氛围,有力地提高了城隍神的威慑力和神圣感。其三是通过司户接受了自称宣城内史桓彝的"府君"盘问,更是明确了历史上的真人在死后可以进入神界担负神职的事实,进而导致了后人也将桓彝列为城隍神的后果。因此,当时南方吴地的城隍神不但在每一个州和县都有,而且已经具有了相当显赫的地位,既拥有高大雄伟的庙宇,同时还有严整齐备的侍卫与仪仗。通过宣州司户在入冥过程中被城隍神接见所亲身体验和观察到的情景,值得注意的是,此处出现了"晋宣城内史桓彝"自报家门并与司户谈话的场面,而此情此景又是司户苏醒之后亲口所言,无疑会加剧人们的"畏鬼"情结,从而抬升城隍神在民俗中的地位。可见,人们在此时已经开始有意无意地赋予城隍历史上某个具体人物的名字,随着这种现象愈演愈烈,形成有意识的大规模为城隍神命名的运动,甚至在过程中还出现了一些相互混淆或者并列乃至前后接替的情形,此为后话,暂且不表。

唐朝是佛教与道教都极为繁荣的时期,人们对城隍神的信仰与祀奉也随之不断地丰富与发展,城隍神崇拜在士大夫与普通民众之中都相当普遍。从当时许多著名的文人型官员如张说、韩愈、张九龄、杜牧、李商隐等在其任职期间撰写或代撰的专门祭祀各地城隍神的数量较多的祭文来看,当时城隍神在一城的神灵之中,已初步奠定了其无可争议的主导地位。

五代时后唐潞王李从珂在清泰元年(934)入洛阳即位后,即封城隍为王爵,开启了朝廷正式封祀城隍活动的先河。到了宋代,全国上至都城,下至各府、州、县,都纷纷建造庙宇祀奉城隍,而且各地的城隍都相继有了具体的人选,且数目繁多,阵容庞大,他们生前大多都是忠义之士、勇猛之将或多谋之士,死后受到一地百姓的崇祀。朝廷也顺应民意,对一些城隍正式加封爵位。北宋苏轼在宋神宗元丰二年(1079)春知湖州后,即刻去拜祭当地城隍等神灵,在《湖州谒诸庙文》中虔诚地祈祷道:"某神:轼猥以不肖,来长此邦,实与有神分职幽明。谨以视事之三日,祗见于庙。惟神佑斯民,俾风雨时若,疫疠屏息,吏既免罪,神亦不愧。尚飨。"诚惶诚恐之态,溢于言表。南宋陆游也撰写过《宁德县城隍庙记》《福州城隍祈雨文》等文,说明在东南沿海的福建地区城隍信仰也逐渐普及、深入人心。至元五年(1268),元世祖忽必烈下令在上都(今内蒙古自治区锡林郭勒盟境内)兴建城隍庙,当时文人韩从政与虞集分别作有《佑圣王灵应碑记》和《大都城隍庙碑》等纪念性文字。随着统治者对城隍神的认可和提倡,城隍信仰在南北方迅速兴起,各地相继都拥有了自身的城隍,而且自觉地进行一些定期的祭拜活动。加入城隍序列的历史人物越来越多,死后能列名城隍神的标准也随之提高,由先前的仅保一方平安扩大到审案辨奸、祈雨求天,甚至为官清廉、忠孝节义都被作了入选城隍神祇的条件,各地所选造出来的城隍急需得到国家政府相关机构的认证与判定,这种情况到了明代终于有了一个全面、系统的解决方案。明人冯应京就在《月令广义·岁令一》中指出:"天下城隍,名号不一。世传燕都城隍为文丞相,苏州城隍姓白,杭州城隍即胡总制,近更周御史。"可见一个城市动辄变更城隍神的现象时有发生,而且名号不一的乱象也相当普遍,这给民间信仰的正常进行带来了许多不稳定因素。

五、城隍神的官方定位

明代初年,以布衣出身而建立了霸业最后登基的皇帝朱元璋,出身卑微,据说由于他就出生在土地庙里,因此他对与土相关的城隍的兴趣也极为浓厚,对作为土地神上司的城隍神格外敬重。他当皇帝的第二年,即洪武二年(1369)正月丙申,就颁布了《封京都等处城隍神制》的诏令,对天下城隍神进行正式封赠。这道诏令在城隍神正式地位的确立过程中至关重要,故全文收录,以供读者参考:

> 帝王受天明命,行政教于天下,必有生圣之瑞、受命之符。此天示不言之妙,而人见闻所不及者也。神司淑慝,为天降祥,亦必受天之命。所以明有礼乐,幽有鬼神,天理人心,其致一也。朕君四方,虽明智弗类,而代天理物之道,实馨于衷,思应天命,此神所鉴而简在帝心者。君道之大,惟典神天,有其举之,承事惟谨。应天府城隍昇福侯,宋代所封位号也,聪明正直,圣不可知,固有超于高城深池之表也。世之崇于神者则然,神受于天者,盖不可知也。兹以临御之初,与天下更始,凡城隍之神,皆新其命。睠此兴王之郡,神相居多,宜加封曰承天鉴国司民

昇福明灵王。明者神之体,容光必照;灵者神之用,随感而通,此固神之德,而亦天之命也。司于我民,鉴于我国,享兹明祀,悠久无疆。主者施行。

开封

睠此名城,天下之中,定帝王之宅,金汤既甲于列郡,神号宜盛于他邦。可封曰承天鉴国司民显圣王。显则著其灵明无不照,圣则造乎极大而化之,此固神之德,而亦天之命也。

临濠

睠此乡邦之地,实同丰沛之都。朕肇自戎行,至成大业,皆神默相,岂敢忘初。可封曰承天鉴国司民贞佑王。贞则无贰,亶明睿而无私;佑则垂祥,仰感通之如在。

太平

睠此名城,雄莫江表。朕初飞渡,首驻其间,再四祷祈,神告不贰。宜封曰承天鉴国司民英烈王。英则发越精华,烈则明威炟赫。

和州

睠此名城,雄莫江右。王师戾止,屡获成功,非神相之,何以臻此?宜封曰承天鉴国司民灵护王。灵则威加于显著,护则福及于保绥。

滁州

睠此名城,雄莫东淮。王师首驻,战胜居安,成此俊功,实神相之。宜封曰承天鉴国司民灵佑王。灵则威之显著,佑则福之保绥。

各府

睠此郡城,明祇所司。宜封曰鉴察司民城隍威灵公。威则照临有赫,灵则感通无方。

各州

睠此州城,灵祇攸主。宜封鉴察司民城隍灵佑侯。灵则随感而通,佑则锡善以福。

各县

睠此县邑,灵祇所司,威灵丕著,福泽普施。宜封曰鉴察司民城隍显祐伯。显则威灵丕著,佑则福泽普施。

朱元璋在颁布的这道诏令中,明确指出了自己在御国之初即设立并封赠各地城隍神的必要性与合理性,那就是为了上顺应天意,下迎合民心,达到天理与人心的高度合一,因此要对宋以来各地所封城隍的称号进行一次全面而系统的清理和整合,并重新进行封赠与命名,以与新的王朝同时起步、与时俱进。他在诏令中特别赐封都城应天府(今江苏省南京市)城隍为"承天鉴国司民昇福明灵王"、开封(今属河南省)城隍为"承天鉴国司民显圣王"、临濠(府治在今安徽省凤阳县)城隍为"承天鉴国司民贞佑王"、太平(今安徽省马鞍山市与芜湖市)城隍为"承天鉴国司民英烈王"、和州(今属安徽省)城隍为"承天鉴国司民灵护王"、滁州(今属安徽省)城隍为"承天鉴国司民灵佑王",封全国各府城隍为"鉴察司民城隍威灵公"、各州城隍为"鉴察司民城隍灵佑侯"、各县城隍为"鉴察司民城隍显祐伯",首次相当具体而详细

图3 城隍神像

地梳理并明确了全国城隍神的政治地位以及等级差别。从这一诏令中也可以看出,被封赠的城隍不但在名号上有相同的内容,即都强调其"承天鉴国司民"的功用,上承天命,中鉴其国,下司其民,在内涵和意义上也有不同分工的差异,同时在爵位等级上更有王、公、侯、伯的区分。就封号的字面意义而言,都城城隍为"明""灵",即"明者神之体,容光必照;灵者神之用,随感而通",着重体现神灵之体容照亮、神通广大;开封城隍为"显""圣",即"显则著其灵明无不照,圣则造乎极大而化之",着重体现神灵之显著无藏、教化范围之广;临濠城隍为"贞""佑",即"贞则无贰,亶明睿而无私;佑则垂祥,仰感通之如在",着重体现神灵之公平正义、保佑吉祥;太平城隍为"英""烈",即"英

则发越精华,烈则明威烜赫",着重体现神灵之聪明智慧、威风赫赫;和州城隍为"灵""护",即"灵则威加于显著,护则福及于保绥",着重体现神灵之灵验威严、护福佑安;滁州城隍为"灵""佑",即"灵则威之显著,佑则福之保绥",着重体现神灵之灵验立显、赐福降祥;各府城隍为"威""灵",即"威则照临有赫,灵则感通无方",着重体现神灵之威严与灵验;各州城隍为"灵""佑",即"灵则随感而通,佑则锡善以福",着重体现神灵之灵验与吉祥;各县城隍为"显""祐",即"显则威灵丕著,佑则福泽普施",着重体现显灵和保佑。这些封号大同小异,都有神圣威严、灵验庇佑的劝善惩恶意义在内,抑恶扬善、灵验威严是其最本质的内涵。

通过这一对全国范围内传统城隍神祇加以系统梳理而使之制度化的"洪武二年新制",朱元璋不但建立起了相当完备而系统的城隍信仰制度,使城隍祭祀成为整个国家祭祀体系中的一个重要组成部分,并出于政治需要,根据城隍神祇所在地理位置的不同,严格划定了五个等级,即:一等为京都应天府;二等为开封府(承天鉴国司民显灵王)、临濠府(承天鉴国司民贞佑王)、太平府(承天鉴国司民英烈王)、和州(承天鉴国司民灵护王)、滁州(承天鉴国司民灵佑王);三等为全国各府;四等为全国各州;五等为全国各县。这一等级序列的排定,既与一整套完备的封建统治制度中的行政管理体系相互对应,同时又在第二等级序列中特别突出了朱元璋异常明显的私人因素,极具个性化,彰显出朱明王朝建立时的雄霸强悍和朱元璋本人初登皇位时壮志凌云、踌躇满志的心态。而对他特别加以提升等级的五个府,诏文也给出了充分的理由,那就是这些城市的神明,实际上就是城隍,在朱明王朝的创建过程中都起到过极为重要的作用。正是有了这些神灵的暗中保佑与帮助,才能够使朱元璋在当时群雄争霸中一马当先,奠定基业。在这五个府中,开封府既是北宋的首都,又曾是明朝都城的候选城市,后来成为陪都,理应升格。而临濠府则是朱元璋的家乡所在,太平府是朱元璋率军渡江后的最初根据地,和州是朱元璋集团渡江前的根据地,而滁州则是朱元璋最先攻占的城市,这四个城市可谓都是朱元璋打江山时的福地,对其建立王朝的意义非同小可,因此顺利登上皇位的朱元璋就要特别感谢这些地方的神灵即城隍保佑,给予他们特殊的待遇也顺理成章。而这次改制,在很大程度上成为城隍信仰发展历程中的一个里程碑,具有划时代的意义。虽然朱元璋以国家立法的形式规定了城隍的存在与意义,将其制度化、规范化、理论化、体系化、祭祀常态化,但城隍作为人格神的根本属性却并没有改变。基于对地方安全的考虑,同时积极响应皇上的号召,从明代起,全国各地展开了一场竞相修造庙宇的热潮,城隍庙如雨后春笋般在各地拔地而起,遍地开花,在规模与形式上也是争奇斗艳,各具特色。关于这点的深层目的,朱元璋曾经对大学士宋濂这样说:"朕立城隍神,使人知畏,人有所畏,则不敢妄为。"可见草野出身的朱元璋完全是个熟谙民众心理的高手,他为城隍神立庙树威,其根本出发点就是想利用鬼神的威力,以达到其震慑臣民、维护统治的政治目的。

对这一创举,《明史·礼志三》中也有简单的记载。朱元璋出身草野,对民间普通百姓的心理相当熟悉,深知民间百姓对鬼怪神灵的敬畏与服从,于是在其当皇帝之后即刻开始了大规模的封神造神运动。城隍神就是其中最显著的一位。朱元璋在位期间,曾经多次亲自拜祭城隍。如洪武二年(1369)祭风云雷雨岳镇海渎山川城隍旗纛诸神、洪武三年(1370)祭京师城隍庙、洪武四年(1371)祀太岁风云雷雨岳镇海渎山川城隍旗纛诸神、洪武六年(1373)三月祀中都城隍神、洪武十年(1377)祭城隍蒋庙等等。洪武二十年(1387),又改建了都城应天府,也就是现今南京市的都城隍庙。

洪武三年(1370)六月癸亥,在洪武二年新制实行刚一年半后,朱元璋又颁布了一道新的诏令。这份名为《定岳镇海渎城隍诸神号诏》的圣旨,明确规定:

> 夫礼,所以明神人、正名分,不可以僭差。今宜依古定制,凡岳镇海渎,并去其前代所封名号,止以山水本名称其神,郡县城隍神号一体改正。历代忠臣烈士,亦以当时初封以为实号,后世溢美之称,皆宜革去。惟孔子善明先王之要道,为天下师,以济后世,非有功于一方一时者可比,所有封爵,宜仍其旧。庶几神人之际,名正言顺,于礼为当,用称朕以礼事神之意。五岳称东岳泰山之神、南岳衡山之神、中岳嵩山之神、西岳华山之神、北岳恒山之神。五镇称东镇沂山之神、南镇会稽山之神、中镇霍山之神、西镇吴山之神、北镇医无闾山之神。四海称东海之神、南海之神、西海之神、北海之神。四渎称东渎大淮之神、南渎大江之神、西渎大河之神、北渎大济之神。各处府州县城隍称其府、某州、某县城隍之神。历代忠臣烈士,并依当时初封名爵称之。天下神祠无功于民、不应祀典者,即淫祠也,有司无得致祭。于戏!明则有礼乐,幽则有鬼神,其理既同,其分当正。故兹诏示,咸使闻知。

对此,《明史·礼志三》中也有相应记载:

> 三年,诏去封号,止称某府州县城隍之神。又令各庙屏去他神。定

庙制,高广视官署厅堂。造木为主,毁塑像畀置水中,取其泥涂壁,绘以云山。在王国者王亲祭之,在各府州县者守令主之。

在这次改制中,朱元璋认为将自然崇拜的神灵人格化是对这些神灵的亵渎,下令恢复这些神灵的自然属性,使其"名正言顺,于礼为当",而且相当郑重地对这些"岳镇海渎"及"城隍"再次进行封爵赐号,不仅如此,还要为城隍神建造专门的庙宇,其建筑规模和布局要参照当地的官署厅堂式样,将塑像改为造像,并统一了神像的服饰及背景装饰,同时要求本地官员定期进行供奉与祭祀。这样,一个与现实社会中的封建统治体系完全对应、在理论上也高度一元化、在形式上呈金字塔形由下而上分布的城隍神等级结构开始形成,并且具有了与"阳"相对应的"阴"界行政管理的性质,在配置上更加合理完善,在管理和祭祀制度上更加细化、常态化,城隍从此正式脱离农村,成为一个城市及其附属地域的守护神和冥间派往阳间的总地方官。在朝廷的诏令倡导下,全中国凡是县城以上的城市都按照与自己等级相对应的规格修建了城隍庙,同时也赋予更多的历史人物或英雄名臣以城隍神的封号和优厚的待遇。由于在修造与确立神灵方面,没有统一的指令,也没有固定的神祇,虽然朱元璋一再强调城隍自然神的属性,但将其地方化、人格化的趋势已经是无法遏制了,这样,在城隍神的确定上就出现了各种始料未及的情况,各地的城隍神身份也不同,甚至表现出极大的差异。但需要强调的是,不管一地的城隍神是谁,他都应该是为这一地方的市民所统一供奉的,是这一城市的功臣,也是这一城市的标志性人物。明代孝宗年间,莆田抗元英雄陈文龙就被封为福州的城隍爷,其从叔抗元英雄陈瓒被封为兴化府的城隍爷。各地纷纷开展封城隍神、建城隍庙活动,导致在全国范围内城隍庙的数量虽然不能与遍布各地包括穷乡僻壤的大小关帝庙、土地庙相比,但它们密集而又均匀地分布于全国各级各类城市,而这些城市基本上都是本地域的政治、军事、经济、文化中心,以这些中心为坐标点,延伸至其管辖的广大农村,便构成了一个布局合理、密度适中、兼顾城乡、相对独立的信仰网络体系。一些文人或官员,在走马上任和任满调离时,都要去祭拜城隍,撰写祭文或祝文。或接受当地官员和百姓的邀请,为一些城隍庙撰写碑记或诗文作品。如明代叶向高就曾为自己的家乡福建省福清县(今福建省福清市)重修的城隍庙撰写过《福清县重修城隍庙记》一文。河南信阳知州胡守安在其任期满后经过城隍庙时,写有《任满谒城隍》一诗,云:

一官来此几经春,不愧苍天不负民。神道有灵应识我,去时还似来

说今谈古话城隍
SHUO JIN TAN GU HUA CHENG HUANG

时贫。

这体现出作者为官时清贫廉洁、两袖清风，离任时问心无愧、可鉴神天的高尚品行。

六、城隍神的衰微

清代在城隍神的祭祀礼节与仪式方面，多沿袭明代旧制，只是在一些方面做了更为详细的规定。当时朝廷通令各府、州、县、厅建坛或庙，并将祭祀城隍列为国家祀典，岁增春秋二祭，新任地方官在上任时须前往城隍庙举行就任奉告典礼，参拜神灵，而后才能履职视事，称为"城隍斋宿"。祭拜时的祭文与祭品也须由新任官员虔诚自备，且须斋戒谨肃，不得怠慢。民国版福建《尤溪县志》录有清道光二年（1822）知县孙大焜到任时祭告城隍神的祭文，中有"唯神职司阴教，降庇生民，福善祸淫，无私一体乎天道；报功崇德，隆礼相沿于累朝。焜，岭南末学，承乏此邦，初学操刀，惧盘错之未试，敢云悬镜，诩魑魅之难逃？所自信者唯清，所自矢者唯慎。""比焜所以帅先以图治于昭昭之地，唯神所当默佑以辅治于冥冥之中。爰于莅位之始，愿与神约，唯神有灵，尚克相之"诸语，足见官员到达新的任职地方后敬天尊神的心态与愿望，也反映出官方倡导城隍信仰的真实意图。许多官员都为本地城隍庙的创建或重建维护工作尽心尽力，并且撰写碑记祝文以记录盛事，如漳州府学司训朱莲撰《重修鳌城迁建石狮城隍庙记》、泉州总捕厦防分府陛实撰《厦门城隍庙碑记》、台湾彰化知县杨桂森撰《履任告城隍文》等文，虽都为官样文章，内容形式陈旧不堪，但因其保存了一些地方政治、经济、文化诸方面的宝贵信息，故而具有较高的文史价值。清代福州诗人蔡大鼎写有《游城隍庙》诗，曰：

> 庙貌森严镇福州，威灵俎豆直千秋。远人祈祷缘何事，海国安澜暗里求。

诗中描绘出一幅城隍庙雄镇一方、享受奉祀的雄伟状貌，表现出人们包括作者自己在内即使任期已满，也会为了国家安定与百姓生活安宁主动到庙中祈祷城隍保佑的虔诚与恭敬之情。

总体上说，清代城隍神的地位相比于明代，呈现出逐渐下降的态势，尤其到了清末，随着社会弊端日益暴露和民众生活水平的整体下降，寺庙凋零的情况普遍存在。加之战乱对城市的破坏，城隍神的境遇相当凄惨荒凉，但即使如此，各地规定的祭祀活动的频率和规模却有增无减，各地举办盛况空前的城隍庙会就说明了这一点。不仅如此，各地争先恐后地重新修建或者修缮城隍庙宇的热情更是不减当年，声势持续高涨，其规模甚至有超过以往之势。但这种情形，到了清末则不复存在，显得萧条冷清，而只有每年定期较为短暂的庙会才能带给城隍庙一些生机与瞬间的热闹。清人富察敦崇在《燕京岁时记·都城隍庙》中记录了城隍庙中建筑破败而冷清少人的惨况：

> 都城隍庙在宣武门内沟沿西，城隍庙街路北。……光绪初年，庙毁于火，碑皆毁裂。所谓各直省城隍像者，零落殆尽。近惟将正殿修复，以便春秋祭享，余尚残破如故也。

这种情形不仅在京城如此，在全国各地也基本是普遍现象。随着内乱不断，外敌入侵，许多城市受到了不同程度的破坏与蹂躏，作为一城之神的城隍也在劫难逃，其庙宇在多年无人光顾的情况下逐渐坍塌，神像也受到严重的毁坏，有的甚至神去庙毁，从此不见踪迹。一些幸运得以保存下来的规模较大的城隍庙，也未能在后来的"文革"的十年中幸免于难，遭到了再次且更为严重的毁坏。许多城隍庙，在政治运动中都被移作他用，或为办公场所，或为居民私用，或用作公共集会之地，或用作学校教学用房，有的甚至用

图4　城隍与山神、土地塑像

作部队驻扎的营房。祭祀活动也因政治运动而中止，香火断绝，门可罗雀，清冷惨淡，对其的保护与研究更是无从谈起。城隍及其庙会等从此也就成为回忆。二十世纪八十年代，随着改革开放的深入，一些城市及县镇的城隍

庙又重新得以焕发生机,相继开展了一系列具有记忆与保护性质的民俗文化活动,维修旧庙,复修神像,并且增加了许多现代化的新元素与新内容,而城隍信仰也迎来了新的时代,期待着新内容和新形式。

七、闽台城隍神:青山王

有些地方供奉的主神虽然在称谓上不叫城隍,但却同样具备了城隍神的性质与职能,类似于本地的城隍爷。这种现象既与王爷信仰和崇拜有关,也是阳间王爷与阴间城隍复合而成的产物,在功能和神谱上往往兼容并包,属于杂神、俗神的性质。福建惠安和台湾各地盛行的青山王信仰,就是这方面的一个范例。

福建和台湾两省多地共同祀奉的灵安尊王,俗称青山王,在当地就是被视为城隍神而享受相应的待遇的。灵安尊王的真实姓名叫张悃,有一种说法认为他是三国时东吴的将领,更为广泛而普遍且被大多数人认可的说法是认为他是五代时期福建的地方将领。位于福建省泉州市惠安县山霞镇青山村北的青山宫,就是最著名且在海内外具有极大影响力的主祀青山灵安尊王张悃,简称青山王的寺庙。当地民间有一句谚语云:"未有惠安,先有青山。"这句话充分说明了青山王信仰的历史之悠久和影响之深远。惠安未建县时,就先在鳌塘铺设立官署,管理钱粮刑狱之事,称为"古县"。北宋太平兴国六年(981)惠安置县,官署移置螺山之阳(今惠安螺城)。在建造县衙的过程中,发现了张悃墓,同时出土了一块铜牌,上面镌刻有"太平兴国间,古县移惠安;若逢崔知节,送我上青山"的偈语,于是惠安首任知县崔拱就将张悃墓移迁到了青山,并建造庙宇奉祀。明代嘉靖年间的《惠安县志》记载道:"青山在县南,伪闽时将军张棡(悃)尝立寨于此,以御海寇。既殁,乡人庙而祠之,至今不废。"青山宫始建于五代十国时期,重建于北宋太平兴国年间,整个建筑格局坐北朝南,极富特色。背依青山,面对青山湾,由山门、两廊、天井、前殿、拜亭和后殿组成主体建筑,东侧为文昌祠,西侧为英烈祠。在惠安县的很多地方,都有分祀青山王的庙宇,其中比较闻名的是县衙旁的螺城联珠巷青山庙。此外,泉州城内及泉州府属的各县包括一些乡村也都建有青山王庙或供奉着青山王神像。

张悃本来是青山的守护神,但是其不仅具有山神和本地行政神的神格,而且还具有司法神的职能,因此被尊为惠安县境主,相当于惠安的城隍神,因此配祀有判官、诸司、范谢将军等辅助神灵,也常常有出巡四方、暗访民间等活动,其主要目的就是明察辖区善恶之人与事,缉捕恶鬼凶神,维护一方平安。青山王曾多次神助朝廷,受到各朝的封赠与厚待。南宋建炎年间,金军大举入侵南方,这时青山王显灵发威,助战朝廷军队取得胜利,被朝廷加封为"灵惠侯",其夫人也被封为"昌顺夫人",赐庙额"诚应"。南宋端宗赵昰南渡时,在海上曾经遭遇到狂风巨浪,又是这位青山王再次显灵救驾,使其脱厄平安,于是又被加封为"灵安王",制入祀典。南宋时期,两任泉州太守的真德秀曾亲至青山宫致祭,并作有《惠安成(诚)应宁济庙祝文》。明太祖朱元璋率部征讨元军时,青山王也多次显示灵威,协助明军大获全胜,后被朝廷加封为"灵安尊王",夫人为"昭安妃"。

随着福建泉州惠安的大批移民出外谋生,迁往并定居中国的台湾、香港、澳门以及东南亚各地,对青山王的崇拜祭祀之风俗也被相应传播至东南沿海及东南亚地区,大大超出了惠安籍乃至泉州籍移民的范围。随着信仰青山王人群的不断增加和范围的日益扩大,青山王庙宇也得到不断地修建。在台湾,不少地方都建庙崇祀,甚至许多私人家都供奉青山王神像,青山王成为台湾民间信仰的主要神祇。台湾最早的青山王庙宇,是清代嘉庆五年(1800)建造的位于彰化县芬园乡溪头村南路的灵安宫,而最为有名、影响最大的则是台北市龙山区贵阳街的青山宫,即艋舺青山宫。该庙始建于清代咸丰四年(1854),1943年进行重建,是台湾香火最盛的青山王庙。据说每年农历的十月二十三日是青山王圣诞的日子,在二十日和二十一日这两天,青山王都要亲自出门暗察私访,二十二日则绕辖境夜行,体恤民情。这种出巡行为与城隍相似,也可看作是神隍信仰的遗留和异变。在台湾,现有青山王庙多达百余座,著名者除上列名庙之外,还有建于清光绪四年(1878)的台中县沙鹿镇北势里东晋路青山宫和建于1921年的新竹市下竹里东南街灵安宫等,信众经常组团前来福建惠安青山祖庙进香谒祖。

八、城隍神的运行机制

城隍作为一个城市的保护神,其职司功能不仅仅单纯地体现在守御城池,确保一方治安的稳定,而且还要负责当地的水旱吉凶以及阴阳两界的各种事务。其作为冥界的地方长官,凡是属于阴间的事务都由城隍神来处理,且要秉公执法,善恶分明。但是,城隍又具有非凡的神性,因此有的时候能够为阳间的官吏和百姓出谋划策、决断吉凶,在某种程度上还可提供咨询,故又与阳间的人类活动紧密相连。就城隍的职权而言,主要可分为司法事务与行政事务两方面。司法事务是指城隍亲自或有时派遣属下对阴阳两界进行巡视,若发现有作恶的人,要及时加以处罚,通常的手段是使恶人患上不易治愈的疾病,或使恶人倾家荡产陷入贫困,直至夺其生命。行政事务则指城隍为一城百姓提供保城安民、祛除灾患和加强对官吏的监督等帮助。

这样，一个城市的城隍庙建筑群，就犹如一个集中了多种机关与功能的综合办公区域，众神云集，各司其职，既为百姓提供了各种便民性服务，同时又能接受更多信众的祭拜与供奉。

城隍作为都邑及其附属地区具有特殊职能的保护神，理应受到全城市民百姓的衷心敬仰和敬奉，给一城的生灵带来庇护，使他们生活在一种安全的环境中。因此，城隍的职能实际上涵盖了城市社会生活的各个阶层与方方面面，反映出都市社会中各阶级、各等级不同的思想、情感和愿望。城隍虽然身处城中，给城中的成员能够带来巨大无比的福祉，但其职能与责任并不完全局限于其所居住的城区，而是覆盖了以此城为中心的特定划界地区，是与阳间州官府吏具备相同功能的官员神祇，其权利与义务远远要大于其眼皮底下的城市，而是统管这一地区阴间事务的总神。随着其神职的逐渐完善与规范，城隍的职能越来越丰富。据邓嗣禹先生在《城隍考》一文中的统计，共有城隍为民申冤而止巡抚之诛杀、城隍救火、城隍罚人示众、城隍为忠于职务之人驱鬼、城隍召人作证、城隍审理案件如阳间官府、城隍知人寿命、城隍注拟子嗣、城隍冥诛唆弄是非之人、城隍冥诛因奸致死人命之徒、城隍奖励孝道替人训妻、城隍深知人情世故、城隍治虎、城隍作诗等十多项职能，可谓方方面面，不一而足。在这些琐碎繁杂、显微并存的综合行政职能中，守土保民始终是其神职中首要的责任与义务。将城隍加以冥化、神化、官化，既能够有效地维护城市各领域的正常统治秩序，又能够与阳间的各层政治管理阶层相互对应与配合，实现阴阳两界的"保民"互动，反映出为政者对神灵统治功能的重视。

在城隍庙管理职能的具体配置方面，城隍神不但拥有"司"这样专门的僚属机关，而且还下辖有各级各类负责具体办事的官员和衙役仆从，如文武判官、各司大神、甘柳将军、范谢将军、牛马将军、日夜游神和枷锁将军等。"司"是城隍的僚佐即助手，负责各种具体事务的办理。关于各司的数量和建制，全国各地、东西南北的各类城隍庙在配置上是不尽相同的，有的配置有三司，有的六司，有的七司，有的八司，有的廿四司，甚至有的地方还有三十六司。较为普遍和通行的是廿四司模式，其名称和功能如下：

阴阳司（掌理阴阳两界生死各项事务，安排与协调各司共同处理案件）

速报司（掌理兵部、礼部与发文之职）

功曹司（负责记录阴阳两界人、鬼善行义举）

功过司（负责记录阴阳两界人鬼行善作恶等操守之功过）

注福司（负责执行赐福添寿之职）

瘟疫司（掌理降施瘟疫之职）

感应司（掌理阴阳间人鬼祈祷之事）

罚恶司（掌理行刑罚恶之职）

功考司（监督阴阳两界考试之职及负责考核人鬼功过之操守，与地府各部单位工作之绩效）

记功司（掌理阴阳两界人鬼及地府各部单位褒奖之职）

事到司（负责管理阴阳界亡魂至地府报到之一切事项）

监狱司（负责管理各级监狱之职）

巡察司（负责阴阳两界日夜查巡之职）

赏法司（掌管奖赏法律文簿之职）

刑法司（掌理刑法簿与执行刑罚之单位）

察过司（负责视察阴阳两界人鬼之善恶与功过）

见录司（负责阴阳两界人鬼之善恶记录簿）

来录司（掌理阴阳两界人鬼至地府报到名册登录之职）

警报司（负责警告、纠正阴阳两界不法言行）

赏善司（负责褒奖阴阳两界行善有德者）

库官司（掌理地府金融之职）

改原司（负责记录阴阳两界人鬼籍贯之职）

保健司（掌理阴阳保健簿之职）

人丁司（掌理阴阳两界人口增减之职）

实际上，上述司名及具体职能只是普遍性的，而由于地域及文化的差异，在全国各地表现并不统一，总体上大同小异。此外还有三司、七司、八司等设置，即使数量上同为廿四司，其名号也不尽相同。现简列如下，以飨读者。

三司：阴阳司、速报司、纠察司

七司：阴阳司、速报司、纠察司、奖善司、罚恶司、增禄司、注寿司

八司：阴阳司、速报司、纠察司、奖善司、罚恶司、财神司、注寿司、功过司

廿四司：阴阳司、速报司、良愿司、查过司、文书司、地狱司、功曹司、掌案司、检簿司、驱疫司、学政司、典籍司、罚恶司、注福司、注寿司、督粮司、巡政司、感应司、保安司、仪礼司、稽查司、赏善司、提刑司、考功司

廿四司：阴阳司、吏部司、司封司、司勋司、考功司、户部司、度支司、金部

司、仓部司、礼部司、祀部司、主客司、膳部司、兵部司、职方司、驾部司、库部司、刑部司、都官司、比部司、司门司、工部司、屯田司、虞部司、水部司

廿四司：阴阳司、任免司、感应司、差捕司、讯问司、府库司、科甲司、农畜司、匠工司、商贾司、钱银司、幽冥司、纠察司、婚娶司、子孙司、医药司、寿命司、功过司、曲直司、监狱司、兵戎司、运途司、文书司、土地司、江海司。

可以看出，城隍庙中所辖的机构，分工琐细而又繁杂，司职明确而又冗叠，且名号五花八门，令人眼花缭乱，可谓臃肿至极。除了要与阳间衙门的各类机构及其职能一一对应外，还具有更大更广可供行使的职权，可谓阴阳通管。由于城隍神所处地域的具体情况不同，在机构的设置上也就突出了地域的差异，如南方与北方地理环境的不同，山区与水乡生活空间的不同，主要人群的工作性质的不同，都注意到了，可谓面面俱到、有求必应。尤其值得注意的是，在名目众多、简繁不一的诸司中，居于首位的阴阳司则无异议，原因就在于此司是城隍的第一辅吏，主要负责掌理阴阳两界生死各项事务的安排与协调各司共同处理案件，起着极为重要的统领作用。而廿四司在命名上也极为讲究，皆为两字，且对仗工稳，浅显朴实，突出其实用性与可操作性，以极大地满足辖区百姓民众的各种具体诉求，充分考虑到了广大黎民信众的心理与实际需求，基本上做到了有求必应、赏罚分明、公平正义、善恶立辨。

忠臣廉吏谱城隍

城隍作为中国道教神谱序列中人格化程度最高的民间神祇,在汉末三国时期就已初具萌芽,唐宋以来逐渐成形,至明清时期形成了其极为重要而稳定的城市之保护神的地位。虽然有关其历史人物原型的说法,在全国各地纷乱烦琐,甚至是一地一说,名号不一,各个朝代、各个阶层、各种角色的人物都有望入选城隍神行列。然而,凡是被一方百姓黎民尊选为一城之保护神的人物,都有一个最起码的标准,那就是这个人必须或为本地显宦名臣或到本地为宦,且对本地特殊领域的发展做出过突出重大贡献的精英人士,人们将其英灵神化为城隍敬奉,一方面表达人们的敬仰感恩之情,另一方面也可作为对先辈英烈的隆重纪念和对后人进行教育的生动范本。为了表彰这些先辈英烈的英雄业绩,纪念他们为官一任、造福一方的崇高精神,当地百姓就将他们供奉为城隍神,使其与阳间的官吏一起继续担当守土保民的城市保护神的主要职责,同时还附带管理一些司法诉讼、祈雨禳灾之类的事务,并且在人文教化方面也起着辅助作用。在这些历朝历代陆续形成的人数众多、层次错杂的城隍原型人物阵容中,其中最知名的城隍有北京城隍杨继盛、福州城隍陈文龙、福建省都城隍周苛、柳州城隍柳宗元、苏州城隍春申君黄歇、邕州城隍苏缄、南昌城隍灌婴、绍兴城隍庞玉、曲

图5　北京城隍杨继盛

025

沃城隍申生、济南城隍铁铉、郑州城隍纪信、和县城隍范增、谷城城隍萧何、杭州城隍周新、台湾省台南小南门城隍朱一贵等。其中，苏州城隍春申君黄歇、杭州城隍文天祥和上海城隍秦裕伯又被号称为"东南三大城隍"，在长江中下游地区具有极高的地位和极强的影响力，受到隆厚的礼遇。

一、史册中的城隍

关于城隍的历史人物原型及其演变过程，唐前只是有一个神号，并没有具体落实到历史上的真实人物身上。唐代杜佑《通典·州郡典》引鲍至《南雍州记》云："城内见有萧相国庙，相传谓为城隍神。"这是目前由人死后的鬼魂担任城隍神的最早记载，作者明言是"相传"，显然只是一种说法，但说明当时人们已经将萧何视为本地的城隍神了。唐代赵居贞在《新修春申君庙记》中云："大葺堂庭，广修偶像，春申君正阳而坐，朱英佩享其侧。假君西厢视事，上客东室齐班。李园死士，庚方授戮。仆夫闲骏，辰位呈形。大雪久冤之魂，更申如在之仪。家属穆穆，展哀荣也；仪卫肃肃，振威名也。巨木臃肿而皆古，小栽青葱而悉新。总之一门，是谓城府。宜正名于黄相，削讹议于城隍。"文中明确指出了城隍神和家人共居一庙和谐相处的场景，极富世俗生活气息。有学者也认为这是城隍神有塑像和家属记载的开始。唐代刘骧于唐懿宗咸通三年（862）作的《袁州城隍庙记》中云："有天下，有祠祀；有郡邑，有城隍。虽遍天下尚其神，而未有的标名氏。多因土地以立。惟袁古之城避。按《汉书》，高帝六年春，大将军灌婴所筑。先未有郡，是古宜春县城，隋开皇十一年置宜春郡。大业三年改为袁州，因山名也，移县于州东五里。古今得以灌将军称祀焉。非贤侯，安能移建其庙，饰崇其礼乎。夫如是，所以报其固护城池，而福及生人也。"西汉大将灌婴因为"固护城池""福及生人"，有功于当地，于是被袁州百姓奉祀为城隍神。与此同时，和灌婴一样的前代功臣名将如春申君、纪信、庞玉都被某地甚至多地奉为城隍神加以隆重而虔诚地奉祀。随着五代时期的战乱加剧，人们就更希望自己所处的城池有一个在战场上英勇威猛而死后公正灵验的神灵来保护自己的安全，于是各地纷纷建庙立祀。邓嗣禹在《城隍考》一文中曾指出："指定某人为城隍神，除《南雍州记》外，多渊源于唐，发生传说；而唐宋间人以讹传讹，信之不疑。其人虽有生于汉代以前者，而为城隍神之传说，则见于唐宋以后，故前谓不足为汉有城隍之证也。唐宋以降，指定人名为神之说，日益繁杂。"可见，到了宋朝，人们开始有意识地将各地驻守的将领或名臣纷纷附以城隍之神，并且修筑神庙加以供奉，生动真实地反映出了当时人们在战乱时期需要得到保护的迫切心情。官方修纂的正史中也有了当时的忠义之士死后成为

传统信仰与城市生活·城隍

城隍神的记载,如《宋史》卷四百四十六列传第二百五《忠义一》记载苏缄死后为广西桂林城隍,卷四百四十九列传第二百八《忠义四》记载范旺死后为福建南平顺昌县城隍,等等。随着这种祈求保护而立保护神的行为在南方各地的蔓延与普及,北方也受到了波及与影响,于是人们就开始将一些在某地历史上有功勋、曾为某地行善降福的人物进行神化,将其推上了本城保护神的牌位,进行供奉与祭祀,而此人就理所当然地成为本地的城隍神了。这些城隍神的原型人物来自历朝历代,阵容庞大,大多以朝廷名臣和军中武将为主,他们或为官清廉、造福百姓,或守卫城池、保民平安,总之都为这一城市的繁荣与安全做出过特殊的贡献。经过唐末至宋初这一时期的逐渐筛选、整理与沉淀,这些被封为城隍的人物逐渐趋于定型,供奉他们的城隍祠庙也在大江南北遍地开花,尤其在南方,这种建庙立祠的风气尤为盛行。

宋太祖赵匡胤的七世孙赵与时,生活在十二、十三世纪的南宋时期,他在其《宾退录》卷八中对当时全国各地尤其是南方各大都市包括郡县的城隍神有一段极为详尽的长篇考述,资料极为丰赡而确切,可以说是南宋以前城隍人物原型演变巨量信息的集大成者,或可视为宋前城隍神发展演变历史的综合考述。赵氏先上在开章明言指出"州县城隍庙,莫详事始。……方之城隍,义殊不类。今其祀几遍天下,朝家或锡庙额,或颁封爵;未命者,或袭邻郡之称,或承流俗所传,郡异而县不同。至于神之姓名,则又迁就附会,各指一人,神何言哉"!接着又指出"负城之邑,亦有与郡两立者,独彭州既有城隍庙,又有罗城庙;袁州分宜县既有城隍庙,又有县隍庙,尤为创见"这种不合规律的现象,同时又列举了自己亲眼看见的种种城隍封神及建造寺庙的情况,并开出了一长串名单,如"庙额封爵具者"唯有临安府,后又有绍兴府、台州、吉州、濠州、建宁府、建康之溧水、泉州惠安县、泰宁、韶州、成州等;"有庙额而未爵命者"有镇江、宁国、隆兴、德安府、楚州、和州、襄阳、汀州、珍州、静江以及庆元之昌国、邵武之建宁等地;"前代锡爵而本朝未申命者"有湖州、处州龙泉县、鄂州、越州萧山县、昭州立山县、台州五县等。还列举了大量地方承传下来的不同称谓,如温州的城隍神称富俗侯、处州的城隍神称仙都侯、临安府钱塘县的城隍神称安邑侯、兴国军的城隍神称高陵王等,不一而足。最为突出的是"抚、黄、复、南安、临江诸郡,则称显忠辅德王,或辅德显忠王,盖皆以隆兴庙额混南唐爵命以为称也"。以下他列出了各地城隍神的具体姓名,如:镇江、庆元、宁国、太平、襄阳、兴元、复州、南安、华亭、芜湖等地的城隍神是纪信;隆兴、赣州、袁州、江州、吉州、建昌、临江、南康等地的城隍神是灌婴;福州、江阴的城隍神是周苛;真州、六合的城隍神是英布;

和州的城隍神是范增;襄阳的谷城的城隍神是萧何;兴国军的城隍神是姚弋仲;绍兴府的城隍神是庞玉;鄂州的城隍神是焦明;台州的城隍神是屈坦;筠州的城隍神是应智琐;南丰的城隍神是游茂洪;溧水的城隍神是白季康;还有一些只知姓而不知具体名字的,如惟筠的新昌城隍是西晋邑宰卢姓、绍兴的嵊县城隍是陈长官、庆元昌国的城隍是邑人茹侯。

屈指数来,在以上的文字叙述中,作者先后不厌其烦地为我们开列出了总共十多位有真名实姓的城隍原型以及具有官衔爵位的城隍名册,同时也对城隍神的产生原因及其演变过程做了尽可能全面而系统的梳理与描述,为我们勾勒出了城隍神在宋以前发展变化的清晰轨迹,且引经据典,资料丰富,语调肯定,层次清晰。通过对上引资料的综合分析,我们总体可以得到以下几方面的认识:

首先,对城隍神的专门祭祀在朝廷的祀典中本来是没有的,它的职守与功能实际上与"社"即土地神是相互交叉重复的。在上古时期,当人们还没有形成清晰的城乡概念的时候,土地的地位在一个以农耕为主的国度无论在何时何处都是相当显赫而重要的,其重要性无可超越和替代,因此在每一个地方都需要隆重而定期地祭祀土地之神。在传统农耕社会,土地是人们赖以生存的根本,人们对其崇敬的心情是可想而知的。同时,由于各地的自然条件不同,人们迫切需要有一方神圣来保护和庇佑子民,于是民间的造神现象就逐渐出现。在城镇尤其是一些偏远的村镇,更是需要神圣来进行保佑。在江南水乡纵横、温暖潮湿多雨的地区,不分季节的大小水患更是给人们的生存带来强大的威胁,于是人们将水城隍作为保护神进行供奉,也在情理之中。随着城市规模的日益强大,吸纳和聚居的人口愈增愈多,寻求保护与安抚的需要就愈加迫切,城隍超越土地一跃而为城市首神也就势在必行。明代叶盛《水东日记》卷三十《城隍神》条指出:"张南轩治桂林,毁淫祠,诸生日从游雅歌堂,后见土地祠依城偎,令毁之,曰'此祠不经甚矣。况自有城隍在。'问:'既有社,莫不须城隍否?'曰:'城隍亦为赘也,然载在祀典,今州郡惟社稷最重。'"南轩是南宋著名理学家张栻的号,与朱熹、吕祖谦齐名,时称"东南三贤"。从这段话中可以看出,虽然城隍的地位当时还较为低下卑微,但还是比土地神要高,而且被列入了国家正式的祀典中,因此即使如张栻这样的官吏也不敢视其为"淫祠"而随意毁坏,只得自找理由予以保留。

其次,城隍信仰的兴盛与形成最早是在以吴、越为代表的长江流域,其后才扩展至黄淮流域及岭南。虽然古代中国的经济总量在相当长的一段时期内都是以北方占优势,但自唐以后尤其是到了宋元时期,随着南方经济的开发与发展,南方逐渐超过北方,并且在明清时期无论是经济、文化都处于发达的绝对优势,特别是在以城镇为主的都市经济方面更是显得异常突出。应该说,城隍神的出现是与道教的发展密不可分的,道教发展的魏晋南北朝时期则是南方经济得到恢复并逐渐提速的时期;而佛教与道教之间的相互依赖与激烈竞争,则进一步刺激和促进了民间宗教信仰的发展。由于南方的经济规模和人口密度远大于北方,因此在南方,城市的规模和分布密度也是大于北方,对城市之神进行祭祀的活动无论规模和影响都是北方所不能企及的,而南方文化的发达与文人队伍的庞大则更对民间信仰具有记载与传播的作用。我们从后述的城隍三巡会的内容与形式都可以看出,城隍信仰其实是道教在民间信仰中的一种表现。

再次,城隍在形成的过程中已经形成了一城一神、各自为祀的局面,促成了多神并立、随地而封的规则,进而沉淀为一种传统仪式,也使得包括城隍在内五花八门的神的原型,在全面各地几乎是遍地开花。事实上,很多城隍神的原型都是与所谓的史实不符的,而且上文中提到的各地城隍原型在后世已经发生了极大的变化,有些甚至无影无踪,找不出一点历史的痕迹。而更多的则是一些所谓文化人根据自己的道听途说、想象猜测甚至胡编臆造,或者带有某种偏见嗜好与别有企图来制造包括城隍神在内的神灵的。这些神灵起先是无名无姓的,后来人们或依据历史,或根据传说将历史人物与本地城隍神相互对应,逐渐形成了人与神一对一甚至多人先后更替的体系。神人一体的城隍配置,更加深化了人们对神灵的感性认识,从而强化了对神灵的尊敬与畏惧心理。由于普通的市民百姓文化素质普遍比较低下,对历史常识都缺乏一枝半叶更勿论真实全面的了解,这就给一些掌握了知识和话语优先权的人以可乘之机,信由一些不负责任或别有用心的人胡编乱造,他们或不学无术地随意编造,或不加审察地以讹传讹,或信口雌黄、随心所欲地编撰一些故事传说,将一个与此城风马牛不相及的人物说成是本地城隍,而城隍也就与众多神仙一样成了人们心目中的神圣。由于民间百姓强调现实,注重眼前利益与瞬间效果,基本上都带有一种"平时不烧香,急时抱佛脚"的观念与思想,这种人鬼合体的城市之神在距离上比天神与冥鬼更加贴近民众,也更能够快捷方便地为百姓排忧解难,自然会大受欢迎。后来,城隍又被视为冥府派往阳间管理阴间厉鬼的正式官吏,对生者和死者都具有相当的约束力,尤其是其职权范围可以说是事无巨细、无所不能、无所不管,那些天上和地下的神仙不屑于去管的事情,那些需要请神巫和法师去做的禳祈之事,基本上在城隍这里都能够得到便利而快捷的办理，人们何乐而不为呢？不仅城内的百姓对城隍信奉至极，就是近城或郊外的百姓也要在城隍的特殊节日里去庙中亲自上香许愿，祈求平安。

在《宾退录》中卷九，赵与时又指出"东南城隍之盛，多起于近世。此数者，亦徽庙朝锡命耳"的事实，说明对城隍的频繁封赐和城隍庙的大量兴建是南宋以来的事。这既与南宋时期朝廷保守、不思收复北地而一味苟且偷安的环境有关，又与当时人们崇拜呼唤英雄、激昂慷慨的民族情绪有着密切的联系，人们试图通过对历史上的民族英雄进行祭拜供奉以寄托自己对国家民族的忠诚，大量历史上的英雄豪杰被不断奉为城市的保护神即城隍，应该也是当时民众爱国主义精神在原始宗教信仰方面的生动反映。加之南宋统治者崇信道教，城隍更是以道教神的身份，堂而皇之地登上了一座城市首神的宝座。

此后，许多文人也都注意到了城隍神的演变问题，并对此进行了一些卓有成效的钩沉、研究与探讨，其中不乏真知灼见。城隍虽然是城市的保护神，但却是在民间信仰的基础上发展而来的，因此文字记载的资料既相当缺乏，现有的又言之不详，虽经一些学者努力正本清源，追溯城隍神的来龙去脉，但都没有取得令人满意的成果。尽管如此，他们的关注、考证与研究还是为后人提供了极为珍贵的线索，颇具参考价值。如明朝人何孟春在其《馀冬序录》中就指出了"城隍之祀，莫详其始。……宋以来其祀遍天下，或赐庙额，或颁封爵，或迁就附会，各指一人为神之姓名。……至祈禳报赛，独城隍而已"的普遍现象，文末引陆游之言，说明城隍所享受的礼仪已经在其他神之上，尤其是"祈禳报赛"这种与农事相关的活动，更是城隍独享的祭拜礼仪，由此可见城隍的地位也有了一定的提升。

其后，清朝也不断有学者对城隍原型这一问题进行探究。梁绍壬在《两般秋雨庵随笔·城隍》中对众多文献进行了梳理，朱彝尊在《天府广记·卷七》中则描述了"宋以来，其祀遍天下，或赐庙额，或颁封爵"进而遍及全国的城隍信仰现象，顾禄更是在《清嘉录》卷三"山塘看会"的按语中，以较多文字记述了城隍的流变，并引述了大量文人骚客的诗词和散文，其中不乏名家，这种从文学角度切入研究的方法也不失为一种探索。

图6　北京城隍塑像

　　综合以上征引的文献记载,可见城隍的原型不但人数众多,在宋代以前就拥有了十分庞大的阵容,人数达数十人,而且没有一个固定条规化的入选标准与条件,到后来则呈现出随时递增补选之势,队伍日趋壮大,同时也逐渐地进行整合与最终确定。即使最初由官方自上而下地统一任命,也是一地一城隍,或以侯,或以王等名爵封赐,其后才被逐渐综合为整齐统一的城隍神系。而这种略显零乱的谱系的正式形成,应该是在明代。如上所列,尤其是《退宾录》中详细列出的名单,可见宋金之前城隍神的原型就有纪信、灌婴、周苛、英布、范增、萧何、姚弋仲、庞玉、焦明、屈坦、应智顼、游茂洪、白季康、桓彝、李异等十多人,此外还有未列出名的卢邑宰、陈长官、茹侯等,更有此后陆续登上城隍神位的李冰、韩愈、文天祥、苏缄、于谦、杨继盛、周新、史可法、陈化成等一大批忠臣廉吏和抗敌殉国的英烈,也被追加进入了城隍神的序列,极大地丰富和充实了城隍神灵的队伍,既提升了这一队伍的知名度和影响力,同时赋予其更为广泛而深刻的文化意义与宗教色彩,使其更加贴近普通百姓黎民的生活愿望,从而深化了其本来就有而此时更为浓厚的世俗色彩。同时,阳间行政管理领域的“为官一任,造福一方”的执政理念与目标,在阴间城隍神的身上也得到了全面的体现。

二、城隍队伍的组成

　　仔细考察上述文献中所提到的城隍人选,我们就会发现这些被后人们

忠臣廉吏谱城隍

ZHONG CHEN LIAN SHI PU CHENG HUANG

供奉在城隍庙里的神祇,绝大多数在历史上实有其人,而且都与本地有着或深或浅,或显或隐的瓜葛。即使是一些没有根据近似胡编乱造的故事传说,绝大多数也未必是传播者的信口胡言,而是在这种说法背后应该存在着一些能够或者勉强成立的理由,因为亵渎神灵对一般人来说是禁忌。而从人到神的演化原因及其过程,则是我们更需要考察的。我们对此姑且不论,即就历史典籍与乡邦文献中确凿记载的真人实事而言,如果能够将入选城隍神序列并永久成为人们供奉的神灵的历史人物加以粗略分类的话,那么基本上可以分为以下四种:

第一类是守土官吏,他们在此地任地方官时,曾经为本地的繁荣与安定做出过突出的政绩,有的甚至为保护一城的安全,守卫疆土,英勇捐躯。这些曾经的地方官吏,或在任上就为保护城池英勇献身、壮烈殉职,或在其任职期满调离他地,或致仕回乡,在这些人去世之后,本地的庶民百姓都会依照其为本地做出的贡献大小进行评判,尤为突出者,百姓为了纪念他们、表彰他们的功绩,就将他们供奉为本城的城隍神,并且希望他们在天之灵也依然能够如生前一样关心和保佑本地的百姓生活安定、幸福康宁。

上海奉贤县的城隍神周中鈜,就是这样一位为保民平安而英勇献身的杰出官吏。他本为清代松江府知府恤太仆寺少卿,字子振,浙江山阴(今绍兴)人。康熙年间,初为崇明县丞,后擢升为华亭县知县。生前为官清正廉洁,在任多有惠政。清雍正二年(1724),调任上海县。这年秋天,大雨连绵,暴雨成灾,加之海水倒灌,上海城被淹,漂溺无数,灾民遍地。为了拯救黎民百姓,周中鈜请求朝廷赈济饥民,并以工代赈,筑起海塘,救人无数。雍正三年(1725),因催科不及,遭到朝廷罢免。上海数万百姓遮道上书,为其请愿,闻于朝廷。朝廷念他为官清正惠民,劳苦功高,于是迁升他为松江府知府。雍正六年(1728),朝廷命令其负责浚通吴淞江,周中鈜承担修筑陈家渡大坝。三月十八日,陈家渡大坝被大雨冲毁决口。在筹集资金相当困难的情况下,周中鈜毅然捐出自己的俸禄,雇用民工复修堤坝。三月二十九日,堤坝再次被冲垮。周中鈜亲自乘坐小船,指挥督战,因船倾不幸溺水身亡,时年四十九岁。朝廷闻讯后,赠予他太仆寺卿,并赐祭葬。雍正初年,奉贤县成立,还没有城隍神。于是,奉贤县的士大夫、三老和绅士一起上书请求朝廷批准迎立周中鈜为奉贤城隍神,以纪念他对本地做出的贡献。城隍庙建筑雄伟恢宏,正门前有两座石狮,进入仪门,有左右斜房,中间大堂上供有周中鈜的端坐塑像。穿过大堂,还有后堂和东西两厅,分别设有寝宫和船屋。每年九月初二,县城都会举办热闹非常的奉城庙会,前后三天。十月初一,萧塘镇也要举办西庙庙会。清末上海人秦荣光曾在《上海县竹枝词》中这样写道："落水相传周太爷，淞工限迫不居衙。坝经梅雨连冲决，合念农忙罢挖沙。"诗后作者自注："周中鋐，山阴人，雍正二年摄上海县。海水秋溢，漂溺无算，赈饥民十余万。请筑海堤，母忧当去，士民乞留，愿代会服。上宪入告，特擢松江知府。兴修水利六年，檄浚吴淞江，承筑陈家渡大坝。三月十八日，梅雨冲决；捐俸筑，又决。亲乘船督夫下扫，风急水溜，遂没于水，堤亦旋合。时三月二十九日也。赠太仆寺卿。"

福建省惠安和崇武两县的城隍庙都奉祀灵安尊王张悃，俗称"青山王"，据嘉靖时修纂的《惠安县志》卷十《祀典》记载："青山诚应庙，在二十六都，神姓张，讳悃，闽时，尝营青山下，以御海寇。宋建炎间，海寇作，神有阴助功。邑人蔡义可闻于朝，赐庙额诚应，封灵惠侯；妻华氏，封昭顺夫人。景炎元年，进封灵安王，夫人封显庆妃。至今有司岁朝致祭。"可见张悃也是一个英勇保护当地百姓免遭海寇扰掠的功臣级人物，他不但是福建惠安、崇武两地的保护神，而且还被渔民们奉祀为海上孤城万民的境主，对台湾省的城隍神信仰影响甚大，现台湾就建有五座青山王庙，祀奉的都是张悃及其夫人。

此外，厦门城隍陈化成、会稽城隍庞玉等都属于此类。

第二类是国家功臣。他们生前禀性忠烈，忠贞勇敢，精诚报国，卫国安民，舍生取义，杀身成仁，为拯救国家和百姓于水火之中，或不畏强权，为民请命；或不怕牺牲，为国捐躯，献出了宝贵的生命。这些功臣在其死后，一些城市的人们，为了表达对他们的尊敬与感念之情，将他们迎请至自己所居的城市，供奉为本城的城隍神。在这类城隍神中，既有普通的平民百姓，也有国家的重将勋臣。国家功臣被选为城隍庇佑黎民，当之无愧。但一些布衣平民，因不俗功德而跻身城隍行列，还是应大书特书。

浙江省义乌市的城隍神项显佑，就是由一介平民而步入城隍神队伍的。相传项显佑原籍是浙江绍兴人。元朝末年，项显佑来到浙江义乌城，在朱店街开了一家专门出售旧衣服的故衣店。他先是在绍兴等地以低廉的价格大量收购陈旧衣服，然后再转运到义乌城里进行销售，由于生意兴隆，因此家道殷实、颇为富有。他的儿子项富贵更是胸怀大志，可谓后来居上。他在父亲的指点下，由经营故衣店转为开设米行。当时元朝统治已经摇摇欲坠，奄奄一息，元军主力被迫在中原地区与刘福通领导的红巾军作殊死决战，而无暇顾及江南。当时的江浙地区，群雄并起，纷纷割据，称王图霸。张士诚在苏州称王，地跨长江南北；方国珍在温州立业，独霸一方；朱元璋也在金陵建国，势力扩张到了金华一带。苏州、常熟一带盛产稻米，有"苏杭熟，

天下足"的谚语,且价钱相当便宜。朱元璋占据的义乌、金华一带,靠近丘陵地带,则粮食奇缺,米珠薪桂。熟谙生财之道的项富贵,立刻看中了这一条发财的捷径。他专门选择走义乌、常熟一线,船队在去常熟时贩运义乌的火腿、红糖和南蜜枣,而返回归来时则专门运输粮食大米。不多几年,项富贵就成了义乌城里的首富,名噪一时。元至正二十六年(1366)四月,朱元璋的军队完全攻克了徐州以南张士诚的辖境,而张士诚也在苏州采取了相应的报复行动,下令封锁口岸,严查往来的客商。结果项富贵的船队被张士诚的军队当作为朱元璋部运送军粮的船只,不但被全部扣押,项富贵等人也被悉数处死并示众。消息传到义乌城,项显佑悲痛欲绝,大病一场。病愈之后的项显佑,自知已成为孤家寡人,空有万贯家财而无人继承,更无后裔子嗣以接续香火。时逢大旱,义乌城乡颗粒无收,饿殍遍野,项显佑决心广散家财,进行施舍。他设立了施粥站,供饥民们免费就食。又实行了借贷法,无银籴米的,可以不收现款。半年之后,米库已空,但门前求食者仍然络绎不绝。看到此景,项显佑焦急非常。元至正二十七年(1367)九月,朱元璋军攻破苏州,俘获张士诚,常熟、义乌航线得以复通。项显佑清点银库,并将夫人的金银首饰全部兑换成银两,雇了二十艘大船,亲自下常熟,来往贩运,继续施舍粮食,救人无数。朱元璋继续发军进攻山东元朝的残余势力和盘踞温州的方国珍部,义乌变成了支援前线的大后方。当时驻扎义乌的军队有数万,一时军粮难以接济。因此,朱元璋向项显佑筹借军粮1000石。项显佑盘点粮库,发现仅存粮食950石,无法凑足。正在忧虑成分时,丐班头子朱阿三找到项府门前,大声叫喊:"求见项员外,有要事商量。"项显佑闻报,亲至门前,充满歉意地对他说:"目前军粮紧迫,实在已无粮食施舍了。"朱阿三说:"项员外,请别误会,我不是来讨饭的。"项显佑惊讶道:"不为讨饭,那你来为何事?"朱阿三说:"今特来为项员外排忧解难。你正在为军粮忧虑,五十石缺额由我来承担。朱元璋本是为穷人打天下,理应支援,以表寸心。"项显佑感激不尽,接受了丐班的资助,勉强交纳了皇差,帮明军度过了粮荒。项显佑去世后,义乌百姓在绣湖之滨建庙塑像,以作纪念。洪武元年(1368),朱元璋统一全国在金陵称帝后,于次年即洪武二年(1369),为表彰义乌项显佑和丐班朱阿三助粮之功,特派国师刘基到义乌评功封赏,追赠项显佑为伯爵。又顺应民心,敕封项显佑为义乌城隍之职,民间称"城隍项显伯"。还在城隍庙的入口处设立了孤老院,也称栖留所,封义乌丐班入孤老院,并划为行政半部,全县廿八都,加孤老院半都,计廿八都半。义乌丐班头领能够与地方乡绅平起平坐,在民间一时传为佳话。因此其他任何地方的城隍老爷,都会因县官易位而改头换面,唯有义乌的城隍老爷"显佑伯"是终身制的。

江西省南丰县武义县城隍庙里的城隍神也叫项显佑,但他是一位曾经慷慨帮助过东汉刘秀的民间义士。相传,刘秀被追兵驱赶,逃至武义城北岭洞附近,危难之际,不得已藏到了一座石板桥下。正当刘秀担忧被追兵发现的时候,恰巧有一位名叫项显佑的农民挑着稻草从此处经过。刘秀看到项显佑后,就向他不停地招手。项显佑看到有人向他招手,又发现南边有许多人马正朝这边追赶,立刻明白了。他快步走到桥边,用稻草将刘秀遮掩得严严实实。追兵赶到后,询问他有没有看见一个手提宝剑的人从这里经过。项显佑骗追兵说看见往北边跑了。追兵听说后,策马向北拼命追赶,一直赶到北岭洞,也未能发现刘秀的丝毫踪迹,于是又赶回来。这时项显佑还坐在桥边,故作休息。追兵上前,二话不说,一剑就将他刺死,然后继续去追赶刘秀。在确认追兵已走后,刘秀才从桥下爬出,抱着项显佑的尸体大哭了一场,然后发誓说道:"如果我将来有出头之日,登基称帝,我一定要封你为武义的一城之主,永远不予更换。"后来,刘秀果然当了皇帝,成了一国之君主,但他并没有忘记当年落魄逃难时为救自己而舍命的壮士项显佑,更没有忘记当年自己曾经许下的承诺,于是以朝廷的名义封赠项显佑为武义县的城隍神。武义百姓也为了纪念这位忠义智勇之士,祀奉甚笃,城隍庙里的香火也一直旺盛不断。

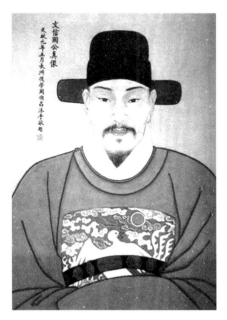

图7 文天祥画像

此外,总城隍神纪信、福州城隍周苛等也都属于此类。

第三类是朝廷官员中专门负责监察弹劾、铁面无私的正义之士。他们生前正直勇敢、疾恶如仇,敢向皇帝进谏而誓死不屈。在他们去世以后,人们仍然希望他们在冥界也一样能够保持其正直的品德和无畏的勇气,和奸邪小人势力勇敢进行斗争,为国君尽忠献策,保护本地百姓的生活和利益。

北京城隍杨继盛就是这样一位斗士级的敢于与奸臣作殊死斗争的人物。他本是明代嘉靖二十六年(1547)进士,官至南京兵部员外郎,以刚正不阿而著名。因弹劾严嵩父子的十大罪状被捕入狱，后来被严嵩所害。北京的百姓就将他供奉为城隍神。与此类似的还有苏州城隍春申君黄歇、北京和杭州城隍文天祥、杭州城隍周新等。

第四类是行善积德、赈济百姓的书生或普通人。他们在死后之所以也能成为城隍神，其根本原因就在于他们虽然位卑身贱，但却做了常人难以做到的善事，人们出于纪念和感恩，同样也奉其为城隍，并且希望他们能够在冥界继续保佑百姓。例如，乌鲁木齐的城隍神就是陕西人纪永宁，而纪永宁则是一位非常普通的读书人。相传明嘉靖三十一年（1552），乌鲁木齐发生地震，纪永宁曾捐资埋葬死者四十余人，广行善事，上天为表彰其行善壮举，就封他为乌鲁木齐的城隍神。而对这一事实的确认，则是清代乾隆年间的事情。清代袁枚编撰的《子不语》卷二十一《乌鲁木齐城隍》中就讲述了这位城隍神的成神故事，内容大概是：乌鲁木齐的城垣，修筑于清代乾隆四十一年（1776），当时在修筑过程中得到了唐代至德年间的一块残碑，碑上有"金蒲"字样，于是就知道乌鲁木齐在唐时曾被称为金蒲城，现今《唐书》中作"金满城"，是错误的。同时还修建有城隍庙。在修建工程开始后的第三天夜里，时任工程总指挥的清军都统明亮梦见一个戴着书生帽子的人，那人自称姓纪，名永宁，是陕西人，昨天遵照天山之神的奏章被上天封为本地城隍，故而前来拜见。明亮从梦中惊醒，心中感到十分诧异。当时毕沅（号秋帆）正任陕西巡抚，明亮就将这件事写信禀报了毕沅，并进行询问。毕沅马上下令陕西各州县查检当地官员的名册，但查不到一个叫纪永宁的人。这时，恰好江宁人严长明（字道甫）正在编纂《华州志》，有一位姓纪的人拿了一部家谱来，请求登载他的远祖。从这本家谱中检索，知有一个名永宁的人，果然在册。这个纪永宁是明朝中叶的一位生员，一生中并没有其他善举，只在明代嘉靖三十一年（1552）新疆乌鲁木齐发生地震时，曾经捐助物资掩埋过当时的死者四十多人，仅此而已。毕沅就将这一情况写信回复明亮。当送信人将书信送达乌鲁木齐的时候，正是城隍庙落成的时辰。于是，纪永宁就被尊奉为乌鲁木齐的城隍神。

这类城隍还有南宁和桂林城隍苏缄、上海城隍秦裕伯等。

除了上述介绍的这些人物之外，包括后文还要详加介绍的纪信，历史上的许多著名人物后来相继加入了城隍神的队伍，成了一些州府治所或县城的城隍神，担负起了保卫一方百姓平安乐业的重任，并享受众民的隆重奉祀。他们既可作为这一城市的人物名片，也是一个城市文化精神传承的重要组成部分。有一些城隍神的原型人物，并没有出现在上述历代学者的研究视野及著述之中,这也充分说明了一个问题,那就是后来还有许多陆续加入城隍神行列的候补人员。这些幸运的候补城隍,也可以进入到一些地方城隍的入选队伍与序列并加入确认,说明当时人们在制造城隍神祇的运动中是多么的现实,又是多么的功利和随意。这种现象在南方的一些城镇表现得尤为突出,受此风气影响,一些聚居人口较为集中的村镇也建造规模相当的城隍庙,也将本地的名人精英或与地方有关的名宦奉为城隍供祀,不过此类情况不多,只有少数特例。一般来说,城隍作为一个城市的特殊保护神,一般多由已经逝去的英雄或名臣充任。这些英雄或名臣都曾经为这个城市的人们做出过杰出的贡献,造福一方,得到了城中上下的一致拥戴与怀念。在他们去世后,人们衷心希望他们还能够像生前一样英勇、善良、仁义、清廉,保佑百姓,惩恶扬善,主持公平与正义,庇护一方平定与安宁。在全国各个大小城市,供奉的城隍虽然绝大多数都是英雄或名臣出身,但并不是一成不变,而是互有差异,甚至还有相互并存或者替代的情况,其原因就在于一地有一地的英雄,一方有一方的名臣。有的城镇供奉一位,有的两位甚至三位,颇有前赴后继的情形。例如,浙江会稽供奉的城隍就是唐初大将庞玉;广西南宁和桂林供奉的城隍是宋仁宗时的进士苏缄;浙江杭州的城隍是明永乐年间的浙江巡按使周新;而上海则出现过三位城隍,即汉大将军霍光、河北省大名府人秦裕伯和清末爱国将领陈化成;北京城隍也先后由于谦、文天祥和杨继盛三位名臣担任;江苏镇江、江西宁冈、湖北襄阳、上海华亭、安徽芜湖、甘肃兰州和天水等地的城隍都是汉代著名将领纪信;江苏苏州的城隍是战国时期与魏国信陵君魏无忌、赵国平原君赵胜、齐国孟尝君田文并称"四公子"之一的楚国春申君黄歇;山东济南的城隍是铁铉或杨景文;福建福州、江苏江阴、福建长乐、陕西户县等地的城隍是周苛;和州为范增;湖北襄阳的城隍是汉代名臣萧何;昭江、南康为灌婴;湖北鄂州为焦明;浙江台州为庄坦;等等。而一些城市的城隍至今也没有得到确认,出现多种选择的情况普遍存在。如厦门的城隍神就有明代乡贤洪朝选和抗英民族英雄陈化成两种说法。

三、文武双全的功臣

在全国各地不同历史时期由不同的人物组成的阵容庞大且呈现序列的城隍神队伍中,其原型绝大多数都是历史上存在过的真实人物。他们或为功臣英烈,或为忠义之士,或为勤政爱民的廉吏,或为勇于进谏的诤臣,在历史上都属于名垂青史、彪炳千古的风流人物。他们在为宦之地尽职尽责地为当地百姓谋福祉、争权益,主持公平正义,赢得了百姓的爱戴与欢迎,死后也受到百姓的崇敬与怀念，于是人们就将他们神化，尊为自己城市的城隍即保护神，希望他们在天地的英灵依然能够为自己生存与生活的城市带来安定与繁荣。随着时间的推移，这种将人尊为神的地方越来越多，城隍的数量也逐渐增多，一些城市的城隍还由一个增至数个，甚至一城会出现多位城隍平起平坐并列受祀的情况，有的则前后轮换、交替而祀。无论是过去还是现在，这些人物都当之无愧地被一城之民奉为保护神，体现出了百姓对于他们的尊重和敬仰。他们已经不仅仅是一个宗教符号，不是简单地用来供人们瞻仰供奉的历史人物塑像，而是一段与该城市有关的历史，甚至是血与火的历史，是这一城市不可磨灭的记忆，也是其成长发展过程中的一部史册。城隍神的原型多为历史人物，他们轰轰烈烈的英雄事迹都在史书或地方志中有着明确而详尽的记载，并且多数成为中华民族英雄行列中的成员。他们既是一个城市的骄傲与标志性神祇，更是中华民族忠义精英的典型代表。

我们对加入城隍神行伍的历史人物进行排列后，就会发现一个带有规律性的现象，即汉末刘项之争中的大部分汉代功臣都成为地方上的保护神，尤其是纪信，更成为许多地方甚至全国的总城隍之首。这些曾经在刘邦手下建立过卓越功勋的忠臣骁将，成为城隍神人员组成中最为鲜明而突出的一道风景。此外，一些曾经效力于项羽，或以骁勇善战闻名，或以运筹帷幄见长的武将文臣，也相继被某地尤其是出生地奉为城隍神。现择其要者加以介绍。

灌婴（？—前176），睢阳（今河南省商丘市）人。本来是一名商贩。曾经追随刘邦，相继参加了平定臧荼、韩信、陈豨与英布等著名战役，以力战骁勇著称，立下赫赫战功。后来为大将，历任汉车骑将军、御史大夫、太尉、丞相，以军功受封昌文侯和颍阴侯。汉高祖刘邦五年（前202），跟从刘邦击败项羽于垓下，追杀项羽至东城，攻破城池。又率将吏攻占吴郡，平定了豫章、会稽诸郡，还定淮北。吕后死，又联合周勃等人铲除肃清吕氏势力，拥立汉文帝刘恒即位，升为太尉。前元三年（前177）为相，次年卒。追谥懿侯。在《史记》卷九十五《樊郦滕灌列传》中，司马迁这样写道："吾适丰沛，问其遗老，观故萧、曹、樊哙、滕公之家，及其素，异哉所闻！方其鼓刀屠狗卖缯之时，岂自知附骥之尾，垂名汉廷，德流子孙哉？"意思是说：我经过丰县和沛县的时候，访问了当地的遗老，参观了已经去世的萧何、曹参、樊哙、滕公等人的家，他们的朴素普通，让我惊讶于没有听到过这样的情形。当他们手拿屠刀宰狗买布的时候，难道就能知道自己能跟随在骏马之后，名字永远留在汉代的朝廷，而德望一直流传到子孙们身上吗？这番感慨，既表达出著者司马迁对这些起家时普通平常而后来建功立业的英雄人生的感慨,也寄托着自己的崇拜与敬仰之情。史载灌婴南下进攻时,直抵豫章,占据九江,是九江城建筑的开拓者。据晋张鉴《浔阳记》载,灌婴曾在高祖六年(前201)领兵屯驻九江,他带人凿了一口水井,后人称为灌婴井。此井有特异功能,"每遇江涛汹涌,人闻井有浪声",能够为人们提供防范江水暴涨前的各种预兆和警示,因为有水浪的声音,由此也称浪井。三国东吴时,人们认为此井有祥瑞之意,就又称为瑞井。唐代诗人李白曾在《下浔阳城泛彭蠡,寄黄判官》一诗中云:"浪动灌婴井,浔阳江上风。开帆入天镜,直向彭湖东。落景转疏雨,晴云散远空。名山发佳兴,清赏亦何穷。石镜挂遥月,香炉灭彩虹。相思俱对此,举目与君同。"说明在唐朝时,这口井已经相当著名。宋代诗人苏辙也有诗云:"江波浮云阵,岸碧立青铁。胡为井中泉,浪涌时警发。""浪井涛声"曾经被选为旧时"九江十景"之一。由于灌婴一生所建立的盖世奇功,主要是在今江西省境内取得的,因此在江西的隆兴、赣州、袁州、江州、吉州、建昌、临江、南康等地,都奉他为本地的城隍神。

　　周苛(?—前203),秦汉时沛县人。司马迁《史记》卷十九《张丞相列传》在介绍周昌时,附带介绍了周苛。周苛原来是周昌的堂兄,两人都是秦朝泗水郡的小官吏。后来,他们兄弟二人一起跟从刘邦攻入关中,推翻了秦朝的统治。刘邦被封为汉王后,周苛也被封为御史大夫。汉王四年(前203),楚军围攻荥阳,刘邦急忙逃脱出城,命令周苛与魏豹、枞公等人共同驻守荥阳。周苛认为魏豹是谋反投诚而后归顺的人,极不可靠,于是就与枞公商量,一起诛杀了魏豹。后来楚军攻下了荥阳城,生擒了周苛与枞公二将。项羽规劝周苛投降,同时答应封其为上将军、食三万户,但都被周苛严词拒绝。周苛说道:"若不趣降汉,汉今虏若,若非汉敌也。"意思是说你如果不投降汉王,汉王现在就可俘虏你,你绝对不是汉军的对手。项羽听后,恼羞成怒,烹杀了周苛,并杀了枞公。汉高祖六年(前201),刘邦封诸功臣为侯,追封周苛为高景侯,其子周成袭封侯位。汉景帝中元年(前149),又"封故御史大夫周苛孙平为绳侯"(《史记·孝景本纪》)。关于周苛死节的情节,在《高祖本纪》和《项羽本纪》中都有记载,虽大致相同,但略有差异。尤其是后者,更为详细。周苛后来也成为福建省福州冶山城隍庙的主神,世代受到崇祀。

　　英布(?—前196),六县(今安徽六安)人。《史记》卷九十一有传。初属项梁,后与龙且、季布、钟离昧、虞子期为项羽帐下五大将之一,封九江王。叛楚归汉后,封淮南王。与韩信、彭越并称汉初三大名将。少年时因受过秦

律的黥刑,因称黥布。出身平民阶层,曾做过山役徒,后遁入江湖做了强盗。陈胜起义后,英布随鄱阳令吴芮起兵。秦将章邯消灭陈胜义军后,适逢项梁与项羽叔侄渡江至淮南,英布率兵归项。英布勇猛善战,机智过人,常常能够以少胜多,屡立战功,曾协助项羽获巨鹿之战大捷。后项羽率军攻函谷关,令英布抄小道破关而入,被封九江王。后叛楚归汉,又以淮南之众与韩信、彭越会师,形成垓下之围,致项羽全军覆没。汉兴之后,刘邦封英布为淮南王,以六安为都。汉王十一年(前196),吕后诛杀韩信,引起英布惊慌。同年夏,又杀彭越。英布得讯,恐祸及自身,遂举兵叛汉。汉高祖刘邦率军亲征,击败了英布。英布逃亡到江西一带,又被他的内弟吴臣诱捕,最终杀害于番阳(今江西省景德镇市西南)一农户的家中。后来英布被人们奉为真州(今江苏省仪征市)和六合(今属江苏省南京市)两地的城隍。

范增(前277—前204),居鄛(今安徽省巢湖市居巢区)人。《史记·项羽本纪》中记载了他的事迹。他平时在家,好出奇计。秦二世二年(前208),项羽的叔叔项梁率会稽子弟渡江而西,成为反秦主力,范增前往投奔了项梁。项梁阵亡后,他跟随项羽,成为其帐下的重要谋士,后来位封历阳侯,被项羽尊称为"亚父"。在鸿门宴刺杀刘邦计谋失败后,由于陈平的挑拨离间,范增屡遭项羽猜忌,于是愤然回乡,在途中因背疽发作而死。范增死后,西楚军人非常敬重范增,就将他埋葬在今江苏省徐州市彭城路乾隆行宫后的土山上,并建立了范增墓。而在今浙江省天台县的九遮山地区,还流传着一个故事。据传范增背发疽死的时候,从九遮山中飘然来了一位白发银髯的老人,他乘石船,住石洞,医术高超,经常从山中采来草药为附近村民治病,被人们称为仙皇。山区多深涧,每逢暴雨,涧水猛涨,通行不便,老人于是又教当地人就地取石,砌造拱桥。项羽兵败乌江,自刎而死,不久这位老人也悄然离去,不知所终。为了表达对范增的崇敬之情,每年的农历二月十四日,天台的老百姓都要举行隆重的纪念范增诞辰的大会。范增死后,也被乡民尊为城隍神。

萧何(前257—前193),西汉沛郡丰邑中阳里(今属江苏省丰县)人。司马迁在《史记》卷五十四《萧相国世家》中言"萧相国何者,沛丰人也。以文无害,为沛主吏掾。高祖为布衣时,数以吏事护高祖。"平时勤奋好学,思想机敏,对历代律令颇有研究。生性勤俭节约,从不奢侈浪费。性格随和,善于识人,乐于结交。因与刘邦、樊哙、曹参、夏侯婴及周勃等人年龄相近,性格相同,不久便结为莫逆之交。他见刘邦器宇轩昂,谈吐不凡,异于常人,不但内心佩服,而且还多次利用职权暗中袒护。秦二世元年(前209)七月,陈胜、吴广在渔阳揭竿而起,举起反秦大旗,各地豪杰云集响应。此时萧何在沛县任功曹,密切注视局势发展,并暗中与在刘邦保持着联系。秦二世二年(前208)九月,项梁叔侄杀了会稽郡守殷通,举旗造反。不久,便召集二十余万兵马,拥立年仅十三岁的楚王第十二皇孙熊心为王,并与刘邦所部会于薛城。刘邦攻入咸阳不久,项羽也率军入关,并自封为西楚霸王,建都彭城(今江苏省徐州市)。项羽背弃了他与刘邦原先的约定,改立刘邦为汉王,辖治荒远偏僻的巴、蜀、汉中之地,建都南郑。为阻止刘邦东进,项羽又把关中地区一分为三,分封给了秦朝的雍王章邯、翟王董翳、塞王司马欣等降将。刘邦虽看出项羽的不良用心,但鉴于双方实力的悬殊,只得采纳萧何、张良等人的建议,隐忍入蜀,休兵养士,广招人才,待机决战。汉王元年(前206)八月,刘邦率军离开南郑,采纳张良、韩信所献"明修栈道,暗度陈仓"之计,挥师东进,留下萧何负责征收巴蜀之税,供给军粮。汉军入蜀后,打败了章邯。汉王二年(前205),刘邦乘项羽大军东征之机,又乘虚而入,攻占了项羽的老巢彭城。但在进驻彭城后,却麻痹大意,放松了警惕,不久项羽率三万精兵绕道杀回,将刘邦围困于彭城灵壁(今安徽省濉溪县南)。所幸陈平献计,才得以带着数十骑残兵败将逃回荥阳。这时,关中壮丁多数已被征发,萧何便调拨老弱及不到服役年龄的少年到荥阳增援,韩信也收兵与刘邦会师,使刘邦得以重整旗鼓,与项羽大军相持于荥阳、成皋一带。当时,萧何坐镇关中,征发兵卒,运送粮草,供应汉军;同时侍奉太子,制定法令规章,建立宗庙秩序。汉王四年(前203),项羽也由于连年用兵,陷入了困境。而刘邦却由于有萧何坐镇关中,在粮草和兵力方面后盾坚强,兵精粮足。其后,刘邦终于将项羽逼至垓下,自刎乌江。刘邦在夺取了天下后的一次酒会上坦言:"夫运筹策帷帐之中,决胜于千里之外,吾不如子房。镇国家,抚百姓,给馈饷,不绝粮道,吾不如萧何。连百万之军,战必胜,攻必取,吾不如韩信。此三者,皆人杰也,吾能用之,此吾所以取天下也"意思是说:运筹于帷幄之中,决胜于千里之外,我不如子房即张良;镇国家、抚百姓、供军需、给粮饷,我不如萧何;指挥百万大军,战必胜,攻必克,我不如韩信。这三个人都是人中豪杰,他们为我所用,所以能取得天下。在论功行赏中,刘邦定萧何为首功,封他为酂侯,食邑最多。许多功臣为此愤愤不平,私下议论不休。刘邦知道后,对他们说:"夫猎,追杀兽兔者狗也,而发踪指示兽处者人也。今诸君徒能得走兽耳,功狗也。至如萧何,发踪指示,功人也。且诸君独以身随我,多者两三人。今萧何举宗数十人皆随我,功不可忘也。"意思是说:你们知道猎人吗?打猎的时候,追杀野兽的是猎狗,而指示行踪放狗追兽的是

人。如今诸位只是能猎获野兽,相当于猎狗的功劳。至于萧何,他能放出猎狗,指示追逐目标,那相当于猎人的功劳。况且你们只是一个人追随我,多的也不过带两三个家里人,而萧何却是全族好几十人跟随我,这些功劳怎么能抹杀呢? 在排位次的过程中,群臣认为平阳侯曹参应排第一,而关内侯鄂君则认为萧何应排第一,曹参第二。刘邦采纳了他的意见,把萧何排为第一,准许他穿鞋带剑上殿,并封萧何的父子兄弟十多人。萧何因此位列众卿之首,被称为"开国第一侯"。在定都问题上,刘邦征求了张良的意见,决定以咸阳为都城,并命令丞相萧何具体主持营建工程。汉高祖八年(前199)都城竣工,更名长安。刘邦病逝后,萧何继任丞相,辅佐惠帝刘盈。晚年的萧何在"约法三章"的基础上,参照秦法,制定了《律法》九章,删除了秦法中苛繁、严酷的不合理部分,使法令变得更加简洁明了、易于操作。汉惠帝二年(前193),因病而逝。谥文终侯。萧何后来被奉祀为湖北襄阳的城隍。

姚弋仲(280—352),南安赤亭(今甘肃省陇西县西)人。《晋书》卷一百十六《载纪》第十六有传。年少时,聪明勇猛,英明果断,雄武刚毅,不治产业而以收容救济为务,故受众人敬服。晋怀帝司马炽永嘉六年(312),姚弋仲举众东迁榆眉,自称护西羌校尉、雍州刺史、扶风公。晋明帝司马绍太宁元年(323),前赵主刘曜攻杀盘踞在陇西的陈安后,关陇地区的氐、羌部落纷纷请降,刘曜迁秦州大姓杨、姜等族二千余家至长安,以姚弋仲为平西将军,封平襄公。刘曜于晋成帝司马衍咸和三年(328)败于后赵天王石勒后,不久石虎更领兵攻上邽,姚弋仲于是归降后赵,官封安西将军、六夷左都督。咸和八年(333)石勒去世,石虎杀程遐、徐光等,自任丞相、魏王、大单于,把持朝政,因姚弋仲前言及氐帅蒲洪的劝言,于是迁关中秦雍豪族及氐羌十余万户至关东地区,命姚弋仲为奋武将军、西羌大都督,封平襄县公,使其部众迁居于清河郡的滠头(今河北省枣强县东北)。后又迁持节、十郡六夷大都督、冠军大将军。晋穆帝司马聃永和五年(349),高力督梁犊与其部众兵变,后赵皇帝石虎召姚弋仲、蒲洪等拒之。姚弋仲率兵攻杀梁犊于荥阳,因功加剑履上殿,入朝不趋,进封西平郡公。同年,石虎去世,太子石世继位,而征梁犊归来的姚弋仲、蒲洪等人亦于此时回军,并与彭城王石遵相遇于李城(今河南省温县),共同劝说石遵起兵谋夺皇位。石遵随后起兵,不久就杀了石世,继位为王,并让冉闵掌有兵权。其后冉闵又废杀石遵,立石鉴为帝,掌握朝政。新兴王石祇于是与姚弋仲及蒲洪联合,移檄讨伐冉闵。次年,冉闵杀石鉴及石氏宗室,姚弋仲率众讨伐。石祇于襄国即位为后赵帝,以姚弋仲为右丞相,封亲赵王。永和七年(351),冉闵围攻襄国,姚弋仲命其子姚襄率兵救援,最终在汝阴王石琨、姚襄、前燕三军以及襄国守军夹击之下,击败冉闵。同年,石祗被杀,后赵灭亡,姚弋仲遣使向东晋投降,获授使持节、六夷大都督、都督江淮诸军事、车骑大将军、仪同三司、大单于,封高陵郡公。次年去世,其五子姚襄代领其众。姚襄后为苻生所败,姚弋仲灵柩为其所获,苻生以王礼埋葬姚弋仲于天水冀县之狐槃(今甘肃省甘谷县新兴镇姚谢家坪)。后来,姚弋仲第二十四子姚苌称后秦帝,追谥姚弋仲为景元皇帝,庙号始祖,其墓称为"高陵"。兴国军为宋太宗赵炅太平兴国三年(978)由永兴军改名而来,今属江西省。兴国州的古城隍庙坐北朝南,前后有三重大殿,正殿当中及左右分别供奉着兴国、通山和大冶三县的城隍,正门还有一副对联,上书:"旷观古今贼子乱臣,始用计谋终费力;试看天下忠臣义士,先遭磨难后出头。"兴国县的城隍应该是姚弋仲。

庞玉被尊为浙江省绍兴府的城隍神。《新唐书》卷一百九十三《列传》第一百一十八《忠义下》中介绍庞玉是京兆泾阳(今属陕西省西安市)人。庞坚的四世祖庞玉,曾在隋朝任监门直阁的官职。李密盘踞洛口时,庞玉将关中的精锐军队划归王世充,命令其进攻李密,接连取得胜利。王世充返回东都后,秦王李世民则向东巡行至洛口。庞玉率领万骑投降了高祖李渊,受到李渊以隋旧臣宽待的礼遇。庞玉身材高大,孔武有力,熟悉军法,担任警卫的时间很长,对朝廷各项制度也都相当熟悉。李渊看到许多将领不讲礼仪,在行为上不检点,就授予庞玉领军、武卫二大将军的官职,让众人看了以后以他为学习的榜样。后来派他出京去做梁州总管,这时巴山地方的少数民族造反,庞玉将其首领斩首,剩下的余党四散奔逃。庞玉下命令道:"谷物庄稼正好成熟,我全部收获了之后犒劳军队。不把敌人消灭干净,我誓不收兵回营。"听到消息的人相当害怕,都相互说:"军队不停止,我的粮食都要完了,面临被饿死的危险。"于是一同进入强盗的军营,和自己沾亲带故的人会合,杀了头领来投降,其他的人都相继溃逃。由此朝廷擢升其为越州都督,召为监门大将军。庞玉年纪大了之后,唐太宗特别优待他,让他来管理东宫的部队,他虽年事已高,但认真负责,从来都不懈怠,事无巨细,都要亲自过问。他去世后,皇上为其停止上朝进行哀悼,并追赠其为幽州都督、工部尚书。越州的百姓也奉祀他为城隍神。五代钱镠在《镇东军城隍神庙记》中云:"故唐右卫将军总管庞君讳玉,顷握圭符,首临戎政,披榛建府,吐哺绥民,仁施则冬日均和,威肃则秋霜布令。属墙爱戴,黔庶歌谣,寻而罢市兴嗟,余芳不泯,众情追仰,共立严祠,镇都雉之冈峦,宰军民之祸福。"宋代陆游也在《嘉泰会稽志》中指出:"城隍显宁庙,在子城内卧龙山之西南。自昔记载,皆云

忠臣廉史谱城隍

ZHONG CHEN LIAN SHI PU CHENG HUANG

神姓庞,讳玉。"

这些与战争有关的功臣武将,都是一朝一代建立过程中的开国元勋,或者是先驱英烈,朝廷对其进行追赠和封赐都是对其忠义精神的一种肯定。而一城之民将其奉为自己供祀的神灵,则既有对其褒奖的意味在内,更有传承这种忠义精神及高尚人格的深刻文化意蕴。而供奉范围最广的纪信,则无疑是这一群体中的楷模与榜样。关于纪信,后文有专门介绍。

四、守土尽责的廉吏

按理来说,城隍神的主要职责就是守土,保卫自己所在的城池既不受外来入侵者的侵略,也不受来自自然界的任何祸患灾害的破坏。因此,凡是在任期间,能够保城卫民的朝廷官吏,或者是在特殊情况下为城市做出重大贡献的民间义士,都有资格在死后成为本地城隍神的候选人。的确,在城隍神队伍中,就有许多神是从这一层面上选拔出来的。他们虽然没有骄人的军功与战绩,但是由于他们在守卫地区安全中做出了贡献,得到了人们的认可,同样走上了城隍的神坛,受到世代人们的供奉与敬仰。现也介绍几位。

屈坦是三国时期屈晃之子。屈晃本为汝南(今属河南)人,仕于东吴,孙权时官至尚书仆射。当时,孙权受人挑拨离间,打算废黜太子孙和,而屈晃极力进谏,认为这样做不但会削弱孙吴本身力量,而且还会影响到三国鼎立的格局。孙权不但没有纳谏,反而将其殿杖一百,贬居台州(今浙江省临海市),不久去世。孙皓继位后,为报答屈晃"志匡社稷,忠谏亡身"之德,欲封屈坦为官。时屈坦奉母隐居台州,被封为本郡刺史。唐高祖李渊武德四年(621)设置台州时,占用屈氏故居为州治,遂奉屈坦为城隍神。据说屈坦被尊为城隍爷之后,尽职尽责。台州境内凡遇水旱之灾,官民"祷祈多验"。陈耆卿的《嘉定赤诚志》就确有其事地记载:"国朝政和中,以范守祖述请雨立应。"相传南渡建立南宋的高宗赵构,在逃至台州时,也曾受到过这位城隍爷的"庇护"。正因如此,后来历朝对城隍都有加封。2003年,临海在大固山重建了城隍庙。屈氏也成了当地最为古老的一大望族,至今已传至69代。

应智顼是筠州城隍。筠州古有两处。一处治所在今江西省高安市,唐高祖李渊武德七年(624),为避太子李建成名讳,改建成为高安。据《太平寰宇记》载:"地形似高而安,故名"。同时在高安设置靖州,恢复望蔡、宜丰、阳乐三县,增设华阳县,连同高安,五县悉统于州。武德七年(624),先改名米州,继改名筠州。武德八年(625)废靖州,将望蔡、宜丰、阳乐、华阳并入高安,隶属洪州。南宋理宗宝庆元年(1225),避理宗赵昀音讳,改为瑞州。另一处为唐贞观二十三年(649)置,治所在盐水(今四川省筠连县)。领盐水、筠

传统信仰与城市生活:城隍

山、罗余、临居、澄澜、临昆、唐川、寻源八县。属戎州都督府。元世祖至元十五年（1278）合筠州、连州置筠连州。应智琐曾于唐武德年间做过高安太守，具体事迹已不可考。

游茂洪，崇仁人。唐玄宗开元年间，曾任南丰（今属江西省抚州市）县令。在任期间，沿河下修筑了大量陂塘，有的反复九次才建成，灌溉了广袤的田地。此后还修筑了孤兰陂、桑田陂、博陵陂、鄱阳陂，又凿石陂。据清代顾祖禹《读史方舆纪要》卷八十六《江西四》载，他还"徙县治于嘉禾驿"。由于他的勤政爱民，当地人奉其为城隍。

白季康，曾于唐德宗时期担任溧水（今属江苏省）县令，被当地人奉为城隍。其子白敏中，是唐武宗、宣宗和懿宗三朝的宰相，侄子更是著名的大诗人白居易。据白居易《唐故溧水县令太原白府君墓志铭并序》一文载，白季康原籍山西太原，自祖父白温起，移家至下邽（今陕西省渭南县东北）定居。文中称"公为人温恭信厚，为官贞白严重。友于兄弟，慈于子侄，乡党推其行，交友让其才。自尉下邽至宰溧水，皆以廉洁通济见知于郡守，流誉于朋僚"。曾任华州下邽县尉、怀州河内县丞等职，还任过徐州彭城、江州浔阳、宿州虹县等县令，最后任宣州溧水县令，并且因病卒于任上，归葬于乡里。大概正因为白居易和白敏中的缘故，父随子贵，他才能够被当地人奉为城隍。

桓彝据说是安徽宣州府的城隍神。这一说法出自《太平广记》卷三百零三"宣州司户"条引牛肃《纪闻》中的一则记载：

> 吴俗畏鬼，每州县必有城隍神。开元末，宣州司户卒，引见城隍神。神所居重深，殿宇崇峻，侍卫甲杖严肃。司户既入，府君问其生平行事，司户自陈无罪，枉见录。府君曰："然，当令君去。君颇相识否？"司户曰："鄙人贱陋，实未识。"府君曰：吾即晋宣城内史桓彝也，为是神管郡耳。"司户既苏言之。

这则文字的大意是：在吴地，人们都畏惧鬼怪，每个州县都有城隍神。唐代开元末年，宣州司户去世，被引见城隍神。城隍神居住的地方相当幽深，宫殿庙宇高大雄伟，侍卫持甲执杖相当严肃。司户进云拜见后，府城隍问他一生之中所做的事情，司户自己表白无罪，被记录实在是冤枉的。府城隍就说："好的，我让你离开。你很熟悉我吗？"司户答道："我这人卑贱浅陋，实在是不熟悉。"府城隍说："我就是宣城内史桓彝，现在作为神在管理这个郡啊。"司户在苏醒了之后，讲了这件事。桓彝字茂伦，谯国龙亢（今属安徽省怀远县）人，是桓温的父亲。自幼聪明好学，能文善武。惠帝时为州主簿，拜骑都尉。元帝时为安东将军,累迁中书郎尚书吏部郎。后因王敦擅政专权,愤而辞职。晋明帝太宁二年(324),帝下诏讨伐王敦,命桓彝为散骑常侍。平定王敦之乱后,又以功封万宁县男。当时宣城境内变乱频繁,有人举荐桓彝出任宣城太守。先不允,后再荐,始出为宣城内史。在任期间,发展生产,颇有政声。晋成帝咸和二年(327),镇将苏峻以朝臣庾亮擅权专制为由,举兵叛晋,进攻南京,史称"苏峻之乱"。桓彝得悉,即率义众讨伐。先退据广德,后又退据泾县,在乌溪岭一带修筑工事抵抗。桓彝手下部将劝他佯装与叛军议和,以保存实力,遭到他的严厉痛斥:"吾受国厚恩,义当致死焉,能忍垢蒙辱,与丑逆通问,如其不济,此则命也。"于是,全力抵抗,派军坚守石兰。不料苏峻派兵包抄,攻破石兰,进逼泾县。桓彝死守城池,拒绝劝降,终因势单力孤,在城破撤退途中被杀。后人为纪念他,在其遇害之地立墓。明朝正德年间,又在墓侧建造了桓公祠。这则记载虽为他人之言,但司户明言是桓彝,又宣称是宣城城隍,就不能不使人们相信其合理性。记载中并没有桓彝本人的为官事迹,只不过点明他是宣城的城隍,而且从司户游历阴间所见所闻,足以看出城隍居处的神秘威严,还有其威武肃杀的仪仗护卫。通过司户起死回生的经历,说明了城隍掌管着人间生杀大权,而且对人的寿命有着绝对的掌控能力。城隍既能够保护一座城池的安全,当然也能庇护一个小小生灵。这类神异功能,经过民间传说的艺术加工与渲染,具有极大的影响力。

苏缄(1016—1076),字宣甫,泉州晋江(今属福建)人,是北宋科学家苏颂的堂叔,《宋史》卷四百四十六有传。宋仁宗宝元元年(1038)进士,调任广州南海(今广东省佛山市)主簿。因为官正直,得罪州官,调任阳武(今河南省原阳县)尉。由于政绩非凡,擢升为秘书丞,后知英州(今广东省英德市)。宋神宗熙宁初,苏缄进如京使广东钤辖。熙宁四年(1071),"交趾谋入寇,以缄为皇城使、知邕州"。苏缄探听到消息,接连向桂州知州沈起汇报,沈起"不以为意"。"后刘彝代起,缄致书于彝,请罢所行事,彝不听,反移文责缄沮议,令勿得辄言"。宋神宗熙宁八年(1075),交趾大举入侵,包围邕州,苏缄在围城四十多天的情况下,率领城中军民奋勇抵抗,最终于城破后自焚殉国。

在官方正式修撰的《宋史》中,详尽记载了苏缄与守城将士战斗到最后一刻的悲壮场景,再现了良吏忠臣苏缄以自己的实际行动,实现了一个地方官吏守土有责的忠诚品德而结局又异常惨烈的真实故事:苏缄在闻知敌军已占领多地即将接近自己守城的情况下,检阅部下,一共有二万八千人。他召集僚属官吏和州郡中有才能的人,传授给他们战斗策略,让部队分散各地,严加防守。百姓听到后,惊恐万分,纷纷出逃,苏缄拿出自己全部的官银和私藏,展示给百姓们,说:"我们这里既备足了兵器,又准备了充足的给养,现在敌人虽然靠近了,但是我们只能坚固地防守以等待支援。如果有一个人抬脚逃跑,那就会动摇大家的信心。大家都听我一句话,若有逃跑者,抓住后格杀勿论。"有一位名叫翟绩的大校试图偷偷逃跑,被抓住斩首,因此上下逃跑的情绪都得到了平息。苏缄的儿子苏子元任桂州司户,因为公事携妻子来家探亲,正在想要返回的时候,遇敌寇来犯。苏缄考虑到人们不可能都知晓,肯定都认为郡守全家出城,于是单独派遣苏子元,留下了他的妻子。挑选了一些勇敢的士兵,驾着小船逆水而战,杀死两名敌军头领。邕州被围后,苏缄白天黑夜都在到处犒劳士卒,发放神臂弓以射杀敌人,并杀死了许多敌军。苏缄起初向刘彝求救,刘彝派将领张守节援救,而张守节却逗留不前。苏缄又以蜡书向时任提点刑狱的宋球告急求救,宋球接到信后,震惊而泣,督促张守节。张守节惊恐万分,于是将军队转移屯扎在大夹岭,回保昆仑关,不料突然遇到敌军,来不及布阵迎敌,就全军覆没。敌军俘获了北军,知道他们善于攻城,就以利益相诱惑,让他们制造云梯。又制造了进攻的濠洞子,并蒙上彩色的幕布,苏缄都加以烧毁。敌人的计谋已经穷尽,准备领兵离开,这时又得到外援没有到来的消息,有人就向敌军提议用布囊装土附于城墙,顷刻之间堆积高达数丈,敌军像蚂蚁一样地攀登上城墙,城

图8　苏缄殉难遗址

终于被攻破。苏缄仍然带领受伤的军卒，骑马与敌军战斗，愈加奋勇，而力寡难敌，就说："我的信念是不能死在敌人的手中。"匆匆返回到州衙里，杀了家中的男女老少三十六口，藏在陷坑中，点燃火自焚殉职。敌军进城，遍寻

图9　苏缄像

苏缄尸首而不得，就屠杀了城中的居民五万多人，并聚百人为一堆，共计五六百堆，毁坏三面城墙来填江。邕州城被围困四十多天，粮食和水都断绝，人喝着沤麻的水解渴，都得了痢疾，相互纵横枕卧而死，但是没有一人背叛。这是一场惨烈的城市保卫战，苏缄虽然深知战斗的残酷和艰苦，但是他并没有被动防御或死等外援，而是积极修筑工事，调动所有力量，拼死保卫城池安全，最后壮烈殉职。正是因为他大公无私和冲锋陷阵的精神，才鼓舞和激发了全城军民誓死守城的信心与决心，出现了众志成城、团结一致而无一人投降叛变的感人场面。因此，就有了后来的传说。这是人们对苏缄的敬畏和崇拜，正是出于这种心理，才将他选为这一城市的保护神加以奉祀。实际上，苏缄成为城隍神的更大原因应该是其官职为"皇城"而被人讹传为"城隍"的缘故，只不过后来约定俗成而已。

　　此外，根据赵与时《宾退录》中的记载，鄂州城隍是焦明。焦明是南齐淮陵太守、游击将军焦度的父亲。《南史·焦度传》载："焦度，字文绩，南安氐也。祖文珪，避乱居仇池。宋元嘉中，裴方明平杨难当，度父明与千余家随居襄阳，乃立天水郡略阳县以居之。"裴方明是南北朝时宋朝的大将，本为益州刺史刘道济手下的中兵参军。刘道济死后因功被升为龙骧将军。氐王杨难当原称藩于宋朝，被封为冠军将军、秦州刺史、武都王。因与南朝宋梁、南秦二州刺史甄法护不睦，遂投靠北魏，拜征南大将军、秦、梁二州牧、南秦王。宋文帝刘义隆元嘉十年（433）九月，杨难当反宋，举兵袭梁州（今陕西汉中东），破白马（即阳平关，今陕西勉县西）又攻葭萌（今四川广充南）。后双

方呈现拉锯态势,在四川绵阳、陕西汉中一带交兵。元嘉十九年(442)五月,裴方明率军挺进汉中,先后攻克武兴(今陕西略阳)、下辩(今甘肃成县西)、白水(今成县西南)等地。杨难当逃奔上邽(今甘肃天水)。元嘉二十年(443)七月,裴方明也被宋文帝下狱处死。鄂州即今湖北武昌,有庾亮于东晋时修造的古城隍庙。据《南史》所载,焦明在裴方明平定了杨难当后,即与千余户人随居到了襄阳,后又定居于略阳(今属陕西)。焦明大概也是一位守土官吏,封其为城隍的原因也是如此。

五、忠贞不渝的诤臣

在城隍队伍中,还有一些以监督官吏不良言行、为民请命而勇敢向朝廷揭发那些贪赃枉法、草菅人命的昏庸贪酷官吏的刚直不阿之臣,他们往往也能受到人们的爱戴和崇敬,以坚持公平正义和敢于与邪恶势力做斗争而入选城隍行列。这些城隍神,也成为一个城市文化精神的符号,同时更是城市市民对忠义诤臣的崇拜和赞颂。在城隍神中,这类的诤臣数量不多,但却具有代表性与典型示范意义,如杭州城隍周新就是其中最为著名者。

周新,南海人,初名志新,字日新。因明成祖朱棣经常独呼他为"新",就以此为名,以志新为字。洪武中,以诸生贡入太学,授大理寺评事。明成祖即位后,改任监察御史,因秉公执法而被朝中称为"冷面寒铁"。后成祖听信谗言,逮捕并处死了周新。周新被害的消息传到浙江,百姓无不痛哭,向北遥祭,杭州城更是万人空巷,人们纷纷前往祭奠。明成祖朱棣为了平息民怨,笼络人心,于是就敕封周新为浙江都城隍神,并将城隍庙建造在了景色优美的杭州西湖吴山。当时庙内有左右二司厅,凡是到省城履新任职的各级官员,都要在上任前到此祭拜。清代康熙、乾隆二帝多次南巡,每次凡到杭州,都要差遣官员上山,代为进香。现位于城隍阁景区内的城隍庙,供奉的就是城隍阁老爷周新。周新祠俗称城隍庙,正门横匾上书"冷面寒铁"四字,门口有大钟一口,名平安钟,相传是红顶商人胡雪岩的十三姨太赠送,据说敲三下就可保佑平安。殿内新塑有三座神像,其中一尊便是周新,高大魁梧,金箔贴面,两旁分别侍立着手执各式兵器和印鉴的文武官员。周新塑像在造型上参照了上海城隍庙的方法,顶部为神龛。城隍庙内有六幅壁画,左边三幅分别绘有周新执法如山,冷面寒铁;救灾免税,惩治贪官;生为直臣,死为直鬼的内容,右边三幅则分别绘其微服私访,洞察民情;治理湖面,勤俭持家;错杀好人,梦见城隍等内容,从多方面形象艺术地反映出周新为官一方的业绩,既具艺术观赏价值,又有宣传教育意义。

图10　杭州城隍周新塑像

晚明时著名文学家张岱曾在《西湖梦寻·城隍庙》中,对杭州城隍庙的历史演变及城隍神的由来记叙甚详,并详细记载了周新在任时断案如神、惩奸治恶、为民请命乃至最终蒙冤受害而死的故事。梗概为:吴山城隍庙,宋代以前在皇山上,旧名称为永固,绍兴九年才移建于此。宋代初年,封的神名为孙本。明代永乐间,封的神为周新。周新,是广东南海人,最初的名字叫日新。明文帝经常称呼他为"新",于是就作为名字。以举人做了大理寺评事,如果有疑惑的案子,经常一句话就可马上断决清楚。永乐初年,官拜监察御史,在对官员的弹劾中直言敢说,人们都视他为"冷面寒铁"。京城中的人家都以他的名字来吓唬那些哭啼不止的幼儿。又转任云南按察使,后改浙江。到浙江赴任至边界时,看到一群苍蝇在马首前飞舞,于是就跟着苍蝇到了一处荒草丛中,看到了一具暴露的尸体,身上只留下一把小钥匙和一块小铁标志牌。周新说:"死者是布商。"就叫人把尸体收拾起来。到了任所后,就派人到市场上去买布,买来后一一查验布的头端,凡与死尸身上标志相同者都留下来。不久就抓到了罪犯,通知死者家属并把布匹还给了他们,依法处置了罪犯,家属都感到惊讶。有一次周新坐堂办案时,有一股旋风把树叶吹到了堂上,周新感到非常奇怪,就问身边的人,回答说:"这种树叶杭州城中没有,有一座寺庙距城外不远,只有那里才有。"周新说:"莫不是这座寺庙里的和尚杀了人而冤枉了其他人吗?"于是派人前往寺庙的树下,果然挖出了一具女尸。有一天夜晚,一位商人从远方回家,将要走到自家房舍前时,偷偷将一包银子存放在了祠堂的石头缝隙中,但当他第二天去取时却发现不见了。商人就把这件事报告给了周新。周新问他:"和你一起有同行的其他人吗?"商人回答说:"没有。"周新又问:"你把这件事告诉过其他人吗?"商人又回答说:"没有,只告诉了小人的妻子。"周新立即命令衙役,将商人的妻子抓到了大堂。经过审问,得知罪犯原来就是和商人妻子私通的人。商人突然回家,与他的妻子私通的罪犯藏在暗中,偷听到了他们之间的谈话,并取走了银子。周新办理政事,往往雷厉风行、秉持公正。有一次,周新在巡行所管辖域时,微服私访某县,县官认为周新触怒了他,就派手下人把他抓进了监牢,而周新也通过此事知道了县中百姓的疾苦。第二天,县里的人听说按察使要来,都去迎接,结果没有迎到。周新出了监牢后,告诉县官:"我就是按察使。"县官大为吃惊。从此,周廉使的大名就传遍了天下。锦衣卫指挥纪纲这个人最为专权,他派遣一位千户到浙江探听周新的消息,而这位千户反而在当地作威作福并大肆收受贿赂。正好遇到周新回京城,在涿州碰到了这位千户,就把他抓起来关进了涿州的监牢。千户逃出了监牢,向纪纲诉说,纪纲就到皇帝面前诬陷周新。皇帝极为愤怒,派人抓捕了周新,到了殿上,周新据理力争,向皇帝辩解道:"按察使的职责就是擒拿和惩治奸贼恶人,和京城的都察院一样,都是陛下任命的。臣奉诏书而死,死而无憾!"皇帝更加愤怒,命令将他处斩。临刑时大声呼喊道:"生作直臣,死作直鬼!"当天晚上,太史向皇帝上奏说天上文曲星坠落,皇帝很不高兴,就问身边的人周新是哪里人氏,身边的人回答道:"是南海郡人。"皇帝说:"岭外也有这样的人。"有一天,皇帝在殿上看到一个身穿绯衣的人站在自己身旁,就呵斥他,问他是谁。绯衣人回答道:"臣是周新。上帝说臣性格刚直,就叫臣到浙江做城隍,为陛下惩治奸小贪吏。"说完就不见了。皇帝于是就封赐周新为浙江都城隍,并在杭州的吴山为他建造了庙宇。张岱还有《吴山城隍庙》一诗和《城隍庙柱铭》,表现的也是作者对城隍神周新的敬畏和崇拜之情。

北京城隍杨继盛,也是一位铁骨铮铮的诤臣。后文有详细介绍。

六、上海三城隍

在历史上,虽然有许多忠臣良将尤其是汉代辅佐刘邦建立天下的众多功臣都得以无可争辩、昂首挺胸地进入城隍神的队伍之中,也担当起了保佑一城之民的重任,千百年来,一直受到朝廷的正面支持和百姓的虔诚供奉。正如前文所言,在明代洪武年间,朱元璋就通过对城隍神进行官方定位的形式,确立了其神灵的地位,也赋予了其丰富而实用的内涵与职责。但是,究竟什么是城隍神入选的标准，却始终没有明确的文字加以界定，以至在城隍神的崇拜方面出现了一地一神甚至一地多神这种颇具滑稽意味的情况，地方保护主义的色彩似乎也极为浓郁。1997年，厦门市历史学会在《新建厦门城隍庙碑记》中将入选城隍的标准条件概括为：

> 古城隍，乃历代民众祭祀城市守护神。当外敌入侵时，尤为凝聚民族精神之象征，多由民众推崇忠臣烈士功绩卓著正直者担任。

这段表述，也可作为其他城市在城隍入选标准制定时的参照标准。而在被称为"上海三大城隍"的老城隍霍光、城隍神秦裕伯和新城隍陈化成的更替演化过程中，我们就可以更具体地看出城隍神在世俗信仰中的变化趋势。

上海最早的城隍神霍光，本是东汉名臣，他虽然没有在上海本地任职，但因他是一位辅佐皇帝的忠义朝臣，故而人们在其传说中也附会以保卫家园、守土利民的内容。据传早在明代，上海的沿海地区频遭海上倭寇的侵扰，百姓苦不堪言。有一次，倭寇从乍浦登陆，准备劫掠平湖县城。行至半途，远远望见县城城头上站立着一位巨人，头戴金盔，身披金甲，双脚伸入东湖中正在洗脚。倭寇们细加辨认，正是西汉大将军博陆侯霍光。倭寇大吃一惊，再也不敢近城，平湖城池也得以安然无恙。这种传说虽多牵强附会、荒诞不经，但神灵始终关注和庇护城郭中百姓黎民的善行义举，一方面既可衬托出神灵的不俗威力，也可寄托人们对其威严的慑服；另一方面则生动地说明了人们对家园安危的忧虑。清末上海贡生、秦裕伯的后代秦荣光曾在《上海县竹枝词》中这样写道："庙旧金山神主祠，脱沙霍像古传遗。明初改奉城隍祀，忠孝为神我祖宜。"诗后自注曰："邑城隍神，元奉祀于淡井庙，今俗呼老城隍庙是也。洪武初，诏封显佑伯。知县张守约以霍光祠改建为庙，在县西北。案：霍旧称金山神主，今正殿脱沙像犹霍像也。城隍，相传即我先远从祖景容公讳裕伯。"这里指出了知县张守约将霍光祠改为城隍庙的史实，于是霍光就成了上海的首任城隍。霍光是霍去病的异母弟弟，汉朝平阳人。汉武帝后元二年(前87)二月，武帝刘彻死。年仅八岁的幼子刘弗陵即位，是为昭帝。时任大司马、大将军的霍光与车骑将军金日磾、左将军上官桀受遗诏辅政，御史大夫桑弘羊与三人同受顾命。汉始元二年(前85)封霍光为博陆侯。元凤元年(前80)，霍光被上官桀父子、桑弘羊等与昭帝长姊盖长公主、燕王旦谋杀。霍光的庙本为杭州西湖显忠庙，据明人田汝成在其辑撰的《西湖游览志》第二十一卷《北山分脉城内胜迹》中的介绍，其地点在长生老人桥西,俗称"霍使君庙"。传说三国时吴王孙皓有疾病,梦中梦见神灵降临于庭中,自称是东汉大将军霍光,要求给他在金山的卤塘修建祠庙,用以防御水患,结果当祠庙修建完毕,孙皓的病也立即痊愈。五代后晋天福年间,吴越王在这里建了祠庙。南宋理宗赵昀时,朝廷赐庙额曰"显忠"。元代仁宗延祐年间,杭州城曾发生大火,郡中人看见云头的旗帜上有"霍使君"三个字,大火顿时熄灭,由此香火越来越盛。可见,霍光从三国时期开始,到元代延祐年间,一直是杭州城的神灵,其职颇类似于城隍。

金山,他之所以会成为上海的城隍,据说与上海东边的大小金山有关系,更多的可能是"金山"讹传的结果。与上引文献不同,另有传说言三国吴主孙皓患病时,有神附于小黄门太监身上,说:"国王封疆有海患,非人力所能防,西汉功臣霍光,可立庙于咸塘以镇之。"于是东吴就在大金山下修建了忠烈昭应庙,祀奉霍光为捍海之神,号"金山神主",沿海居民也在家中奉祀他。宋代洪迈在《夷坚志·金山庙巫》中也说:"华亭金山庙濒海,乃汉霍将军祠。"后又讲述了一个民间相传的故事云:当钱武肃称霸吴越时,常常能够得到阴兵的帮助,所以出于崇拜就建造了灵宫。南宋孝宗淳熙末年,县里的人因为正好是过节时间,竞相云集在此,一位巫师正要焚香启祝,唱说福渗,这时有一个钱寺正家幹沈晖的人,单单心中没有笃信之心,反而在语句中戏谑玩侮神灵。有好心人交相劝止,恐怕他招惹灾祸。巫师也宣言说神灵对此种行为詈骂呵责甚苦。沈晖正在与大家争辩时,不一会儿就跟跄倒地,口吐涎沫,好像是昏厥眩晕的样子。随从的仆人匆忙跑到家中,以实相告。他的妻子急忙来看视,跪在地上向巫师叩头,乞求他能够救命。巫师说:"后悔的是不早这样做,神灵已经盛怒,即刻将命令人执录其精魄付北酆,死就在顷刻之间,无法挽救了。"妻子彷徨,无计可施,只有抱着他的尸体哭守。忽然,沈晖奋身而起。旁边的人们大惊失色,都说是被强魂所驱使的结果。沈晖笑着说:"我这是故意在戏耍你们啊,实际上什么都没有看见。"巫师悚然,偷偷地走了,全庙的人也都离开了。虽然这则故事中的沈晖,并没有因为亵渎神灵而丢了性命,只是一种开玩笑的方式,但是他中邪之后的表演还是相当自然逼真的,大家也都一致认为这是神灵附体的表现,而不是他故意逞能。对于城隍神灵的恐惧与崇拜是绝大多数信众的共识,像沈晖这样的人则是极少的。元代至正二十九年(1290),上海由镇升格为县。明代永乐年间,知县张守约把金山神主庙改建为上海城隍庙。金山神主庙中祀奉的霍光依旧端坐前殿,在后殿又增奉秦裕伯红面神像为上海城隍神。因此,上海世世代代俗传有"前殿为霍,后殿为秦"的说法。

　　被上海人尊为城隍神的还有秦裕伯。秦裕伯（1295—1375），字惟镜、景容，号蓉卿，别号葵斋。元末明初上海县人，原籍维扬（今江苏省扬州市）。祖陆知柔，宋末南渡居沪渎，据传是北宋著名词人秦观的八世孙。元大德年间，随父秦良灏定居上海县长寿里（题桥）。元至正四年（1344）中进士，历官湖广行省照磨、山东高密县尹、福建行省郎中、行台侍御史、延平路总管兼管内劝农事。元末，战乱频仍，于是弃官，久居维扬，后返乡里居。张士诚占据苏州后，曾召请入幕，辞不应。朱元璋建立明朝后，两次征召，都被秦裕伯以自己"仕元二十年，背之不忠；母丧未除服，出仕不孝"为由，托病辞谢。后来朱元璋亲书手谕相请，才勉强出仕为官。据清毛祥麟《墨余录·上邑城隍神记》载："时明祖以疆圉初定，虑海邦不靖，乃以手书谕之曰：'海滨之民好斗，裕伯智谋之士，适居此地，苟坚卧不起，恐有后悔。'公不得已始起应召。"入朝后，历官侍读学士、待制、治书侍御史，并与御史中丞刘基同任京畿考试主考官。后出知陇州，不久以病辞官，归长寿里。长寿里建桥，秦裕伯为题"大通"二字，乡民则直接呼此桥为"裕伯题桥"，后简称题桥，还成了集镇名（今陈行乡题桥镇）。秦裕伯殁后，追封显佑伯，其墓就在题桥镇南长寿寺的西侧。其后裔秦荣光在《上海县城隍说》中云："公卒于洪武六年，讣闻于朝，太祖震悼曰：'生不为我臣，死当卫吾土。'着即勅封为本邑城隍神。"可见秦裕伯是被朱元璋封赐为本地城隍神的。1924年7月，城隍庙突遭大火，殿堂庑廊，全部化为灰烬。后邑庙董事会积极募集资金，于1926年重建了城隍庙，使之成为江南地区著名道观之一，也成为上海地区可供游览的著名景点之一。一年之中，要举办多次庙会和花会。清末上海人张春华在《沪城岁事衢歌》一诗中写道：

　　　　连朝庙祝霁风光，镇日喃喃奠酒浆。二百年来香火远，生恩万姓戴城隍。

　　其自注云："吾邑香火之盛，无逾于城隍庙。相传神为邑人时翰林待制秦公裕伯也，在明季已为神。国朝顺治十年秋，海寇张名振再犯县治，总兵官王燝督战辱师，民聚而诉。巡抚周按临，燝恐民暴其走遁失机状，反诬民通贼，自南浦至静安寺界欲尽屠之。周惑其说。邑侯阎绍庆偕邑绅曹公垂灿联袂长跪，愿以百口为保，不许，将俟鸡鸣纵戮。是夕神降官廨，俨立阶下。周心动，至夜半仍欲屠之，又见神直视摇首，如是者数四，遂释。凡吾邑人得休养生息以留遗至今者，谁非神之赐予？岁欲除，比户具牲醴瞻拜庙庭,于神庥未足答万一也。"颇为烦琐而极具价值的注文为我们讲述了一段历史,并明确指出秦裕伯在明朝就已经是上海城隍神,而且享有极为旺盛的香火。注中还讲述了一个城隍神保佑善良百姓的故事:

图11　上海城隍秦裕伯塑像

　　清朝顺治十年(1653)秋天,海盗张名振又一次侵犯县城,总兵官王燝指挥军队应战失败,老百姓聚集起来进行问责。巡抚周某也来到本县,王燝害怕老百姓揭发他打仗时逃跑失去时机的行径,就反过来诬蔑百姓私下通匪,从南浦到静安寺界这一带的百姓都要杀光。巡抚周某感到非常疑惑。本县的侯爷阎绍庆和乡绅曹垂灿一起为民请命长跪于地,并愿意以家中百口人的性命担保,但是并没有得到允许,还是要等到天明鸡叫时分处斩。这一天晚上,城隍神降临官衙屋内,仿佛就站在台阶下。巡抚周某的心中有所触动,但到夜半时分仍然想杀被无辜冤枉的百姓,他又看见城隍神一直注视着他并连连摇头,连续这样四次,于是他就释放了被抓的百姓。从此可以看出,城隍神总是在关键时刻能够立刻显灵并成功保民。实际上,在上海,秦裕伯的城隍神的地位和影响力比其前任的霍光和后续的陈化成都要广泛和重要得多,似乎得到了人们更多的认可,这不但是由于秦裕伯任期长而霍、陈二位的任期都相对短暂的缘故,更与明清时期城隍信仰的高度发达是分不开的。

　　清代道光年间,上海城隍庙又迎奉来了一位新城隍,他就是民族英雄陈化成。陈化成(1776—1842),字业章,号莲峰,福建同安县(今属厦门市)人。童年时即随家移居台湾,后来加入行伍,由把总擢升至金门总兵。他谙习水性,精通武艺。清道光十年(1830),任福建水师提督,驻守厦门,在闽浙总督邓廷桢的支持下，多次击退了从水路进犯的英国舰队。道光二十年（1840）七月，调任江南提督。在两江总督裕谦的支持下，陈化成进一步完善了位于长江和黄浦江两江江口吴淞炮台上的防御措施，以保卫黄金般的长江水道。他听说英国侵略军准备进犯浙江定海，于是急忙赶赴吴淞口，积极备战，先后调集军卒人力、调配各型火炮，并沿黄浦江西岸修筑了一条防御工事，又在工事上修筑了坚固的火炮掩体。道光二十一年（1841），英军占领了浙江舟山、定海，两江总督裕谦和守将葛云飞等壮烈牺牲。道光二十二年（1842）六月，英军再次攻入长江口，陈化成断然拒绝了两江总督牛鉴提出的议和投降主张，率领守军浴血奋战，顽强抗敌，在坚持了六昼夜并重创敌军后，终因寡不敌众，中弹牺牲。当时在英国军队中就流传着"不畏江南百万兵，唯惧一人陈化成"的说法。陈化成牺牲后，他的遗体被当地百姓收殓于嘉定的关帝庙中。当地百姓为了纪念他，画了两张遗像，一张赠予其子孙，一张则存留在了本地。百姓为他举行隆重的殡葬仪式，许多市民自发为他送丧祭灵，数万人罢市，灵车经过沿途，不断有人摆设香案，杀牛哭奠。后来人们还在吴淞和上海两地修建了纪念堂，为其塑像，供后人敬奉瞻仰。时人有凭吊诗云："报国捐躯日，遥天黯将星，山河留壮气，风雨泣阴灵；泪洒三军血，名流万载馨，茫茫烟水阔，凭吊问沧溟。"还有一则传说，谓陈化成在坐镇吴淞炮台指挥时，为防止英兵侵犯，时刻警惕。有一天，天降暴雨，淹没了他的双足，他都没有离开帐篷。上司牛鉴主张投降，私下与英军苟和未能得逞。战斗打响后，初役告捷。牛鉴贪功，坐着轿子去炮台，不料被一发炮弹击中，掀翻了大轿，落荒而逃。其余士兵顿时大乱，唯有陈化成坚守的炮台依然如故。怎奈四面受敌，终于沦陷。陈化成率部卒与敌人展开肉搏，壮烈捐躯，顶戴投入江中。其手下的一位武官，将其遗体藏匿于芦苇丛中。时值初夏，陈化成的尸体经八天而面色不改，栩栩如生。当地百姓们纷纷传说，这都是依赖神仙的护佑。由于陈化成为保卫上海献出了自己的生命，也就理所当然地被当地人民奉为城隍神。

曾任湖南布政使理问并著有《湖南金石志》的上海市嘉定县（今上海嘉定）人瞿中溶，在其《古泉山馆诗集·归田园居钞·续练川竹枝词廿八首》之十九云：

> 敬神一月戏纷纷，赌博场开盗贼闻。可晓当年陆清献，自家禁止有明文。

自注云："俗传十月廿五日为城隍神诞，演戏敬神。至十一月中，合邑如狂，盗贼因之踵至。故老相传神即陆稼书先生。华亭董含《三冈识略》曾载先生为嘉定城隍神事,则非无据也。然公宰此邑时已有禁神诞演戏告示,载《三鱼堂集》中。"照此说来,嘉定城隍应是陆陇其。而董含在《三冈识略》卷十《陆公为神》中也确有记载。

陆陇其(1630—1692),原名龙其,因避讳改名陇其,谱名世穮,字稼书,浙江平湖人,学者称其为当湖先生。康熙九年(1670)进士,历官江南嘉定、直隶灵寿知县,四川道监察御史等,时称循吏。学术专宗朱熹,排斥陆王,被清廷誉为"本朝理学儒臣第一",与陆世仪并称"二陆"。卒谥清献,从祀孔庙,著有《困勉录》《读书志疑》《三鱼堂文集》等。康熙十四年(1675)四月,陆陇其选授江南嘉定县知县,七月到任。据《陆稼书先生年谱》载:"嘉定为濒海大邑,土高乏水,民多逐末。以故城居者少。富商钜室,散处市镇。武断暴横,相沿成俗。富者竞奢侈,贫者舞刀笔,喜事健讼。又夙有饶裕名,旅客图润囊橐者,往来如织。胥役土豪,倚为奸利,不可方物,号称难治。地不产米,漕粮例任之他邑,而输其折色,故征银倍他邑,积逋动以万计,令率坐是落职。先生至,叹曰:'民不输赋,大抵以贫也。其所以贫,风俗为之也。比如少年以游冶伤其元气,力不能服劳。为父兄者,禁其游冶,则元气自复。不禁而予以饮食,抑末矣。今且不为饮食而又督过之,则官与民俱病。'故其治,一以锄豪强,抑胥吏,禁侈靡,变风俗为主。数月之内,舆颂翕然。"陆陇其在嘉定为官仅一年时间,却留下了许多美谈。他生活简朴清廉,穿的衣服都由夫人自纺自织,吃的蔬菜也都靠自己在衙署内的隙地种植,出入舟车必付报酬,支差杂役必给费用。为官"严法度,勤政事,善催科,广教化,正风俗,神听断,绝苞苴,兴士行",史称"不逾年而邑大治,惠政不可胜纪"。深受当地乡民爱戴。康熙十五年(1676)冬,陆陇其被素昧平生而又仰慕其名的左都御史魏象枢举荐补福建按察使。而江苏巡抚则伺机报复,因慕天颜做寿,陆陇其未送厚礼,由此怀恨在心,认为陆陇其不能胜任,遂被降级调用。县民闻讯后罢市抗议,连日上巡抚衙门请愿,要求陆陇其留任。慕天颜不得不再疏请部复议。康熙十六年(1677)二月,陆陇其被诬告"讳盗"罢官,县民为此不服而罢市三天。陆陇其离任时,随身行李只有图书数卷和摇车、织布机等日常用物。当日,百姓执香携酒送行,人群拥塞了街道。邑人俞鹤湖在《送别诗》中称"有官贫过无官日,去任荣于到任时"。直到康熙二十二年(1683),67岁的左都御史魏象枢以"天下第一清廉"的评语一再保举,陆陇其才得以重返仕途,后官至四川道监察御史。殁后谥"清献",赠内阁中书兼礼部侍郎。他精研理学,是清代前期著名的经学大师,后来被敕封配祀孔庙。嘉定百姓迎奉他入城隍庙,配祀享受香火。后来,乡民还为其建造了生祠以作纪念。

七、北京三城隍

北京两任城隍文天祥和杨继盛,分别为南宋和明朝忠于君王而至死不悔的铮铮名臣。而据查慎行《人海记》卷上《于忠肃祠》记载:"崇文门内旧有于忠肃公祠。万历乙未二月己未敕建,额曰忠节。本朝顺治中,公像被毁。吾邑人谈孺木,作吊于太傅祠,文以悯之。今相传为京师城隍神。"照此说来,明代名臣于谦也曾经是北京的城隍神。这三位人选,从城隍的具体功能来看,于谦无疑是最有资格当选的,但实际事实并非如此。此外,北京城隍中还有一种为允礼的说法。

图12　北京文天祥祠

文天祥(1236—1283)不但曾经是北京城的城隍,而且还曾经是南京城的城隍。他初名云孙,字天祥。后改名天祥,字宋瑞,又字履善,号文山。吉州庐陵(今江西省吉安市)人。宋宝祐四年(1256)举进士,理宗亲擢第一。累迁至尚书左司郎官。后忤贾似道,遂致仕。度宗咸淳九年(1273),起为湖南提刑。十年,改知赣州。恭宗德祐元年(1275),元军大举南侵,文天祥组织义军勤王。次年,临安被围,文天祥受命入元军中谈判,被执,后逃归。官拜右丞相。益王立(1276),进左丞相,都督江西。卫王立(1278),加封少保、信国公,进屯潮阳。不久兵败被俘,囚拘燕京四年,终不屈,英勇就义。以忠烈与陆秀夫、张世杰并称"宋末三杰"。有著名的七言律诗《过零丁洋》,表现出大义凛然、为国捐躯的无畏精神："辛苦遭逢起一经，干戈寥落四周星。山河破碎风飘絮，身世浮沉雨打萍。惶恐滩头说惶恐，零丁洋里叹零丁。人生自古谁无死？留取丹心照汗青！"现今北京市东城区府学胡同63号的文天祥祠，又称文丞相祠，就是当年遭到囚禁和杀害的地方。祠建于明洪武九年（1376），由按察副使刘崧主持修建，后不断加以维修完善。现存建筑有大门、前殿和后殿。

杨继盛（1516—1555）也是北京城著名的城隍。他字仲芳，号椒山。直隶容城（今属河北）人。早年丧母，其父另娶。嘉靖二十六年（1547）得中丁未科进士。初任留都吏部主事，后调升京师，任兵部车驾司员外郎。其时，蒙古首领俺答汗数次引兵入侵明朝北部边境，奸臣严嵩死党大将军仇鸾请开马市以议和，杨继盛上书《请罢马市疏》，力言仇鸾之举有"十不可五谬"。由于严嵩庇护仇鸾，杨继盛上疏获罪，被贬任狄道（今甘肃省临洮县）典史。他在狄道任职期间，重视教育，兴办学校，疏浚河道，并让妻子张贞为当地百姓传授纺织技术，深受拥戴。一年后，俺答依然扰边，马市遭到全面破坏。明世宗才知杨继盛有先见之明，于是再度调他为山东诸城县令，改任南京户部主事、刑部员外郎、兵部武选司，半年左右连迁四职。嘉靖三十二年（1553），杨继盛以《请诛贼臣疏》弹劾严嵩，历数严嵩"五奸十大罪"。而严嵩假传圣旨，将杨继盛投入死囚牢。受廷杖一百后，有人送他蚺蛇胆一具，说是可解血毒，杨继盛断然拒绝，曰："椒山自有胆，何必蚺蛇哉！"自行割下腐肉三斤，断筋二条，受尽三年狱中折磨。据《明史》载他"及入狱，创甚。夜半而苏，碎瓷碗，手割腐肉。肉尽，筋挂膜，复手截去。狱卒执灯颤欲坠，继盛意气自如。朝审时，观者塞衢，皆叹息，有泣下者"。嘉靖三十四年（1555）十月初一日，严嵩授意刑部尚书何鳌，将杨继盛与闽浙总督张经、浙江巡抚李天宠、苏松副总兵汤克宽等九人一起处决，弃尸于市。杨继盛临刑前，有绝命诗曰："浩气还太虚，丹心照千古。生前未报国，留作忠魂补。"天下传诵。其妻也殉夫自缢。燕京士民既敬仰他的崇高品节，又怜悯他的悲惨遭际，因此以他生前所居故宅改为庙宇祭奉，尊他为城隍，并以其妻配祀。明隆庆皇帝即位后，为其平反昭雪，追谥"忠愍"。二年（1568），直隶监察御史郝杰应保定民众的强烈要求，上奏明穆宗，请求在他的故乡保定府立祠，以做永久纪念。皇帝很快批准了郝杰的奏章，并定名为"旌忠祠"。杨公祠初建于金线胡同，正殿三间，正中塑杨继盛像，正殿两旁各建碑亭一座，内立碑刻，一为杨继盛劾仇鸾的《罢马市疏》，一为《劾严嵩疏》。清顺治十三年（1656），又将福临御制文两篇刻于碑，并立于祠内。

金线胡同的杨公祠建成后33年，即万历二十九年（1601），保定的人们又认为此处风水欠佳，于是又在皇华馆街建造了第二座杨公祠。院中立有清大学士孙承宗撰写的《旌忠祠碑记》，前门有昭代忠臣坊。清康熙十年（1671）加以重修时，又增建了成仁坊。清顺治皇帝曾这样评价杨继盛："朕观明有二百七十年，忠谏之臣往往而有，至于不为强御，披膈犯颜，则无如杨继盛。而被祸惨烈，杀身成仁者，亦无如杨继盛。"乾隆七年（1742），曾任直隶磁州（治所在今河北省磁县）知州的马长淑为杨公祠题诗一首，诗云："赡拜孤忠遇象贤，捧来手迹当依然。非关铁画银钩笔，自爱忠肝义胆传。磊落丹心留汗简，峥嵘浩气满云笺。鸿毛泰岱胸中宝，刀锯何曾介眼前。"大学士刘墉也有诗作，云："顽懦从来不汗颜，坊民以此尚逾闲。捐生那计终无补，知死犹闻重似山。何日墓门飞鸟去，只今祠屋夜鸟还。平生讲席留足迹，萧瑟松风昼掩关。"时任工部右侍郎的关省钦也在留言中写道："此先生授命前一夕手迹也。每句以朱圈作读，无一笔轻率，无一笔之不近于道。慷慨从容，信所谓无求生以害仁者矣。"而杨继盛的绝笔联"铁肩担道义，辣手著文章"，据说是其在狱中题壁诗中的一联，因其表现出忠心赤胆、敢于担当、维护公平正义，不惧奸臣势力的凶残打击报复的大无畏气概，更是成为千古流传的名联，曾被刻于山东济南演武亭。后人将这副对联悬挂于北京宣武门外松筠庵杨继盛故居堂中。1916年，李大钊在北京创办了《晨钟报》，根据版面设计，在出版的每一期上都要刊登一句警语。第六号就刊登了李大钊巧妙改动杨继盛此联一字后的"铁肩担道义，妙手著文章"，堪称名联。李大钊将此联手书赠章士钊，又赠挚友杨子惠。1918年，著名报人邵飘萍曾摘录此联中"铁肩辣手"四字以自勉。1945年，周恩来手书"铁肩担道义，辣手著文章"赠柳亚子。可见杨继盛的刚直品格和他无畏无惧的精神的影响之深远。在历代城隍神中，这样的人物还是不多的。他成为人们心目中永远敬仰和奉祀的神，也是实至名归。然而，如今的杨椒山祠，并没有得到很好的保护，令人遗憾。

于谦（1398—1457），字廷益，号节庵。钱塘（今浙江杭州）人。明永乐十九年（1421）进士。宣德初，授御史。后升兵部右侍郎，巡抚山西、河南。正统十三年（1435），擢兵部左侍郎。为官清正廉明，刚直不阿，不惧奸佞，颇有政声。

图13　杭州西湖于谦祠

　　正统十四年（1436）秋，北方瓦剌侵犯边关，明英宗朱祁镇御驾亲征，全军覆没于土木堡，英宗被俘，震撼京师。瓦剌以"送驾还朝"为名号，长驱直入，至紫荆关，直逼京城。当时朝廷中众多大臣都主张迁都南京，但是于谦坚决反对，力主抗敌，并临危受命为兵部尚书提督军马，拥立英宗之弟朱祁钰为帝，统率军民奋勇抗击，打退了进犯之敌，终于使瓦剌认输献出英宗，取得北京城保卫战大捷。于谦以功加少保，总督军务。天顺元年（1457）正月，英宗借夺门之变复辟，石亨等人指控于谦拟迎立襄王之子，被诬陷而遭弃市，时年59岁。成化二年（1466），沉冤始得昭雪，复原其官职，并赐祭，谥"肃愍"。万历十八年（1590），又改谥"忠肃"。于谦被害后，遗体归葬杭州三台山，在墓侧修建了旌功祠，又称于谦祠。现有建筑为清同治八年（1869）重建，与岳飞的岳忠武王祠、张煌言的张苍水祠并称"西湖三雄"。北京的于谦祠在今东城区西裱褙胡同23号，原有门匾书"于忠肃公祠"。明成化年间，将其故宅改为忠节祠。明万历年间，在祠中立塑像奉祭。清代顺治年间，塑像遭毁，祠亦荒废。光绪年间，又加以重建。有两层小楼，名奎光楼。上层为魁星阁，悬"热血千秋"木匾，正房为享堂，内供于谦塑像。1890年，义和团曾在此设立神坛。1976年，魁星阁在地震时被震毁，小楼亦被拆除。

　　北京热河，曾是皇家园林避暑山庄的所在地。这里的城隍神却是康熙之子允礼。允礼（1697—1737），纯裕勤妃所生，排行十七。自幼聪慧，持重自律，从来都不参与皇储之争，因此深得康熙喜爱。雍正即位后，被封为果郡王，管理藩院事，参与朝政。雍正临终前，被任命为辅政大臣。乾隆即位，他掌管总理事务，主管吏部。因无子嗣，乾隆钦命将雍正第六子弘瞻过继与他。两年后去世，乾隆亲理丧事。许多年后，乾隆仍对这位皇叔念念不忘。

时任热河总督兼工部尚书的周元理就提出建议,谓热河乃皇家重地,在盛世之年建一座城隍庙,不仅符合皇家礼仪,还可护佑天下生灵。乾隆准奏,随即拨款,差人营建施工。乾隆三十七年(1772),城隍庙落成,正殿悬乾隆御题匾额"福殷岩疆",庙内有乾隆御制《热河初建城隍庙拈香瞻礼八韵(有序)》碑,共六百余言,详细记载城隍庙营建始末。庙内所有匾额、楹联和碑文,均系乾隆御笔书题。为感念允礼精忠辅国,乾隆敕封其为热河城隍神。庙成之日,乾隆亲率皇家子弟及文武大臣前来祭奠。自此,乾隆每年驻跸避暑山庄,必来致礼。热河城隍的封号为"方隅",乃乾隆亲赐,意即总管大清疆域,允礼因此成为清代时各地城隍之主,热河城隍也被尊为天下第一城隍。

八、城隍中的特例

除了前述两地的城隍神不止一人外,其他地方也有这种情况。如江苏省吴江市就曾经拥有过两位城隍,其原型都是唐代初期被高祖李渊封为侯王的子孙之辈,一为李元吉,一为李明。清代曹氏编纂的《屯村志》云:

> 唐高祖第四子元吉封为吴王,建都于此,亦无考据。但传元吉为吴江城隍,理或有之。万历三十五年,有居民在寺后柳字圩东溇中淘鱼,淘出黄琉璃瓦一片,重十二斤,上书乐平县解户并字号,俱是朱书者。观此,则王都确可信矣,但不必是元吉耳。

(按《县志》:唐太宗第十四子李明,初封曹王,后为苏州刺史,有惠政。梁开平四年,封昭灵侯,立庙祀之,即今昭灵观也。俗传侯为本县城隍之神。今云元吉,未知是一人而误传,抑实是两人也,要之不可考也。)

纂修者虽在此表现出了对此存疑的态度,但却说明了在城隍原型的起初配备上仍然存在着一地多神而略显随意混乱的现象。李元吉(603—626),名劼,小字三胡,是唐高祖李渊的第四子,为窦皇后所生。《新唐书》中谓其出生时"太穆皇后恶其貌,不举,侍媪陈善意私乳之。及长,猜鸷好兵,居边久,益骄侈。常令奴客、诸妾数百人被甲习战,相击刺,死伤甚众"。可见元吉从小就长相丑陋,不受大家喜欢,长大后性情暴戾,自傲非常。李渊在山西太原起兵反隋时,他留守太原。唐朝建立后,被封为齐王。武德二年(619),刘武周南侵并州,他弃太原逃归长安。后与长兄李建成合谋诛杀李世民。武德九年(626)六月初四日,李世民发动"玄武门之变",元吉与太子李建成同时遇害,他的五个儿子也一同被诛杀。《新唐书》卷六十四记载云:"太宗践祚,追封元吉为海陵郡王,谥曰刺,以礼改葬。贞观十六年,又追封巢王,谥如故,复以曹王明为元吉后。"李明是唐太宗李世民的第十四子,母亲为李元吉妻巢剌王妃杨氏。贞观二十一年(647),李明受封为曹王,又称曹恭王。二十三年(649),赐实封八百户,不久加满千户。显庆年间,授梁州都督,后历任虔州、蔡州、苏州三州刺史。永淳年间,因为和废太子李贤通谋,降爵封零陵王,贬至黔州。后在武后授意和都督谢佑的威逼下,自杀身亡。景云元年(710),李明的灵柩被运回京师,陪葬昭陵。由于李明曾任苏州刺史,元吉又为其父,因此人们将他们父子奉为本地城隍,至于两人相互混淆或者全都供奉祭祀,也是在情理之中的。

广西桂林的城隍是清代江南长洲人(今江苏省苏州市)张凤孙。清代袁枚编撰的《续子不语》卷一中,有一则《张少仪观察为桂林城隍神》的故事,讲述的是长洲有一个姓顾的人,他的父亲久病不愈,他就向神祈祷,愿意以自己的身体代替病父。一天,他梦见城隍神派遣皂隶把他抓到了官衙前,不能马上就进去,看见有轿子从远处而来,姓顾的这个人就在旁边站着等候,结果发现的来人是他的老师。他的老师从轿中走出,拿着他的手抚慰问候他,说:"我已经是某一个地方的土地,徒儿有什么事情到此?"顾某就以实相告。老师听了后说:"这是大孝,我一定把你的事情如实禀告。"过了很长时间,老师出来,说:"今天城隍神有事情,改日再来吧。"于是顾某就从梦中醒了过来。过了几天,皂隶又像上次一样把他抓去,之后城隍神召见他并问其父的病情,他回答说:"骨瘦如柴。"神非常生气,命令隶役用杖打他,顾某想不明白,就大呼冤枉。过了一会儿,从里面传出一张纸条,城隍神看了后,脸上神色开始好转,说:"你的父亲在开药铺的时候,有一年发生大瘟疫,他不向人们讨要医病的钱,功德很大。我同情你是个孝子,可以延长寿命一纪。"顾某感谢之后走了出来,就问旁边的人为什么城隍神会生气,回答说:"野兽中只有豺最为瘦小,世上的人都误传为柴。神开始听的时候,以为你将父亲比喻为豺,所以发怒,全靠手下的幕僚宾客们解释清楚后才免了。"顾某在官衙前看见的人,都是他的乡里前辈因为刑辟而死的人,其中一人被囚禁,一人将要发配远方。顾某不认识,就问,回答说:"这个人原来是知府大人,被百姓状告。张公是桂林府的城隍神,正在办移送的交接手续。"又问张公是什么人,回答说:"我也忘记了他的姓名,只知道他曾经担任过河南粮储道,是现今河南巡抚毕公的舅舅。"张公名凤孙,字少仪,是长洲人,和我同被荐举博学鸿词科,少年时被人视为"张三子"。三子,就是孝子、君子和才子。生平多忠厚的品德,应当是可以成神的。然而冥府不知道他的名字,只以戚党和官位加以炫耀,难怪人们都喜欢谈论那些官高位显的人了。袁枚在此处通过顾某的故事点出桂林城隍神是张凤孙，并言和自己同被荐举。袁枚曾到过桂林，所言还是具有真实性的。事实上，张凤孙在桂林任地方官期间，亲民勤政，以德服人，颇得好评。去世后，桂林百姓就尊他为城隍神。他的故事，应该在民间流传极为广泛，不止以上提到的那些。其实，桂林城隍的出现较早。在晚唐时期，凡是到桂林府任职的新官员，都要按照惯例去城隍庙祭拜祈祷神灵。晚唐著名文人李商隐就为桂林刺史郑亚代拟过多篇祭祀城隍的祝文，足以说明这点。

图14　城隍庙正殿门

　　福建漳州的九峰城隍庙在平和县九峰镇东门，供奉的显佑伯都城隍尊神则是唐代著名诗人王维。这种情形，在中国各地的城隍神中较为少见，颇类特例。明正德十三年（1518）设置平和县，四百年间一直是政治、经济、文化中心。正德十一年（1516）九月，王阳明任都察院左金都御使，巡抚南、赣、汀、漳等处。次年五月，他奏请朝廷设平和县，移枋头巡检司。朝廷准奏，批准划出南靖县清宁、新安二里建县，取"寇平民和"之意，定名平和。按照朝廷的明文规定，在建置县衙时必须同时兴建城隍庙。为此，在王阳明亲自设计下于正德十四年（1519）建成的城隍庙结构严密，布局合理，雕梁画栋，蔚为壮观。清康熙三十六年（1697）进行重修。城隍庙建筑前后五座相连，依北高南低的地势而建。从北朝南，平面呈中字形。在中轴线上，由南向北依次为牌楼（大门）、前厅（仪门）、中堂（廊屋与大殿）和后殿。两侧有回廊。殿宇雕梁画栋，木瓜斗拱，玲珑鎏金，富丽堂皇；石柱龙雕，石盾石屏，精雕细刻，巧夺天工。其中斗拱形式多样，石柱也有圆形、方形、八角形以及浮雕盘龙柱等样式，瓜柱下部的瓜形下斗也是描金彩绘，琳琅满目，争奇斗艳。殿顶的二龙戏珠,张牙舞爪,威风凛凛,栩栩如生;所有花鸟人物,千姿百态,惟妙惟肖,令人叹为观止。庙里还保存有明清时期的四十余幅壁画,大多为警示人们行善弃恶的内容,如二十四孝图、十八地狱图等;还有平和八景图,场面恢宏,造型生动,线条流畅,功力精湛,堪称古代民间美术的名作。这个城隍庙最大的与众不同之处,就是庙里的城隍神竟是与当地毫无关联的唐朝大诗人王维。据民间传说,由于王阳明胸怀远大理想与抱负,但却在仕宦生涯中屡遭贬谪,郁郁不得志,因此他特别崇拜王维,便把几度宦海浮沉的王维推上了城隍神的宝座,让其代替自己当上了本地方的守护神。

甘肃中部陇西等地的城隍塑像则是一位英俊的美少年,这其中有一个流传相当广泛的传说。清代袁枚编撰的《子不语》卷二十二就记载了一则名为《陇西城隍神是美少年》的故事,说的是:康熙年间,陇西地方的城隍神像塑的是黑脸而有长髯的人,相貌特别威严。忽然在乾隆年间改变塑像为美貌少年。有人就问庙里面的和尚,和尚说:"听长老们说:雍正七年,有一位姓谢的人,年龄不到二十,跟着师傅在庙里读书。晚上先生外出,谢生就在月下散步吟诗,看见一人来祈祷,就藏在神像后偷看。听到那个人祷告说:'今天晚上如果偷东西有收获的话,一定备上三牲来贡献。'这才晓得是贼。心里疑心神灵是聪明正直的人,难道可以用牲牢来打动吗?第二天,贼竟然来庙里还愿。谢生大为不平,写了一篇文章斥责。神在晚上托梦给他的老师,谓将有大祸来临。老师醒来后,质问谢生,谢生抵赖不承认。老师愤怒地搜查他的书箱,竟然有责斥神灵的文稿,于是更加生气,放在火上烧了。当天晚上,神踉跄不稳地来告诉他说:'我来告诉你的弟子不敬神明,将降下灾祸,原来不过是想吓吓他罢了。没想到你竟然把他的文稿烧化,被行路的神灵上告到了东岳大帝那里,立刻将我革职拿问,一面还将这城隍的职位奏明上帝,马上就要你的弟子来补空缺了。'说罢,叹息不已而退。没过三天,谢生就去世了。庙里的人听到了唤马的声音,说是新城隍爷到任。从此之后塑神像的人就将黑脸有胡须的相貌改成了英俊美貌的少年。"这则故事在陇中地区传播甚为广泛。而以兰州、天水为中心的许多州县的城隍神都是纪信,也有一些地方如定西的城隍是文天祥、靖远县的城隍是张温等,这种现象说明在城隍信仰发展过程中民间势力渗透其中且在很大程度上影响了其神谱牒系的正常建构与合理诠释,只不过是人们秉承日常生活中信神拜佛的"平时不烧香,急时抱佛脚"的思想观念与行为模式而已。无论城隍是官员型还是书生型,只要能为人们提供某种保障或守护公平正义,人们就会将其纳入神的行列中加以参拜。后来随着神灵的队伍越来越庞杂,职能也就出现了交叉与重复,甚至显得臃肿冗赘,因此人们只有在特殊的节庆或者急难事宜的情况下才会去城隍庙中拜祝,一般人们只是把他当作众多神灵之中的一员以平常心看待的,只有那些希图升官发财的人士才会经常光顾,偶尔也有欠债的人到庙中躲避追债者,也有赌徒前来向城隍爷借钱急用的,个别乞丐也把城隍庙当作是频繁歇脚的地方。总之,从全国各地的城隍原型来看,书生型的为数不多。

在河南省鹤壁市淇滨区王升屯村,有一座明初流传下来的小庙,里边供奉着当地的城隍王升。相传,王升自幼聪敏过人,读书刻苦,习武用功,经名师传授,十八般武艺样样精通。后来任京师督军教头。性格豪爽,刚直不阿,不畏权贵,行侠仗义。据说他在京任职期间,因看不惯官场的腐败,辞职隐退故里。他学识渊博,见多识广,与黑山清宫道长和金山寺长老多有来往。又广结善缘,处处为他人排忧解难,在灾荒年景经常向过往饥民施舍。元末明初,反抗元朝统治的义军遍及大江南北。当朱元璋领导的军队经过熊镇集时,王升父子带领村民积极响应并配合大军,终于将元军头领围困在村东头的龙王庙内,逼迫其缴械投降。王升也因德高望重,威名远扬。如今以其姓名命名的王升屯至今尚存,还留有很多古代时镌刻着"王升""王升敢挡"等字样的砖石古物。

综观这些城隍神的原型,大多都是历史上的真实人物。民间在造神过程中虽对他们进行了一定程度的神化,对其事迹进行夸张和渲染,但总体上还是比较客观的。他们被奉祀为一个城市的城隍神,既反映了广大市民百姓的共同愿望,也表现出人们对他们忠烈之举、护城之功的肯定与歌颂。从一定程度上说,他们是这一城市的形象,也是这一城市的历史文化符号,是文化的使者,道德的典范,市民的骄傲,更是民族的英雄。

天下总城隍纪信

在前引自宋到明直至清人有关城隍神演变过程的大量材料及研究著述中，提及频率最高、影响范围最大、时间最为长久、认同度最高也最为普遍的一个城隍神的历史人物原型，就是西汉著名的将军纪信。在宋代，南方的镇江、庆元、宁国、太平、襄阳、兴元、复州、南安、华亭、芜湖等地，以及北方绝大多数地区，均将纪信供奉为本地城隍。从此，纪信在全国范围内享有极高的地位与声誉，从东北到西北，从华北至江南，被尊为多地城隍中的代表，也是经过历代皇帝确认并认可的十三省都总城隍。当然，还有另一种说法，但是并不普遍，也不为人们所认可，那就是明代嘉靖皇帝曾经钦封邹应龙为十三省都总城隍，以监督天下不法之徒与邪恶之辈，并加以惩罚。而邹应龙在历

图15　十二城隍西巡图

史上有过同名同姓的两个人,其中一个是南宋福建泰宁的,另一个则是明代甘肃皋兰(今属甘肃省兰州市)的,而后者则因为与严嵩为首的奸佞权臣勇敢斗争而享有盛名。

南宋官吏邹应龙,字景初,泰宁(今属福建)人。宋宁宗庆元二年(1196)丙辰科状元。中状元时,邹应龙24岁。他勤奋好学,性格刚直,历官起居舍人,以直龙图阁权知赣州,不久即迁为江西提点刑狱。后迁中书舍人,兼太子右谕德。在任户部尚书时,曾奉诏出使金国,回国后为太子詹事兼中书舍人。寻迁给事中兼太子詹事,权礼部侍郎兼侍讲,又代理工部尚书并兼修国史。擢为刑部尚书后,以敷文阁学士身份提举安庆府真原万春宫。因臣僚议论,被罢官。宋理宗嘉熙元年(1237),擢进为端明殿学士,签书枢密院事。进官资政殿学士,知庆元府兼沿海制置使。因年老引退辞职,理宗手书"南谷"二字赏赐。为官期间,刚正清廉,朝野称颂。淳祐四年(1244),因病去世,享年72岁,赠太子少保,谥文靖。总体看来,这位邹应龙仕宦之途相当平顺,在官也是循规蹈矩,虽时有刚直之举,但没有执法如山、惩治奸小的事迹,更没有保护一城百姓黎民安家乐业的政绩,明显连城隍神的资格都够不上,更别说是十三省都总城隍了。

明朝官吏邹应龙,字云卿,号兰谷,皋兰人。明世宗嘉靖三十五年(1556)丙辰科进士,授行人,擢御史。当时严嵩集团把持朝政,专横弄权,排除异己,气焰炙手可热。其子严世蕃更是凭借父亲的权势,横行无忌,"专利无厌,私擅爵赏,广致赂遗"。邹应龙不畏强暴,挺身而出,上书朝廷,弹劾严嵩父子及其一干党羽。他在奏文中揭露严世蕃为母居丧期间,不守孝道丧规:"聚押客,拥艳姬,恒舞酣歌,人纪灭绝。"大肆收受他人贿赂,巧取豪夺,民怨沸腾,请求朝廷"斩世蕃首,悬之于市,以为人臣凶横不忠之戒"。明世宗阅览了他的奏章后,勒令严嵩致仕归乡,并逮捕严世蕃等下狱。不久又将罪大恶极的严世蕃斩首示众,将严嵩革职为民,并查抄其全部家产。邹应龙也因成功弹劾权倾朝野、贪赃枉法的严嵩父子,为国为民除了大害而名闻天下。明穆宗隆庆初,邹应龙以副都御史总理江西、江南盐屯,迁工部右侍郎。当时镇守云南的黔国公沐朝弼骄横一方,为非作歹,朝廷经过商议决定派遣大臣中有威望的人前往镇守,于是邹应龙又被任命为兵部侍郎兼佥都御史,巡抚云南。他到任治所后,秉公执法,不徇私情,严查暗访,终于将沐朝弼押解回京师,依法治罪。邹应龙因铁面无私,曾经指出时任东厂太监的冯保僭位放肆,遭到冯保的暗中忌恨。明神宗万历初年,邹应龙奉命平定了云南铁索箐及拇拨等人的叛乱。后又征剿广南侬兵,为侬兵所败,巡按御史

传统信仰与城市生活·城隍

郭廷梧、给事中裴应章等人乘机弹劾邹应龙，邹应龙于是被削籍为民，后卒于家中。明神宗万历十六年（1588），陕西巡抚王璇上奏朝廷，"应龙殁后，遗田不及数亩，遗址不过数椽，恤典未被，朝野所恨"，认为没有给予忠臣以应得的尊敬，于是神宗下诏，"命复应龙官，赐祭葬"。旧时兰州就曾建有纪念邹应龙的祠堂，原市区城关区东稍门外有"邹兰谷御史故居"。邹应龙，这位敢于与权豪奸佞进行斗争的铮铮西北铁汉，虽然以《弹劾严世蕃父子疏》一文中"如臣有一语不实，请即斩臣首以谢嵩父子"的豪言壮语而为世人所仰慕钦佩，理应在城隍神的入选方面是有资格与优势的，但是与千年前的纪信相比，就大为逊色，因此他也没有资格荣任总城隍。

笔者认为，邹应龙在明朝时被嘉靖皇帝封为十三省都城隍的说法，实际上是一种民间的以讹传讹，其缘故就是人们在传播姓名与事迹时将邹应龙与纪信这两位陇上名人加以混淆，或者是一些文人在记载总城隍时不负责任地想当然，将二人张冠李戴、移花接木的后果。无可置疑，纪信在城隍神中的优先条件及优势地位是不可动摇的，只有他才最有资格和条件成为天下众多城隍神的模范与榜样。其毫无疑问地成为十三省都总城隍神的原因及道德影响与社会意义，明代兰州才子黄谏在为兰州城隍庙撰写的碑记中说得相当明确：

> 纪将军之忠孝节义本乎心，发于至诚，暴白于天下，后世是又不特所产、所著忠节之地，而天下宜通祀之也。

正因为纪信能够在生死攸关之际挺身而出，舍生忘死，捐躯救主，完全达到了《礼记·祭法》中所规定的"夫圣王之制祭祀也，法施于民则祀之，以劳定国则祀之，能御大灾则祀之，能捍大患则祀之"的入祠配享标准，故无论是人臣，还是鬼魂，都无愧于"生当作人杰，死亦为鬼雄"的称誉，足以成为天下忠臣良民效法学习的榜样与楷模，后世人们将他追封为总城隍也是符合情理的，且纪信也是当之无愧、实至名归的。

唐宋以来，一些文士诗人在对纪信表示钦佩和敬仰的同时，也对其身后未能得到封赠的不公平待遇表示惋惜，对其舍身救主的英雄行为极加赞颂，同时寄托英雄死后落寞、凄凉冷清的悲剧结局。如唐代诗人卢藏用就在《吊纪信文》中对这位千古英雄身后的苍凉境况表示哀怨：

> 身既焚兮业既昌，楚歌绝兮汉道光。君不旌兮史不扬，功不录兮殁不殇。奄孤坟兮以载葬，抑千祀兮而为荒。

北宋诗人王禹偁更是对纪信这种旷世英雄在死后得不到应有尊重的悲

069

凉境遇感到激愤,他在《荥阳怀古》诗中写道:

> 纪信生降为沛公,草荒孤垒想英风。
> 汉家青史缘何事,却道萧何第一功?

　　作者认为纪信实际上就是老天为了帮助刘邦而降生的,他当年的英雄壮举应该是汉家天下头等青史留名的事,但是如今他的坟墓上只有孤独的野草在疯狂地生长,回想当年他在战场上的英勇无畏之气概和谋略超人的智慧,萧何凭什么就能被视为头号功臣呢? 王禹偁的观点在很大程度上具有代表性,加之宋代积年贫弱,屡受外敌侵辱,更需要纪信这样能够冲锋陷阵、为国家和君主分忧赴难的忠义之士,因此在广大的北方,许多城镇都将纪信视为自己城市的英雄,也就不奇怪了。

　　而文士的这种替纪信鸣不平的声音也在极大程度上影响了民间,事实上民间也有许多有关纪信的传说故事,都对其不畏生死、有勇有谋、关键时刻能够挺身而出代主殉难的英雄事迹十分敬仰。正是由于民间与文士尊崇心理的互动,才使这种为纪信未能享受应有尊重而打抱不平的情绪不断集结,这种纪信信仰从西北关中地区逐渐向四方扩散,形成了从陇右大地向华中、江南等地强势辐射的态势,尽管至明清时期许多地方都制造出了极具地方土著风采的城隍神祇,但在民风淳朴、尚武厚德的秦陇地区,人们依然将纪信视为城隍,并延续至今。在今陕西省户县,每当过春节时,民间就有"十九堡迎城隍"的大型集体祭祀风俗活动,同时汇集各地民间文艺精英,举办非常隆重热闹的社火表演。据说这一民俗活动在当地已经延续了一千多年,清代《重修户县志》也记载道:"时每扮文武祭官,旗旄导前,骑卒拥后,高牙大势,金鼓喧天,观者云集,颇极一时之盛。"客观真实地反映出这一祭典的隆重程度和不凡规模。事实上,这种保持着原生态的民间习俗活动在全国已经极为稀少,尤其是在北方,南方相对而言还较为普遍。

　　清人方濬师在《蕉轩随录》卷五《洪武追封纪信为王》中,对纪信在明朝被官方追封为城隍、其父母妻子皆受封为王一事予以了详尽的考辨。方氏引《魏书》及《水经注》中的资料,谓纪信墓在荥泽县。又据《大清一统志》,言宋真宗赵恒景德四年(1007)驾幸西京(今河南省洛阳市),经过纪信坟冢,赠其太尉官阶。明英宗朱祁镇正统三年(1438),下诏敕令重建纪信庙,追封荥阳侯,谥忠烈,命有司致祭。文中又引河南固始县城隍忠佑王庙存洪武五年(1372)五月五日的诏敕一道,说明当时纪信被追封为护国翊汉幽明显应本县城隍、忠佑王,同时,其妻董氏被封为护国翊汉辅忠一品夫人,其父纪百栋被封为护国翊汉忠佑王,其母黄氏被封为护国翊汉辅忠一品夫人,其子纪潼也被封为护国翊汉辅忠世子,从中可见纪信"护国翊汉"是其受封赐的首要功绩。方氏又考证了当时追封纪信的主要原因,是因为朱元璋在元至正二十三年(1363)与陈友谅作战过程中也有过和刘邦荥阳被围困相似的遭遇。当时在鄱阳湖,陈友谅的勇将张定边上前侵犯朱元璋所乘的船,而朱元璋的船恰巧搁浅在沙滩上无法突围。在这万分危急的时刻,朱元璋的手下将领韩成为了保护主帅,就穿戴上朱元璋的战袍和盔帽,当着敌人的面跳进水中。趁着敌军欢呼和松懈的时机,旁边船上的常遇春一箭射中张定边,掩护朱元璋的船迅速脱离了险境。打败陈友谅后,朱元璋下诏封韩成为高成侯。又因为自汉以来纪信一直未得到官方的正式赐封,于是就对其进行官方的正式追封。洪武五年(1372)五月五日,朱元璋下诏颁敕修造庙宇,令地方和后人祭祀供奉。应该说,朱元璋在封赏韩成时,应该想到了千年之前为救刘邦而英勇献身的纪信,也许更认为是纪信的在天神灵附着于韩成身上保护了他。方氏在文中虽然对有些问题还是困惑不解,但却认为"忠祐"二字对纪信是当之无愧的。

一、忠烈殉国,感天动地

纪信的籍贯,通常认为是汉代陇西成纪(今甘肃省天水市)人。《史记》中没有对其名姓、字号、籍贯及成长事迹的介绍,只在两处记录了他为掩护被困的刘邦逃出荥阳而毅然赴死,最终被项羽俘获并惨遭烹刑的最后一幕:

> 汉军绝食,乃夜出女子东门二千馀人,被甲,楚因四面击之。将军纪信乃乘王驾,诈为汉王,诳楚,楚皆呼万岁,之城东观。以故汉王得与数十骑出西门遁。

> 汉将纪信说汉王曰:"事已急矣,请为王诳楚为王,王可以间出。"于是汉王夜出女子荥阳东门被甲二千人,楚兵四面击之。纪信乘黄屋车,傅左纛,曰:"城中食尽,汉王降。"楚军皆呼万岁。汉王亦与数十骑从城西门出,走成皋。项王见纪信,问:"汉王安在?"信曰:"汉王已出矣。"项王烧杀纪信。

这两则史实记载,在基本信息的组成方面是相似的,只不过后者将纪信的事迹尤其是其英勇为主殉难的细节叙述得更为详尽生动,在叙事手法上更加形象逼真,同时也记录了纪信最后被项羽"烧杀"而死的悲惨结局。文中人物形象极富神采,栩栩如生,语言与对话也颇有个性,生动鲜明,简洁精练,极具神韵。尤其是展现纪信赤胆忠心、谋略过人、机智冷静的性格与神态,更是逼真传神,惟妙惟肖。

在《汉书·高帝纪》中,对纪信施谋解围荥阳的事也有记载:

> 夏四月,项羽围汉荥阳,汉王请和,割荥阳以西者为汉。亚父劝项羽急攻荥阳,汉王患之。陈平反间即行,羽果疑亚父。亚父大怒而去,发病死。

图16 陕西三原城隍庙纪信塑像

> 五月,将军纪信曰:"事急矣!臣请诳楚,可以间出。"于是陈平夜出女子东门二千余人,楚因四面击之。纪信乃乘王车,黄屋左纛,曰:"食尽,汉王降楚。"楚皆呼万岁,之城东观,以故汉王得与数十骑出西门遁。令御史大夫周苛、魏豹、枞公守荥阳。羽见纪信,问:"汉王安在?"曰:"已出走矣。"羽烧杀信。而周苛、枞公相谓曰:"反国之王,难与守城。"因杀魏豹。

《汉书》中的记载与《史记》在故事情节方面大体相似,只不过信息更加全面详细,文笔更为生动细腻,而其中有关对纪信忠心救主而自赴死地的事迹描写,成为后来演绎纪信的文学作品的滥觞。与纪信前后被杀的周苛,也在一些地方被人们奉为城隍尊祀。

综合上述史料中的信息,我们可以获得纪信壮烈殉国前后的真实情况。其具体经过是:汉王二年(前205)三月,刘邦在基本平定了三秦地区之后,趁项羽大本营彭城防守空虚的机会,引领各路诸侯军队共计五十余万攻取了彭城。项羽则立即率领三万大军自齐南下,进行大规模反攻,汉军溃败。汉王刘邦在战斗中侥幸逃脱,而他的父亲刘太公和妻子吕氏却被楚军俘获。刘邦逃到荥阳,与楚军形成了对峙相持的局势。汉王三年(前204)夏四月,项羽派遣楚军围攻荥阳城。一个月后,荥阳城内粮食短缺,岌岌可危;将士们也都人困马乏,疲惫不堪。提到此景,刘邦心中万分焦急。五月,情况更加不妙。纪信相貌酷似刘邦,就对刘邦出谋划策说:"事急矣,臣请诳楚,王可以间出。"意思是事情已经到了非常危急的地步,我请求由我自己来假扮成汉王以哄骗楚军投降,这样汉王你就可以乘机逃走了。在走投无路、实无良策之际,刘邦只得采纳了纪信冒险诈降突围的计谋。他先让陈平写了愿意向楚军投降的书信,派人送到项羽营中,表达自己降楚的意愿,项羽接到刘邦的信后,当即表示同意。于是当天深夜,刘邦就派军队打开了荥阳城的东门,先派两千妇女披盔带甲,扮作士兵在前面开路,随后纪信假扮成汉王刘邦的模样,乘坐着汉王的车驾和仪仗,缓缓走出东门。纪信在车中以汉王刘邦的口吻高声喊道:"军粮已尽,汉王愿降。"楚军看见刘邦自己在车中亲口高呼投降,都欢呼雀跃,高兴万分,纷纷涌到东门进行围观。这时城内的刘邦乘此良机在张良、陈平、樊哙、夏侯婴等数十骑人马的保护下,迅速从西门逃出,往成皋方向奔逃。纪信诈降的车驾将要靠近项羽时,纪信仍然端正傲坐于车中,待项羽认出他并不是汉王刘邦而怒加斥责,并质问他是何人时,纪信笑着回答道:"我乃汉将军纪信,汉王岂能降尔?"此时的刘邦已经脱离了危险,到达了安全地带成皋。项羽派军士

图17　天水汉将军纪信祠

仔细检查和辨认了纪信后,才知道中了刘邦的计谋,顿时恼羞成怒,用大火将纪信活活烧死在了车内,埋葬在了河南荥阳城西的孝义堡。纪信尽忠殉职死后,刘邦追谥他为"忠祐",后世人称忠烈侯。后来又在顺庆建立了祠堂,将其迁葬于陕西省城固县,与西汉开国元勋萧何、樊哙的墓同在一处。明朝初年,又在纪信的故里秦州(今甘肃省天水市)新修了汉将军纪信祠,民间俗称城隍庙。而据宋代赵与时在《宾退录》卷八中的记载,在当时的镇江、庆元、宁国、太平、襄阳、兴元、复州、南康诸郡和华亭、芜湖两邑,尊奉的城隍神就是纪信。可见,将纪信作为城隍神供奉祭祀的地区,并非仅在北方,在长江流域也是相当广泛的。

二、名垂青史，英魂永存

关于纪信的籍贯，除了陇西成纪这种通用说法之外，还有另外一种说法，即认为纪信是巴郡阆中县扶龙村（今四川省西充县紫岩乡纪公庙村）人。汉高祖五年（前202），刘邦统一全国并建立了西汉政权之后，为了纪念为己忠勇献身的纪信，便在第二年即高祖六年（前201）就将纪信家乡从原来的阆中县划分出来，另外建立了安汉县。隋文帝杨坚开皇十八年（598），又改安汉县为南充县。唐高祖李渊武德四年（621），又将南充县分出，新置西充县。由于纪信为保刘安汉立下了卓越的不朽功勋，后人逐渐立庙以祀。历代王朝也对他多次进行追封赠赐，宋朝时封其为"忠佑安汉公"，元朝时又封其为"辅德显忠康济王"，明朝时又封其为"忠烈侯"。西充因此也被誉为"忠义之邦"和中华忠义文化之乡。自唐以来，许多文人和官员都留下了专门为纪信庙创作的诗文，既记录着这位忠臣备受人们崇敬祭祀的历史，也叙述着历朝历代人们对其忠勇精神的传承与发扬。唐代的卢藏用曾写过《吊纪信文》《纪信碑》《纪信碑阴》三篇文章，均收录于《全唐文》第238卷中。宋代任南充郡郡守的邵博在《纪将军庙碑记》中这样评价道："汉高帝之兴，有天命哉。方因困于荥阳，其势甚危，一时谋臣多亡去者，独将军死焉，呜呼！古固有死，贵成天下事也，若将军之死。"宋代任果州太守的杨济，也在县城西的金泉山上，书刻"忠义之邦"四字以示表彰。明代监察御史卢雍在正德十三年（1518）秋九月过灵泉寺时，作《忠义之邦赞》镌刻于驿道旁边的石壁上。赞文曰：

> 顺庆名忠义之邦，重纪信之节也。监察御史东吴卢雍为之赞。道经灵泉，僧摩崖请题。按察司佥事刘成德曰盍书是赞，从之。

> 巴人旧封，安汉故地，屹为巨邦，号称忠义。维昔纪信，委质高祖，荥阳围困，乃请诳楚。脱王之厄，甘焚其身，岂不爱身，义重君臣。炎汉开基，信功维元，当时不录，帝亦少恩。大节精忠，皎如日月，邦有若人，允矣豪杰。忠义之理，人心同具，百世而下，孰不歆慕。贤士辈出，民俗淳美，将军之风，使人兴起。我秉宪节，同爱咨询，爰作赞词，以示邦人。

明代曾任西充知县的马腾云，则在今木角乡黄桷垭竖立起了"汉将军纪信故里"碑，后碑在十年"文革"中被毁，1983年又重新刻立。清代曾任西充县令的李棠，也有《题纪将军庙》诗，云："汉业艰难百战秋，焚身原不为封侯。敢于诳楚乘黄幄，遂使捐躯重泰丘。隆准单骑从此脱，重瞳双眼笑谁酬？天今荒草空祠宇，一片忠魂万古留。"既对纪信的忠诚与勇敢极尽称赞之能事,又对其祠如今只落得空旷冷清而替忠魂抱冤屈。至今,在西充县紫岩乡,仍存留有纪公庙等遗迹,当地还有许多地名如扶龙沟、走马岭、歇马桥、望乡台等,据说也都与纪信有关。"西充八景"之首的"将军神宇",指的就是建于化凤山上的将军庙,俗称纪公庙。每年农历十月十五日,来此祭祀纪信的当地人络绎不绝,香火十分旺盛。

图18　陕西西安都城隍庙牌坊

在距今陕西省西安市25公里的南郊长安区王曲镇,有一座供奉有纪信夫妇塑像的王曲总城隍庙,是陕西、山西、山东、河南、浙江、江西、湖南、四川、广东、福建、广西、贵州、云南等十三省总城隍庙,也是西安城南第一大庙。据传最早的庙宇始建于西汉,但实际上正式修建则是在明朝嘉靖年间,而现存的建筑则全为清朝同治年间重修。庙内供奉有城隍纪信和城隍娘娘塑像,有"总隍圣帝"的匾额,并供有药王和观世音菩萨等其他道教和佛教神灵的塑像。据说纪信被项羽烧死后,刘邦感念其为救自己舍身而死,于是就追封他为主持阴曹地府的地皇,并赐黄袍加身,选择自己在上林苑打猎时休息的地方王曲镇为纪信修建地皇庙加以供奉祭祀。汉文帝刘恒和景帝刘启时,为了顺应和拉拢民心,将地皇庙改为城隍庙。庙中供奉的纪信也由地皇神一变而为城隍神,并被后世皇帝追封为总城隍,庙宇也随之升格成为总城隍庙。1949年前的总城隍庙,南依终南山,北邻神禾塬,滈河水穿流于山塬之间。规模宏大,东西长460多米,南北宽320多米,占地221亩,有影壁、山门、戏楼、钟楼、鼓楼、前殿、中殿、后殿和两侧的配殿等主体。

图19　陕西王曲总城隍庙匾额

　　建筑共有殿宇二百余间，戏楼三座，可同时容纳数千人进行祭祀和观戏。庙前有一座南北长19米、高18米的雕花避水壁，内有避水神珠一颗，据说能够阻挡滈河水冲进城隍庙。每年的农历春节、二月初八和十月十五，都要举办大型的庙会，酬神唱戏，届时烧香、拜祭与游玩的人群，前呼后拥，人山人海，香火旺盛。1936年，张学良、杨虎城将陆军军官训练团设在城隍庙中。1938年5月，国民党黄埔七分校本部也由凤翔迁入庙中。1950年，西北军政大学和随后的军事干校又把城隍庙作为校部，占用并拆毁了大部分建筑。当时有民谣流传曰："第七分校，不务正道。白天睡觉，晚上拆庙。不要砖瓦，光要木料。百姓叫苦，怨声载道。"八十年代改革开放初期，当地村民自发集资捐物，修建了现有的三间大殿，以供附近的信众进行许愿、烧香、祭拜等活动，并定期举办相当规模的庙会，其中以二月初七至初九的三天庙会规模最为盛大。民间相传，原来总城隍神像周围的土墙上还挖有十三个小洞，里面供奉着从西北十三个省份带来的城隍神像，善男信女们除了拜祭总城隍神，还要找到自己所属地方的城隍神单独祈福求善。由于规模宏大，各地商贾也纷纷来此招揽生意，逐渐形成了声势浩大的庙会，庙会上有大戏、杂耍、各地锣鼓、社火以及武术等民间艺术表演，受到广大民众的欢迎。随着改革开放的深入，王曲城隍庙会的规模也越来越大，影响越来越广泛，现如今已经发展成为一个集经贸、文化、民俗、娱乐、旅游为一体的大型交流会。在城隍庙会上，最为重要的一项礼仪就是祭祀城隍神。传统的王曲城隍庙在祭祀城隍时，先要选出德高望重的"祭官"来担任祭神工作。祭祀开始时,有赞礼者(也称礼宾)唱礼司仪,主祭人恭读祭文,祈告城隍神能为民众带来福祉,百姓感戴,又说些"财力绵薄、礼仪生疏、经验浅斟"之类客气的自谦套话,并请求神明继续保佑天下太平、五谷丰登。然后呈敬祭品,依礼致祭。最常用的祭品分为七类,每类五种,依次为土、牲、卜、炸、海、干、树。"土"寓"土生万物",多为本地土特产,有百合、山药、芋头之类;"牲"为五牲祭品,一般为猪、羊、鸡等;"卜"即点心、饼干等物;"炸"系油炸面食如麻花、果子等物品;"海"是海产品,如鱿鱼、海参等;"干"包含银杏、莲子等干果类食品;"树"则为其他水果。"摆祭"是祭祀城隍仪式中老百姓最为关注的焦点,也是村民文化素质和村社综合实力的集中体现。祭品前有一张公案,上陈城隍神位、印玺、文房四宝、签簿等物,最前面摆放着香炉、烛台和功德箱,供善男信女祭拜后纳贡。另有执事人等若干,祭记功德,并向信徒分发带有"神气"的红丝线,以示神恩广被。之后,祭祀的民众会牵来一只活羊,用煮沸的水向着羊身上泼一两下,如果羊身抖动,那便说明城隍神已经受领了民众的祭品和心意,整个祭祀活动也于此达到高潮。王曲城隍庙庙会的祭祀礼仪不但传承了千百年的传统章法,而且还汲取了大量的民间风俗,具有极高的历史研究价值。

陕西省韩城城隍庙,供奉的城隍神也是纪信。它位于韩城市金城区东北隅文庙北邻,始建于明代隆庆五年(1571),于万历五年(1577)进行扩建,此后曾经多次重建,主要建筑有琉璃九龙照壁、东西牌坊、山门、政教坊、威明门、广荐殿、德馨殿、灵佑殿和含光殿等。庙门是三门并列的正门和枝门,前面是琉璃九龙照壁,正门额书"城隍庙"三字,两侧各塑金刚神立像,四墙面砖刻"彰善瘅恶"四字。东西牌坊上各书"监察幽明"和"保安黎庶"字样匾额。仪门前的政教殿有三间,是客商居货的场所。威明门是整个庙宇建筑群的二门,面阔三间,明间辟门,次间有"槽官"和"宪天"的塑像,以示森严威武。广荐殿前有戏楼,是百姓进献祭品、烧纸供香的场所,也是观赏戏曲及各种文艺表演的地方。德馨殿前两侧有两庑,是专为县令、缙绅和士大夫准备的祭拜场所。灵佑殿是城隍爷听政形貌所在的大堂,殿内东西墙壁上绘有审判司、罚恶司、赏善司和检察司的画像。含光殿又称寝殿,内有城隍神纪信铜质坐像。每年农历五月二十一和八月十八,都要举办相当规模的庙会。

图20　陕西韩城城隍庙正殿内景

　　据说当年纪信被项羽残忍烧死后,他的最后埋葬之地却成了一个扑朔迷离的无解之谜。根据《魏书》记载,当时纪信冢已有两处:一处在齐郡昌国县,也就是今山东省淄博市张店区;另一处在荥阳,也就是今河南省荥阳市。但也有学者依据一些后人史料如元脱脱主持修纂的《宋史》、清毕沅著《续资治通鉴·宋纪二十六》记载,宋真宗赵恒曾于景德四年(1007)前往西京(今河南省洛阳市),沿途曾经过汉将军纪信的冢和司徒鲁恭的庙,于是下诏赠纪信为太尉、鲁恭为太师,明确认为纪信冢的位置是在今河南境内。还有一种说法是五代刘昫在《旧唐书》卷四《高宗本纪》中的记载,谓唐高宗李治麟德二年(665)"十一月丙子,次于原武,以少牢祭汉将纪信墓,赠骠骑大将军"。原武为今河南省原阳县,而其后颇具影响的"郑州说"则正是以此为史料依据的。综合这两种说法,应该说纪信坟墓的最后地点在河南是没有疑问的。

三、三地共祀,同昭忠义

　　就全国范围而言,如今有关纪信且形成规模的纪念地共有三处,分别为甘肃省天水市的汉忠烈纪将军祠、台湾省嘉义市的先天宫和河南省郑州市的纪公园。

天水城隍庙，又称"汉忠烈纪将军祠"，大门横匾为著名书法家于右任题写，坐落在今秦州区大城十字街口东北侧。本为秦州百姓奉祀纪信的祠堂，后又尊奉为城隍庙。初建于元朝，为成纪县衙。明初改建为城隍庙。据清代王权《秦州直隶州新志》记载："城隍庙，旧志云，成纪县故址，其创建于明初。……历年多缮葺，至光绪六年（1880）州人募资重修，始完善焉。"又据清朝顺治十六年（1659）所立《重建城隍庙碑记》载：清朝顺治十一年（1654），天水发生强烈地震，城隍庙遭到严重破坏，顺治十六年进行维修和增建。光绪五年又遭受到地震的破坏。后人分别在康熙三十七年（1689）、光绪九年（1883）和民国三十一年（1942）等年份相继进行过较大规模的增饰与重修，经过前后六次的修缮增建，最终形成了三门四进六组二十一座殿、廊、庭、楼的庞大建筑群。其整体布局以牌坊至寝宫南北方向为中轴线，主体建筑坐落在中轴线上，两侧对称修建有廊、楼等。原来还有静宫、东楼、仓帝、马神、药王、圣母等祠。抗战时期，天水著名学者冯国瑞劝时任陕西省政府主席邵力子将其所藏之陕西地方志等书籍移至天水，辟此处为"天水图书馆"，现为天水市文化馆。现存的匾额有"庇荫边陲""理幽鉴明""无感不应""惠保无疆""功成汉业""德洋恩博""除忒降祥""烈高云长""惠保全秦""诚精故明""威灵显应""神指迷津"等，多用楷体，或儒雅娟秀，或大气端庄。庙的大门是一座面阔三间、高达十多米的二级单檐歇山顶木构牌坊，巍然屹立在台基上，琉璃屋顶，四根通天大柱和四副大叉手支撑着层叠密集、精雕细刻的斗拱和雀替。通体施朱挂彩，造型雄伟，结构坚固。牌坊后为高大的灰壁朱门大门，门楣拱形，横披木刻二龙戏珠，两侧砖墙上刻有邑人邓宝珊将军摹写清人董平章的对联："楚逼荥阳时凭烈志激昂四百年基开赤帝，神生成纪地作故乡保障千万载祜笃黎民。"大门内通道两侧，各建单披长廊十二间。接长廊有一小牌坊，坊后建卷棚直廊做二门。二门内原为宽阔的三合庭院，院北正中有重门，是一座单檐庑殿顶三间两廊二层楼式的建筑，规模较大，装修精美。重门东西各配有钟楼和鼓楼。院两侧原各建有三间两层的硬山顶东西看楼。重门后，是城隍庙的主体建筑，为三间卷棚式悬山顶厦庭和三间卷棚式歇山顶拜庭。重门和拜庭之间，有卷棚直廊纵贯相连。其后高台上有单檐歇山顶大殿三间，琉璃脊瓦，飞檐螭兽，梁架结构与檐下斗拱极具明代建筑特色。殿后有小三间悬山顶寝宫。

在天水地区，至今仍广泛流传着有关纪信的故事传说。其中一则道：

公元前205年，纪信跟随汉王刘邦据守荥阳。刘邦细察纪信忠、义、勇、智、仁，处处超群，便将他提升为将军。

图21　甘肃天水汉忠烈纪将军祠

再说,西楚霸王项羽心里暗暗思谋,若不尽快消灭刘邦之势,就很难实现他的霸业。于是,项羽率领军队大举进攻,追杀刘邦。项羽兵临荥阳城下,攻打了一年有余,却不能攻下荥阳城池。

原来,刘邦在荥阳城南挖筑了一条通道,向西北直通秦时所建的敖仓。那敖仓的粮食通过这条暗道,源源不断地送往荥阳城中,供养驻军长期坚守,与楚军鼎力作战。

一年多的时光过去了,项羽心中十分纳闷:荥阳被围困了这么长的时间,汉军怎么还巍巍不动呢? 荥阳城内怎么能有那么多的粮食供这么多的军队吃呢? 项羽部下范增说:"我们包围了荥阳,只顾攻城,却忘了在荥阳西北不远处,有个敖仓,是不是通过这条暗道,把粮食由敖仓偷偷运往荥阳城内呢? 我们先攻下敖仓,再看荥阳有什么动静。"项羽采纳了范增的建议,立即派军攻取敖仓,断了荥阳运粮后路,果然荥阳城内军心惶惶,形势日渐危机。

刘邦和众臣商议,提出以割让荥阳以东之地为项羽所有,项羽不受,坚持要决一死战,消灭刘邦在荥阳城内。刘邦急如热锅上的蚂蚁,又召集众臣商议怎么办? 群臣个个相觑,束手无策。

这时,将军纪信道:"现今只得先弃荥阳,只要留得汉王驾在,往后有十个百个荥阳也能在手。"刘邦叹道:"项羽的刀刃,不眨眼地盯着我刘邦的一颗头颅,怎样才能留得吾在呢?"纪信挺身道:"汉王,你瞧我此身怎么样?"刘邦望着纪信,不懂其意,只是无望地摇了摇头。纪信又道:"汉王你看我长得像谁?"刘邦还朦着未醒,众臣望着纪信和刘邦齐道:"纪将军还真有点像汉王呀! 但不知纪将军有何良方?"

等纪信说出他的计策,刘邦当即准允,众臣叫好。是夜,纪信穿戴了汉王刘邦的衣冠,坐了刘邦的王车,诈为汉王,冲出东门,大呼城内绝食,要与霸王项羽决一死战。

楚军不备,忽见汉王刘邦杀出城来,英勇难挡,一时慌乱,立即调集攻打四城之门的军队,集中目标只取刘邦的一颗人头。

乘楚军追杀假汉王纪信之乱,刘邦改装成士兵与兵将们逃出西门,掠荒而去。

纪信以身为汉业尽忠,刘邦灭了项羽,统一了中国,正式立帝后,为纪信将军特立祠于顺庆,赐号忠右。

明朝初年,天水乡老,为纪念纪信,在他的故里秦州大城修建祠堂,尊纪信为秦州城隍。清代郡守董琴虞为城隍庙门作联:

> 楚逼荥阳时,凭烈志激昂,四百年基开赤帝;神生成纪地,作故乡保障,千万载祐笃黎民。

民国著名书法家于右任为城隍庙门题横匾"汉忠烈纪将军祠"。

在天水地区,还流传着一个与城隍神纪信有关的传说:

> 清朝时候,城隍庙重新翻修后,要在庙内书写匾额和对联。这一天,秦州城里的文豪墨客齐聚一堂,有的说该写这样的典,有的人又说该写那样的故,七嘴八舌,各执己见,一时很难定下来。这时,忽然从门外进来了一位书生打扮模样的人,他凑近看了看,便提起笔来潇洒流利地书写了一块牌匾和一副对联。大家看时,匾上写的是"节烈千古"四个大字,题款是"州主闲游题"。再看对联,上联是:"父子守三国,允文允武上为宗社同休戚,愿风调雨顺。"下联是:"兄弟分两府,全义全忠下与苍生均苦乐,希物阜民康。"正当大家齐声赞赏好字的时候,那个书生模样的人忽然不见了。等到大家明白过来,分头前后左右再去找的时候,早已没有那个人的踪影了。事后大家回头再仔细琢磨落款中的"州主闲游"之名,才恍然大悟:所谓"州主"正是城隍爷的自称,那个书生打扮模样的人,正是城隍爷显灵的化身。

图22　甘肃天水城隍庙匾额

　　在故事传说中,武将出身的纪信在显灵时却化身成了一个书生,表现出一派温文尔雅的谦谦君子风度。实际上,在全国各地,城隍的形象虽然也呈现出各种不同的身份,但最多的还是一副文官或者书生的装扮。这与中国传统文化中崇尚的"万般皆下品,唯有读书高"的文化精神是一脉相承的,在民间就更是如此。至于故事中出现的那一副对联,则既是对纪信功勋的高度概括,又是对城隍神灵应验威力的夸大肯定。这种如影随形的神灵效应,既与佛教中观音菩萨的功用十分相似,又可为百姓带来一时的安全感,更可彰显神灵的威力。作为总城隍神的纪信,当然是无所不能、有求必应了。

　　另外一处供奉纪信神位的圣地是台湾省嘉义市东石乡的先天宫,迄今已有三百多年的历史。庙中主要奉祀的神有五府千岁、五年千岁十三天王、萧府太傅、保生大帝、纪府千岁和广泽尊王等,庙宇中神灵颇众,香火也相当旺盛,其中纪府千岁指的就是纪信。先天宫最重要的祭祀大典活动就是五年一次的"王船祭",这种礼仪与五年千岁十三天王的称谓有关,但实际上举办时"五年虚,四年实",即名义上说五年,其实每四年举办一次。举办时间是在当年的农历十月十五日。这一天,村民就会将王船送出庙外供广大信徒参拜,准备恭送"客王",同时举行迎神绕境的法事,还有献艺技、设祭坛等活动项目,锣鼓喧天,鞭炮齐鸣,场面热闹非凡。而纪信只是作为庙中众多附祀神灵中的一员,虽然显得并不重要和抢眼,但这也说明了他在台湾地区的影响。因为在台湾地区,人们认可的城隍原型人物是威灵公,并且绝大多数都没有具体姓名,只通称为城隍爷。

图23　陕西王曲城隍庙

还有一处是在河南省郑州市管城回族区的纪公园。位于郑州市西北纪公庙村。庙已无存,仅留墓冢。二十世纪八十年代初,郑州市博物馆曾对该墓葬进行考古发掘,出土了铜器、铁器、玉器、陶器和车马饰等300余件文物。其中有唐以后重修庙宇和赞颂纪信的碑刻30余块,以唐大周长安二年(702)书法家卢藏用撰文并书丹的石碑最为珍贵。碑高2.27米,碑额篆书"汉忠烈纪公碑"六字,碑身隶书,字迹端利。庙后有纪公墓。

刘邦统一天下后,为感念纪信之功绩,追封纪信为主持阴曹地府的"地皇"。文景之治时,又改"地皇"为"城隍"。唐代城隍祭祀蔚然成风,各州、县地方长官每年都会祭祀城隍。宋代,城隍神更是被列入祀典,城隍神纪信也被封为"忠祐安汉公"。明代,都城府县各级广泛建造城隍庙,城隍祭祀盛极一时,而按照道教的说法:"人之正直,死为神明。"纪信遂被封为三品"忠烈侯",进而成为十三省都总城隍神。于是,在相传纪信当年曾经征战过的地方,如河南、甘肃、陕西等地的大部分府县,都把纪信奉为"翦恶除凶,护国安民"的城隍神。今西安市郊的王曲镇城隍庙,相传就是当年统领十三省都的总城隍庙。

四、文坛戏苑,不朽经典

纪信不但以城隍神的神职得到了人们的敬仰,其英雄事迹也通过各种渠道、各种方式广为流传。在前述中,我们已经看到有大量的碑传祭文、诗词曲赋等不同的文学艺术作品歌颂并传唱着纪信的英勇事迹和忠义精神，作者通过对其义无反顾、舍身救主忠烈行为的极尽渲染与生动描写，激励后人，教育来者。到了明代，随着长篇小说这一影响更为普遍而深远的艺术形式出现，纪信更是成为小说家们着力塑造的对象。明代钟山居士甄伟在万历四十年(1612)撰著的长篇小说《西汉通俗演义》八卷一百○一则，更是以高超精湛的文学笔法和通俗生动的语言演绎了秦汉之际刘邦与项羽称雄争霸的历史。在第六十四回《出荥阳纪信诳楚》一则中，将纪信替主赴难的英雄壮举描写得精彩纷呈、淋漓尽致：

却说霸王攻打荥阳甚急，汉王患之，召群臣计议曰："霸王攻打荥阳甚急，韩信大兵未回，邻近诸侯，又非项王之对，尔等有何良策？"张良曰："项王因范增死，心中急躁，如何肯罢休？况近日彭城军粮又到，似有久困之意。此城若久困，或有人献策，将荥河之水绝其上流，冲灌下来，城必破矣，如之奈何？"陈平曰："臣有一计，大王决可脱此重围，但恐无忠臣，肯为陛下赴难者。"周勃等诸将皆曰："先生何以发此言耶？我等随大王日久，虽鼎镬在前，白刃临颈，亦何惧哉！"平笑曰："非为此难也。盖有深意，非诸君所知也。"王曰："计将安在乎？"附王耳曰："如此如此。"王曰："此计甚妙。"就着张良施行，诸将皆退。

张良归驿舍，分付左右，置酒邀请诸将赴席。诸将闻良请，俱到驿舍。良出迎，礼毕，各分宾主坐定，良于中堂悬画一轴，上画着前面车内坐一人，后有甲兵数十骑追赶甚急，树林边藏一人。众将见了，不解其意，便问良曰："先生悬此图何意？"良曰："昔齐景公与晋战时，景公大败，众军尽皆遁走，止景公坐于车中，有田父御车，后追兵甚急，景公无可奈何。田父曰：'事急矣！大王当藏于林中，将王衣服与臣更换，臣坐王车，王可脱难。'王曰：'吾虽逃难，汝必遭擒，吾不忍也！'田父曰，'食人之禄，当死人之事。留臣一人，不过大林增一叶耳；若存大王，实存百姓之主，使天下受福，岂小补哉！'景公依田父之言，遂将衣服更换，逃难而去。独田父坐于景公车中，二百兵追至，见车中田父，以为景公，遂擒获见晋献子。晋献子知非景公，欲杀之，田父曰：'臣代景公而被杀，诚不足惜，但恐杀臣一人，而后来臣之代君者，惧其见杀而不肯效力也。'献子深义田父之言，乃叹曰：'臣不避难而君得免死，臣之忠也！若杀之不祥，宜赦其罪，以成其节。'田父遂得免而还。此图乃田父代景公免难，而景公卒成霸业，青史留名，至今不朽。今汉王被困，无人效田父之所为，良因悬此画，为诸君一见也。"诸将闻张良之言，皆奋然起身曰：

"父有难,子当代之;君有难,臣当代之。我等愿代王死,而出荥阳之难。"良曰:"诸君虽各有忠心,皆不似主上仪容,惟纪将军与主上相似,可以诳楚。"纪信曰:"此某之至愿也,虽冒汤赴火,亦不敢避。"张良、陈平大喜。

次日,张良引纪信见汉王,密奏纪信欲代大王诈降,汉王曰:"不可!刘邦大业未定,臣下未沾勺水之恩,今着纪将军代我赴难,我却乘便而逃,损人利己,仁者不为,吾不忍也!"信曰:"事已急矣!臣若退避,或城破之日,玉石俱焚,臣那时虽死,亦无益于王矣。今若代王之难,王得出此重围,臣留美名如泰山,今日轻性命如鸿毛耳,王不可以臣为念也。"汉王尚犹豫不决,纪信遂拔剑而言曰:"王若不依臣言,臣即自刎而死,以示无留难也。"王即下阶,抱纪信而哭曰:"将军之心,可谓忠诚贯日,千载不朽也。"因问曰:"将军有父母乎?"信曰:"有母。"王曰:"即邦之母也,吾事之。"又问曰:"将军有妻乎?"信曰:"有妻。"王曰:"即邦之妹也,吾养之。"又问曰:"将军有子女乎?"信曰:"只有一子,尚幼。"王曰:"即邦之子也,吾抚育之。三者皆邦所以为将军终身成全之也,将军无忧焉!"纪信叩头曰:"臣死得其所矣。"

张良、陈平等即写降书,差人出城报项王曰:"汉被围急矣,亦不敢割地以分关中,愿出降与霸王相见,惟望不即加诛为幸也。"左右闻差人之言,即报霸王曰:"汉王差使下降书。"项王拆书观看,书曰:

汉王刘邦顿首上书霸王皇帝陛下:臣邦蒙封守襃中,到被水土不服,思欲东归,以栖故址。不意人心苟从,志向狂荡,遂得关中之地。后值睢水之败,已丧胆矣,望望无归,依身荥阳,苟全性命,非有他图。韩信东征,皆彼自为,召之不来,挥之不去,非邦之罪也。陛下今乃大兵临城,指日可破,威武之下,斧钺难免。从文武群臣之议,情愿面缚出降,惟免一死。王若念怀王之约,昔日之情,悉赦往愆,恩沾再造。唯陛下其怜之!不宣。

霸王看罢书,召汉使曰:"刘邦几时出城投降?"使曰:"今夜即出降。"霸王密传旨曰:"若刘邦出降,比面见之时,即伏刀斧手,将邦碎尸万段,以雪吾恨!"季布、钟离昧领兵伺候。

却说陈平、张良奏汉王曰:"王当服便服,乘快马。"文武将士,各装束停当,命枞公、周苛,领在城人马把守荥阳,命纪信即将汉王华衣更换,坐玉龙车。将近黄昏,先出女子二千人,自东门陆续出城。左右报霸王曰:"汉王出女子数千,行未尽也。"霸王笑曰:"刘邦酒色之徒,贪恋妇女如此之多,何足以成大事?范增虑之过也!"

　　楚军士见汉出放女子,各门皆来东门争看,夜晚之时,挨肩擦背,遂忘其军伍行阵,诸将亦各争看,不相提防也。汉王同文武将士领轻骑衔枚出西门,望成皋而去。东门女子步行又慢,及尽,将二鼓矣。只见赤帜排队而出,纪信端坐车中,黄钺左纛,前遮后拥,蜂拥而出,公然不行君臣之礼,亦不见有归降之意。项王怒口:"刘邦定醉死车中矣!见朕不下车投见,尚端坐如木偶耶?"左右执火把望车中照看,见纪信端坐不言,左右曰:"汉王如何不言?"纪信曰:"某非汉王,乃汉臣纪信也。我汉王困久,今已出荥阳,会韩元帅、英布、彭越众诸侯,径趋彭城,拘项王家小,会兵广武,与楚愿决一战,以定胜负。早间下降书乃诈降也。今汉王已出二百里外矣!"左右急报楚王曰:"车中非汉王,乃汉臣纪信也。"备将纪信之言,奏知楚王。楚王大怒,既而复叹曰:"刘邦逃之甚易,纪信代之实难,此真忠臣也哉!朕虽文武将士,收录何止数百人,未有如纪信之忠者。"急唤季布曰:"尔可说纪信降朕,朕实爱其忠也。"季布向前大呼曰:"纪信代刘邦出围,可谓忠臣,霸王怜爱,不忍诛戮,尔当感王大恩,下车投降,仍封以重爵,尔不可负王命也。"纪信大骂曰:"沐猴无知,徒尔妄想!丈夫事主,忠心不二,此头虽断,而浩气冲天,金石不磨也!生为汉臣,死为汉鬼,烈烈之志,岂汝言可感耶?"楚王闻信言,知其不可易也,遂命执火把者,各举火焚车,但见烈焰之中,众军士闻纪信骂不绝口,须臾焰既灭,车与人俱成灰烬矣!却说霸王焚了纪信,杀败汉兵,急差季布、龙且领精兵一万,追赶汉王。

图24　甘肃天水城隍庙纪信塑像

小说以细腻生动的文笔,既真实地塑造出了纪信这一在危急时刻能首先为人主考虑并敢于出生入死、将个人安危生死全然置之度外的良将忠臣形象,又对霸气十足的项羽、谨慎多智的刘邦之复杂性格刻画得逼真传神,情节丰富而曲折,语言简练而铿锵有力,极大地丰富和扩充了这一故事的内容,深化了其道德内涵,具有深刻的教化意蕴。

在我国品种繁多、风格各异的文艺表演形式中,有关纪信题材的作品主要集中在戏剧和曲艺方面,精品较多,质量上乘。元代,山东东平人顾仲清创作的《荥阳城火烧纪信》杂剧,就是同类题材文学作品中的代表作。此剧本已佚,具体关目不详。明代钟嗣成的《录鬼簿》著录,天一阁本别作《楚霸王火烧纪信》,朱权《太和正音谱》,臧懋循《元曲选目》并作《火烧纪信》,本事见前引《史记》和《汉书》中的相关记载。大概情节叙述西楚霸王项羽在楚汉相争中围困汉王刘邦于荥阳,汉王请求议和,并答应割据荥阳以西者为汉。亚父范增规劝项羽应急攻荥阳,汉王为此相当烦恼不安。陈平使反间计,挑拨项羽与亚父范增之间的关系,使项羽对其产生疑心。范增大怒,离开了项羽,后来发病而死。荥阳城内的守将兵士,连日来进行抵御,已经是筋疲力尽,情况万分危急。将军纪信入帐参见汉王,密告说:"大王困守孤城,已有数日,现在敌势甚盛,城内兵少粮空,定难久守,为大王计,不如脱围他去,方得自全。但敌军四面围困,毫无隙路,须要设法诳敌。臣愿以身替王,只说是出城投降,好教敌军无备,然后大王可以乘间出危,不致危险。"汉王不忍心要他这样做。纪信又道:"大王若不用臣言,城破后,玉石俱焚,臣虽死亦有何益。今只死一臣,不但大王脱祸,就是许多将士亦得全生,是一臣可抵千万人性命,也算值得!"汉王还是迟疑不决。纪信愤然道:"大王不忍臣死,臣终不能独生,不如就此先死。"说罢,拔剑在手,准备自刎在汉王面前。汉王慌忙下座,把他阻拦住,并且哭着向他说:"将军忠诚贯日,古今无二,但愿天心默佑,共得保全,更为万幸。"汉王于是召见陈平诈写投降书,嘱咐使节干吏出城,赍书来谒见项王。双方约定,当夜出城投降。于是陈平乘着夜晚,出东门二千余人,楚军从四面进行围击。纪信乘着汉王的车,黄屋左纛,说:"食尽,汉王降楚。"楚军都高呼万岁,并且跑往城东观看。由于纪信的掩护,汉王才得以与数十骑从西门出而逃脱。出逃之陈,命令御史大夫周苛、魏豹和枞公留守荥阳。项羽见到纪信,问:"汉王安在?"纪信回答:"已出走矣!"项羽得知上当受骗,恼羞成怒,于是下令烧死了纪信。此剧在情节细化方面大大丰富了原史书的记载,生动地刻画出了刘邦、纪信、陈平、项羽等人物形象,真实地再现了当时的情境与场景,为这一题材作品的创作提供了可资参考的宝贵经验。

在地方戏中，表现纪信忠义殉主的戏主要以中原地区的各种剧种为主，如河南豫剧《火烧纪信》、南阳大曲调子《火焚纪信》等，都是当地戏曲中的精品名作。尤其是豫剧《火烧纪信》，又名《纪信替主》《困荥阳》，现河南省戏剧研究所存有陈殿三口述本。演楚汉战争中，霸王项羽围困汉王刘邦于荥阳城内。张良、陈平等定计，从群臣中欲找与刘邦相貌相似者替主而死，最终选中纪信。纪信面带愁容，回府告知母亲、妻子。其妻劝母亲去见刘邦，刘邦赏封纪信全家，与纪信换装而逃。纪信被项羽困住，用火烧死。演唱方面为须生应工，是著名豫剧艺术表演家张小乾（1887—1942）的拿手戏"三烧"（烧绵山、烧战船、烧纪信）之一。张小乾在演唱过程中善于把握人物丰富复杂的内心世界，通过唱、念、做等表演，把纪信这位英勇忠诚、敢于替主而死的历史人物刻画得淋漓尽致、生动传神，在豫西一带享有"活纪信"的美誉。此剧后来也成为豫剧中的经典剧目。另外，秦腔剧目中有《困荥阳》，又名《火化纪信》《纪信替主》，有民国西安"德华书局"刊行同名改良本，又有陕西省艺术研究所藏杨春生口述抄录本。四川省自贡市在清乾隆元年（1736）所建的西秦会馆戏楼中有秦腔此剧的木雕。该剧为须生唱工戏。演秦末时，项羽困刘邦于荥阳城。张良用计，邀众将赴宴，用春秋逢丑父救齐顷公事，激劝纪信。纪信用乔装刘邦出会项羽，刘邦得以逃脱。项羽察知，用火烧死纪信。川剧中也有同名剧目。京剧有《取荥阳》，一名《火焚纪信》，又名《楚汉争》《纪信替主》。许荫棠、马连良均曾演出。后又有加演《纪母骂刘邦》者，故事梗概为刘邦破楚，大宴功臣，随何向刘邦陈说纪信荥阳替死之功，刘邦反称纪信假扮天子有罪，死不深究。随何愤而往告纪母，纪母怒至金殿责问，刘邦佯推酒醉后戏言，乃重加封赠，以安众心。另徽剧、滇剧和汉剧也有同名剧目。而在一些地方小戏中，也有大量作品存世，尤为珍贵。如贵州梆子剧目中就有《火烧纪信》。兹以流传于江淮地区的香火戏为例，抄录其中神吊《城隍》和汉忏《纪闰》（《城隍忏》）如下，以飨读者。神吊《城隍》云：

众神祈告众之神，拜请城隍赴坛门。

问起吾神家不远，有州有县有家门。

家住灵山大国寺，雪山顶上是家门。

父姓纪来纪家子，母是看经念佛人。

所生老爷人一个，纪闰就是本官名。

先念小书《百家姓》，后写红模上大人。

习的春秋周公礼，读的圣人古书文。

七岁攻书到十六，文武高强去从军。
只因高祖争天下，刀兵四起不安康。
楚汉相争天下乱，老爷投军保刘王。
韩信总督为元帅，参政军事张子房。
老爷战争功劳大，刘王敕赐为上将。
御驾亲征荥阳县，君臣被困城中央。
汉王高祖荥阳困，外无援兵内无粮。
刘王天子无可奈，召选能人解危场。
有人能救孤王命，官上加官职不轻。
有个忠良名纪闰，此人猛勇最为能。
他有真心去救主，金銮殿上启奏君。
不如用个勾虎计，金蝉脱壳脱离网。
臣与我主是一样，一般模样一般同。
我主龙袍来脱下，方能脱得此难星。
汉王听说心中喜，龙袍换与纪将军。
纪闰系得停当了，行兵只身挡桥头。
东门溜走汉高祖，西门杀出纪将军。
两下交兵杀一阵，战斗输了汉朝臣。
将军失笑齿外露，汉王失笑不露齿。
敌将识破替身计，被他识破假和真。
听说大王假装的，当时拿住纪将军。
就把纪爷来绑起，干柴架起火来焚。
纪闰护国抗命死，舍死忘身救主公。
汉王天子登金殿，想起恩臣纪将军。
不是此人将我救，孤王怎能坐龙墩。
传到表章江南去，晓谕江南各省人。
装起城隍真本相，两廊房坐恶凶神。
若有人家做善事，开口就把城隍尊。
弟子今日家求寿，拜请城隍受香灯。

城隍忏《纪闰》云：

众神启告仲之臣，请忏老爷县城隍。
家住灵山大国寺，雪山东北纪家庄。
父亲名叫纪信春，母亲张氏老萱堂。

万贯家财多豪富，缺少香火后代郎。
东烧香来西拜佛，求子愿生感上苍。
天差金童归下界，投在纪家作儿郎。
安人梦吃仙桃子，六甲怀胎在身上。
太太怀胎十个月，房中生下小儿郎。
三朝烧过解魇纸，忙坏父母人一双。
小名叫作纪香保，聪明伶俐貌堂堂。
一周二岁娘怀养，三周四岁在娘旁。
一周六岁贪玩耍，七岁上学念文章。
入学官名叫纪闰，习文习武耍刀枪。
寒来暑往十八载，文武双全成名扬。
父母双双归西去，老爷自主把家当。
只因高祖争天下，刀兵四起不安康。
楚汉相争天下乱，老爷投军保刘王。
韩信总督为元帅，参政军事张子房。
老爷征战劳功大，刘王敕赐为上将。
御驾亲征荥阳县，君臣被困城中央。
远困高祖荥阳县，外无援兵内无粮。
刘王天子无可奈，召选能人解围场。
谁人能救孤王驾，加官晋爵为侯王。
张良先生忙启奏，口称公主汉刘王。
不如用个调虎计，金蝉退壳脱离网。
营中大将名纪闰，面貌倒像万岁王。
主公与人龙袍换，鱼目混珠把城闯。
以假充真真充假，以虚代实转朝纲。
刘王听奏心欢喜，先生妙计赛吕望。
忙写诏书来召选，老爷奉诏参君王。
主公龙袍来穿起，领兵率将把城闯。
老爷杀出西门外，东门杀出汉刘王。
汉王天子回朝转，敌兵苦困假刘王。
辰时困到申时后，老爷杀得露真相。
敌兵识破替身计，关中放起火来扬。
火里烧死假刘王，为国捐躯把命亡。

刘王天子心难舍,御笔敕封把官封。
阳间敕封忠烈侯,阴曹地府封城隍。
敕封城隍忠佑伯,千门万户人烧香。
行善之人添福寿,作恶之人命不长。
人死先走城隍庙,老爷先审第一堂。
惟恶浮山为人主,访察人间善与良。
偷牛盗马剜心肺,奸巧刁顽上夹床。
绝天骂地已受过,作践五谷染瘟癀。
忤逆父母遭雷打,占人田地不久长。
奸人良女遭恶报,骗人银钱变牛羊。
不敬祖宗绝后代,狠人好比雪泡汤。
大斗小秤用不得,拐蒙骗旋剖肝肠。
撮人唆讼上夹棍,暗中伤人命不长。
说谎道白敲牙齿,吃人白食锉骨扬。
欺善怕恶遭凶事,推下火炕把命亡。
滚汤锅里翻白浪,煮的屠户开炕坊。
杀牛宰马刀山戳,暗地伤人己不长。
毁挖孤坟绝后代,打僧骂道不久长。
牛头马面奔波走,访察人间奏城隍。
为人莫赌牙痕咒,功曹记在簿子上。
酒后不可乱许愿,神灵追究怎消帐。
有钱莫说过头话,菩萨无私不相让。
善恶判官执条例,为非作歹定罪章。
善人赐个平安福,恶人定罪刑难当。
启奏城隍忠佑伯,各府州县立庙堂。
人间若逢疑难事,祈求城隍作主张。
世人生死分善恶,又能添寿又能长。
生有时辰死有定,未曾注生先注亡。
虽然生死有定数,十恶难赦(原作"舍",引者据文意改)命不长。
人间犯下无头案,官衙到庙问城隍。
监察神灵到处有,瞒心昧己要遭殃。
凶手只说能逃脱,阴魂缠绕难躲藏。
自古好心有好报,作恶难逃五阎王。

祝忏城隍忠佑伯,保佑患人寿延长。
三月初四神生日,千门万户人烧香。
高斟银壶熟献酒,祈求患人保安康。

华夏神州数隍庙

城隍庙,民间一般都亲切而又敬畏地简称其为隍庙,而将其中供奉的城隍神也称呼为隍爷。作为一位城市专门保护神灵的永久性居住处所,城隍庙一般都建造于该城市的几何中心或其他重要地理位置,大都有由数量众多且大小、高低层次错落不一的各式殿宇组成相当规模的建筑群,在城市整体布局规划方面所处的地位相当显赫而醒目。基于此,全国各地的城隍庙基本上都建造于每座城市主城区的中心位置或重要区域,而且都距离本城流动不涸的纵横水系较近。但是也有少数州县的城隍庙,尤其是一些偏远地区的县城,出于城市规模狭小、人口不多,城隍神往往与其他神祇聚居一处,共处一院,显得格外寒酸,有的也不为人重视,甚至有的不在主城区或城内而居于城外,也有个别地方的城隍庙不止一处而有两处甚至更多的情况,出现这种情况大多是因为在城市扩建中既易地新修又保留原有的庙宇的缘故,少数也有特殊缘故。例如,天津市静海县的城隍庙就建造在城外,算得上在全国是独一无二的。静海县的城隍庙原来是在县城的西南方位,到明代万历二十四年(1596)静海知县曹重进行建造时就将其移到了西门外,后来又由本县元姓人家捐资扩建。庙宇坐北向南,占地5亩,建筑有山门殿、城隍大殿和城隍内宅。清代咸丰三年(1853),曾遭大火焚毁,后又加以修复。至于因何建于城外,据说与明代崇祯年间曾任河南巡抚的本地人玄默有关。一般说来,城隍庙应属城隍神的专有寺庙,不应与其他神祇杂居混住,在较大的城市里都是独立的建筑群,而且居于高台之上,显得分外引人注目。但是有些城镇尤其是较为偏远而贫穷落后的小县城中的城隍庙,由于受到本地人口少、经济落后等条件所限,就被迫使城隍与其他杂神共聚一院,只是互相以享殿加以区分。如陕西省西安市长安区鸣犊镇西郊的法音寺,因为历史上曾经存在过城隍殿而称城隍庙,又因有过瘟神殿而称瘟神庙,1993年虽改名为法音寺,但民间还是习惯上称其为瘟神庙。在这座庙宇里,城隍殿就与大雄宝殿、三圣殿、佛母殿和瘟神殿并列相处,每年三月初九都有规模庞大的庙会,但是举行的许多具体法事与祈祷活动都是针对瘟神的,如上香、唱戏、捐资等,还有人们给瘟神爷送来的纸衣、纸帽、纸鞋、纸船及各种花馍食品,城隍爷只能跟着沾点光了。又如甘肃省榆中县青城镇二龙山寺中的城隍宫与三圣殿、文昌宫也是并排建造,且共用一座戏台,也属于这种情况。这种多神和谐共处的现象,在民间宗教信仰的建筑格局中较当普遍,尤其是在那些比较偏远或贫困的小县。但是,即使在一些小城镇,城隍庙的规模相对其他神而言,由于有地方官员频繁光顾与百姓定期祭拜,还是相当风光的,举办的庙会也是颇具影响力的。清人潘荣陛在《帝京岁时纪胜》中就描述了都城隍庙中"百货充集,拜香络绎"的繁荣景象。

一、隍庙的建筑格局

城隍神被官方定位为各级行政司法的神灵,城隍庙也就是城隍神督办和审理各类民事案件的专门办公场所。各地城隍庙随着城隍神的官阶不

图25　甘肃榆中青城城隍庙

同,规格也有所区别。总体说来,都城隍庙的规模最大,全国也不过只在北京和南京等少数城市有,府城隍庙的规模次之,一般都是在较为重要而处于枢纽地位的城市修建,有的郡也有与府地位相当的庙宇,而县城隍庙可谓是最为基层且数量最多的隍庙建筑,其规模也与此县所处的地理位置及经济发达程度相对应,情况复杂,基本上依据的是因地制宜、入乡随俗的原则。但是,俗话说:"麻雀虽小,五脏俱全。"又说:"衙门大小,堂事一样。"因此,尽管在我国,南方与北方的城隍庙因为环境、气候等因素的不同,在布局、建筑式样及审美风格各方面都表现出一定的差异,但对神灵的崇拜与祭祀等方面基本上是大同小异的。

就建筑布局来说,北方的城隍庙一般都仿照当地民居式样,呈四合院庙宇式建筑,基本上都依山势修建在位置较高的平台上,配以宽长而密集又逐级而登的台阶,以突显高大雄伟的气势。在方向上大多坐北朝南,依山傍水,在中轴线上依次分布有山门、大门、二门、正殿、后宫及左右两边厢房等主要建筑,有的还使其他神灵的配殿与城隍共处一院,形成规模更为庞大、功能更为齐全的综合型院落连套式建筑格局。

在南方,由于城隍神崇拜与城隍庙修建大都处于明清时期,这时期又恰好是南方经济在总量上已经大大超过北方的时期,因此南方修建城隍庙(祠)的热情更高,建造数量与质量也普遍得以大幅度提升,保存与维护工作也相对做得更为细致,现存建筑绝大多数都完好无缺,一些宗教礼仪与民俗活动也没有间断,历史传统更为悠久,信仰习俗也源远流长,而城隍庙分布的数量与密度也在全国首屈一指,不但对于研究宗教信仰、民间习俗,而且对于建筑学、美术学甚至生态学等方面,都是不可多得的实物资料,具有极高的研究价值。

二、雄伟的北方隍庙

北方各地建造的大小城隍庙建筑群,在建制上基本定型于明代。大体说来,如果从正门算起,从前往后,依次建筑为:

大门及两侧二门(仪门)。城隍庙的大门一般都高大巍峨、雄伟壮观,呈牌坊或阁楼式建筑,正中门头悬挂有名人题写的"城隍庙"或"显佑伯庙"匾额,有的也直接挂写有"你来了"或"你来了么"的匾额。大门两侧有威武雄壮的石质或铜质蹲狮一对,气势非凡。一般都砌有多级石阶,以增加立体感。

大殿,也称正殿。是整个城隍庙的主体建筑,一般都有稍高的台基,殿内正中塑有高大肃穆的城隍神坐像,两旁分列有判官、牛头马面、黑白无常等鬼卒的立像,四面墙壁上多绘有以冥间场景或因果报应等为内容的壁画。城隍神像供桌上常年陈列着由信徒们供奉的新鲜果品,有四季香烟缭绕不绝的烛台与香炉,一侧或正中配有"广种福田"的功德箱,地上铺有供信徒叩首祭拜的拜垫,有的供桌前还有供信徒抽签占卜用的卦签筒和解签簿。

寝宫,也称寝殿或后宫。是为城隍安排的整个家庭日常起居的生活场所。正中大厅塑有城隍爷和城隍娘娘的并排坐像,两边厢房是他们的卧室,一切起居所需的日常用品一应俱全,有的庙里还塑有城隍小姐的神像,充满着浓厚的世俗气息和人间生活的浓郁特色。有的城隍庙后院还有供城隍小姐居住的绣楼以及消遣游乐的花园水榭,种植有四季花卉,各种树木点缀,俨然人间大户人家的设计模式。

图26　陕西三原城隍庙牌坊

役房,也称作功曹、科房。是城隍爷每日上殿具体办理各种事务的场所。正中摆放着一张大桌案,桌面上摆放有功德簿、朱笔、砚台、令牌和惊堂木等办案用具,两边塑有狰狞可怕呈现出各种形态的拘魂鬼、判官和黑白无常等手下皂隶衙役,威严肃穆,阴森恐怖。

化褚炉,也称通天篆。一般置于正殿外的空地上,专门供信徒们焚烧纸钱、纸锭等,有的旁边还提供有焚香的香炉或香架。

戏楼,也称乐楼、戏台。一般的城隍庙都有相配套的戏楼建筑,多为二层阁楼式,有的也依正门背面影壁而建,三面凌空,有的则呈独立建筑,筑于高台之上,与城隍神所处的正殿相对,戏台的台口平面要正对城隍神殿大门,方便神灵观赏。院内中间场地空阔,可容纳数百人同时观看。平时没有演出活动,只有在城隍诞辰或者三巡会期间才演出名家名班的戏曲,有时候也会在敬神、祈雨、酬神等临时安排的特殊活动中请来戏班唱戏,是方圆老百姓进行和参与文化娱乐的重要场所。

图27 陕西三原城隍庙正殿外景

　　钟楼、鼓楼,一般都位于正殿的东西两侧,呈二层阁楼式,按照晨钟暮鼓的原则,钟楼在东,鼓楼在西,负责报时,并时刻提醒和警告那些懒惰之人时间的宝贵。钟楼和鼓楼的高度相对都比较高,通常处于整座城隍庙建筑的最高位置,"取其悬高而听远",也就是能够更远更清晰地向附近居民传递时间信息,指挥城中人们的生活节奏与出入作息。

三、秀美的南方隍庙

　　南方的城隍庙既广又众,在建筑形制上虽与北方没有根本性区别,但在整体布局和殿宇的设计上更加繁杂琐细,极具地方特色。现以福建省闽南地区为例。

　　闽南地区的城隍庙在格局上大多都是四进三开式,左右有龙虎墙环抱,

外围有多间厢房,庙前有高高的戏台,最后为大士殿,四周再以高墙包围,规模宏伟而庄严肃穆。在空间规划上,则多是以三川殿、拜殿和正殿连成一线成中轴线的配置,尤其是从拜殿到正殿的沿路往往设置有重重漆为红色而呈尖锥形的列柱,有意营造出一种阴森肃杀、威严恐惧的气氛,增强了神殿的整体神秘感。

一进入城隍庙,首先映入眼帘的就是三川殿。三川殿指前殿,有三个门,建筑的屋脊一般都设计成中间高而两边低的三段,形状如流水的波浪形,因此称为三川殿,在功能上与佛教寺院中的接引殿大体近似。三川殿上一般绘有门神,通常门神都由阴曹地府中的牛头马面等担任,而在闽南地区的城隍庙里,门神多由朝官、衙役、神荼或郁垒担当。在三川殿中,两边都有显示城隍神主持公道正义、惩恶扬善内容的各种楹联,如"问你平生所干何事?图人财,害人命,奸淫人妇女,败坏人伦常,摸摸心头悔不悔?想从前千百诡计奸谋,哪一条孰非自作?来我这里有冤必报!减尔算,荡尔产,歼灭尔子孙,降罚祸淫,睁睁眼怕不怕,看今日多少凶风恶焰,有几个到此能逃!""阳间官刑虽幸免,阴司法网总难逃。""到此阴阳判,应知善恶明。",等等,对进入殿中的信徒进行警示。有的大殿中的横梁或屋顶上设计有一个硕大的算盘,上题"不由人算"四字,提醒世间所有的人,无论行善作恶,都有被彻底清算的一天,城隍正是通过这把算盘进行加减乘除,使善有善报,恶有恶报,时机一到,善恶全报。这种算盘模式的设置,彰显出城隍信仰强大的教化惩戒功能。

正殿是城隍神正式处理政事的办公场所,因此在空间设计与摆设配置方面都仿效阳间官衙的办公大堂且相互对应。正殿的正面为神龛,供奉着

图28　上海城隍庙中的大算盘

城隍神的威严塑像。尽管各地城隍在塑像上略有差异,但是基本上都以文官装束为主,赤面蓄须,头戴官帽,身着官袍,表情严肃。在塑像的法相上则参照佛教做法,将城隍的塑像也按分身法相来塑,其中最大的就是正殿居中的都城隍,其次还有一些分身,主要用于出巡时作为替身,有的旁边还有官轿。城隍神龛前的案桌上,一字排开摆放着朱笔、砚台、官印、笔山、笔洗、文书、惊堂木和令箭筒等办公用具。左右两侧各陪祀有文判官和武判官,还有排爷、牛爷、马爷、枷爷、锁爷、七爷、八爷、虎爷以及六司爷等各级各类幕僚人员的立像。判官最早出现在唐代,本为地方长官的幕僚,其职责就是协助地方官吏处理政事。明清两代,改称典史。判官分文、武两职。文判官一般的造型都是白面书生,一手持朱砂笔,一手持生死簿,专门负责调查百姓在品行方面的善恶,承担文书记载事务。武判官一般的造型则为将军模样,手执钢鞭、铜锤等兵器,负责执行文判官的审判决定。许多庙中供奉的阴阳司公,其职责就是辅助城隍督查阴阳两界,进行明察暗访。由于他们对阴间和阳间都要督查,因此将他们的脸部塑成黑白各一半。此外,还有许多具体的办案人员,如排爷相当于衙门差役的头领,俗称班头爷,专门负责执法行刑。牛爷和马爷又被称作牛头马面,本来自于佛经中对地狱狱卒的描述,后为道教所用。牛头马面主要负责在亡魂至阴间必经的奈何桥两侧进行监视,遇到作恶多端者经过时,就要将其推下奈何桥让其受尽各种痛苦与折磨,同时也负责到阳间押解寿终正寝者往阴间阎王冥府处报到注册。枷爷和锁爷俗称金银将军或大小鬼,类似于官府衙门中的捕快和禁卒,造型多为青面獠牙,丑陋凶恶,其主要职责是将城隍审结的亡魂与及其相关公文移送至阴间阎王处备案执行。七爷为白无常,又称谢将军,闽南人一般称呼为大爷或"高爷",本名谢平安,白脸,身材瘦高,吐长舌,戴有一顶上写"一见大吉"四字的高高帐帽,左手拿火签,右手执羽扇。八爷为黑无常,又称范将军,闽南人一般称呼为二爷或"矮伯",本名范无救,黑脸,身材矮胖,戴有一顶上写"善恶分明"四字的四角方帽,左手拿锁链,右手执虎牌。七爷与八爷都是勾魂鬼,虽然在职务上属于将人犯押解到阴间受审的衙役捕快,地位不是很高,但对人的威慑力却很大。传说阳间的人在寿命即将尽终时,阴间阎王便会派七爷和八爷去勾摄他们的灵魂,而人的灵魂一旦被勾走,就会立刻死亡,故七爷和八爷又被人们称为黑白无常。所谓"阎王叫你四更死,不敢留你到五更。"就是对他们勾魂摄魄行为的形象描述。黑白无常经常出没于阴阳两界,主持人间的公平正义,也传达阎王的生死命令,给人间造成了强大的震慑力和恐怖感。其实,他们虽然相貌凶恶,但在南方的民间传说中却

是一对友善和睦的结义兄弟。据传说,有一天,两位爷出门办事,突然遇到天下暴雨,七爷要八爷稍加等候,自己回家取伞。不料七爷走后,大雨倾盆,河水暴涨,八爷不愿失约,就在原地等候,直到被洪水淹没而死。取伞的七爷赶来,见八爷刚才站立等候的地方已经是洪水滔天,不见了八爷的踪影。七爷见此情景,痛不欲生,也自缢于河边。阴间的阎王为了表扬他们二人间的情谊,就令他们二人在城隍神旁供职,专门捉拿那些不法之徒。虎爷是镇守城隍庙的兽神,一般都在神龛下奉祀。民间因为有虎爷会"咬钱"的说法,因此又将其视作财神来供奉,其实这是受到了道教中黑虎财神赵公明传说

图29 城隍庙悬挂的大算盘

的影响而导致的。虎爷的造型不一,有的威猛凶恶,更多的则是嘴衔铜钱的顽皮憨态。城隍神在出巡时,常常会带着虎爷降妖除魔,其职能与二郎神的哮天犬有些类似。在城隍庙中,还有阵容庞大、名目繁多的各司职能部门,负责各个方面的具体工作。

四、隍庙的日常管理

对城隍庙的归属与管理,通常都以官方与民间双重管理为基本模式。至迟在唐末五代时期,道教就已经将城隍纳入了自己的神谱序列之中。唐懿宗时的道士杜光庭在其编纂的《道门科范大全集》中,就已经在斋醮请神

仪式中开列出了城隍的法位。明代以后,城隍神更是成了道教信徒遵奉的主要冥界神灵之一,其神庙的日常管理工作也多由道士或民间推选的庙官主要负责、管理和维持。但是在更多的条件简陋、规模较小的州城或县城,城隍庙却是由地方信众自发进行管理的,更多城市由在本地颇有威望的富商、绅士和百姓代表组成董事会的组织,负责庙宇的日常事务管理规则的制定、祭祀活动日程的组织安排、活动经费的筹措及新修葺补等方面重大事项的决定,而日常杂务则由一些热心的信徒自愿参与、义务承担。由于城隍成为道教法事活动中的重要神祇,因此许多法事都需要城隍到场,如超度亡魂、求雨祈福等,甚至其他与城隍并不相关但却在城中举行的法事活动,结束后都要发放"回牒",以表示对其作为一城之主协助之功的感谢。后来还有了《太上老君说城隍感应消灾集福妙经》这样的专门经文,更是说明城隍被道教全面接纳吸收并最终成为其中一员的本土化结局。

有的城隍庙,还为城隍神组建了一个完整美好、充满生活情趣的神仙家庭。神庙内不但有城隍爷的塑像,还有城隍娘娘的塑像,甚至有的还塑有城隍少爷和城隍小姐神像,庙后还有供游玩的花园。关于城隍夫人的说法,宋代就有。元文宗天历二年(1329),朝廷为了照顾城隍的起居生活,使城隍不再孤独寂寞,正式对城隍夫人进行封赐。在闽南地区,有的城隍庙还配祀有大少爷、二少爷、大小姐、二小姐等,俨然一个和谐幸福美满的官府之家。根据顾颉刚先生考察广东东莞城隍庙时所绘的图所示,我们可以看到,广东东莞城隍庙门外左右两边有包台,进入大门、二门后,楼上有戏台,再进是正殿前院,在院子两边有十王殿,右边排第一至第五位,左边排列第六至第十位及东岳,在六王殿相连处有猪雀大王和牛王大将,再进里就是左右各排列的其他神像,右边依次排列着长寿夫人、鸡谷夫人、金花夫人、媒公媒婆和无常爷五位,左边依次排列着追魂童子、青驱夫人、九天玄女、磨地夫人、华岳夫人和都土府,然后才是城隍正殿,供奉着城隍与城隍奶奶,还有十二位奶娘,两边又有城隍少爷和城隍小姐塑像。在整个城隍正殿的前方有一宽阔的院子,靠右是退病大王、包公丞相和转运将军,最后在整个庙宇的东北角有一神殿,三面依次排列着阎罗天子、十二天尊、北帝宫、劝善太师、救苦天尊、地藏王、六祖禅师、齐天大圣、华光大帝、玄坛元帅、财帛星君、当年太岁、车公大将、急脚先锋、洪山救主和三痘相公等众神。从其布置的格局可以看出,城隍的手下属将是居于主导地位的,因此他们都处于前院,有利于百姓祭拜烧香,而后院才是城隍的私人居所和生活空间,没有特殊的许可,一般人是不可能亲自面见城隍的。而一些杂神,则处于更为隐蔽而偏僻的角落,只是

华夏神州数隍庙

HUA XIA SHEN ZHOU SHU HUANG MIAO

作为城隍庙的一种补充与备用。总之,我们在城隍庙中看到的是一种冥府综合办公的盛大场景,各路神仙云集于此,使得百姓有求必应,逢凶化吉。有的地方也将城隍与当地的山神、土地共同安置在一处庙里,加以供奉。

图30　城隍娘娘塑像

奉祀城隍神的日期,据《诸神圣诞日玉匣记》(一名《增补诸家选择万全玉匣记》)记载,明代选定五月十一日为都城隍圣诞日。不过,由于各地的城隍神多有功于民,例如苏州城隍神是春申君、上海的城隍是秦裕伯,他们的生日也并不在同一天,因此各地城隍庙中城隍爷的圣诞日不尽相同。在每年的清明节和中元节两天,还要将城隍神的金身抬出城隍庙,全副仪仗,吹吹打打,出巡市街,督查四方。在民间,每逢元旦新年、春节以及每月的朔望之日,进入城隍庙的大量香客信众都会自愿烧香、祭拜、奉祀,祈祷健康平安、发财致富。每逢正月十三至十六日的元宵佳节、五月十九日的城隍寿诞、六月初八日夫人妈祖的生辰以及清明节、七月十五日中元、十月十五日的祭孤等重大节日,城隍庙都要举行隆重而热闹的庙会活动。这些庙会,由于其规模大、范围广、人数多、时间长,节目表演也相当丰富,再加上各种类型的商品交流与物资贸易活动的参与,更是成为一年之中少有的盛大经济文化娱乐活动,构成城市文化中一道丰富独特而绚丽多彩的风景。

图31　杭州吴山城隍庙

在南方的广大地区,城隍庙每年都要定期举办一些有关钱、米、衣服、棉被、医药和棺木等的施舍活动,吸引大量民众踊跃参与,出资捐物。府城隍庙每年在农历腊月二十五日举办一次规模较大的施舍活动,每月的初一和十五这两天也都有小规模、小范围的临时施舍。有的时候,还要举办一些为他人主持公道、排忧解难、化解矛盾纠纷的临时咨询活动。每年的除夕之夜,在府城隍庙的戏台上,按例都要上演一场木偶"鲁戏",以迎接新的一年的到来。有些举债而无力偿还的人,往往在腊月三十日晚上有家不敢归,无法与家人团聚,走投无路时只得躲进城隍庙整夜看"鲁戏"来充当守岁。有时也会有一些家境富裕而乐善好施的积德之人,会在年节时分派遣仆人捎带上内装有银钱的"红包",悄悄地分送给那些穷苦人家,以帮助他们渡过年关佳节。

五、北方城隍庙集萃

在全国各地林林总总、大小不一、数以千计的城隍庙中,最值得我们注意的是位于各朝首都的都城隍庙和一些重要府、州、县等官府治所城市的城隍庙,它们构成了一个自上而下、由大到小、由中央到地方的阴司官方信仰管理机构网络。这种网络在南方发展较早,也较为成熟,保存至今的也相对完整,从中可以清晰地看到城隍庙演进的历史进程。北方则有许多城隍庙,包括过去相当著名的,也都在近一两个世纪中由于战乱、经济萧条和其他人为原因,逐渐衰微,有的甚至有名无实。改革开放三十多年来,对城隍庙虽都有所修复,民俗活动也有所恢复和增加,但总体发展仍远远赶不上南方尤其是闽台一带。总体说来,城隍庙在大陆的分布呈现出东多西少、南多北少的鲜明特点,其中主要以汉族居住的地域为主。以城隍直接命名的村庄,在全国只有两个,并且都在北方,一个在河北省邯郸市鸡泽县,另一个则在河南省南阳市夏集乡。据明代张乔《重修城隍庙》一文中的不完全统计,明代就有城隍庙1472处。可以想象,清代就更多。现今全国遗存的城隍庙,虽无人做过精确统计,但至今具有影响力的仍有四五十处,著名的如:北京市都城隍庙;河北省承德市热河都城隍庙;山东省青岛市胶州城隍庙;河南省洛阳市河南府城隍庙、郑州市城隍庙、安阳市城隍庙;山西省长治市城隍庙、芮城县城隍庙、榆次城隍庙;陕西省西安市都城隍庙、三原县城隍庙;甘肃省兰州市城隍庙;四川省昭化城隍庙;安徽省合肥市城隍庙、阜阳城隍庙;湖南省安仁县城隍庙;江西省南昌市城隍庙;贵州省贵定县城隍庙;上海市都城隍庙;江苏省南京城隍庙、苏州府城隍庙、泰州市城隍庙、南通城隍庙;浙江省宁波市城隍庙、杭州市吴山城隍庙、嵊州市城隍庙、金华府城隍庙;福建省福州市都城隍庙、安溪城隍庙、长汀城隍庙、莆田市城隍庙、厦门市城隍庙、石狮市永宁城隍庙、漳州市九峰城隍庙、龙海海澄城隍庙;广东省广州市城隍庙、普宁市城隍庙、揭阳市城隍庙、惠州市城隍庙、鹤山市城隍庙、汕头市三都城隍庙、海丰县城隍庙,等等。以下仅从北方、南方及闽台各地较为重要而著名的城隍庙建筑中,选择极有特色者进行简要介绍,以飨读者。

北京都城隍庙:是旧北京城的城隍庙。位于现北京市西城区复兴门内的成方街(原称城隍庙街)路北,始建于元世祖至元七年(1270),最初名为佑圣王灵应庙,又称佐圣灵应庙。史载,至元七年(1270),多位大臣向元世祖建议"大都城既成,宜有明神主之",请求建造城隍庙,世祖应允,并在城西南角择地建庙,封城隍为"佑圣王",从此开始了北京都城隍庙的历史。元文宗天历二年(1329)八月,加封大都城隍神为护国保宁王,城隍夫人为护国保宁王妃。明成祖永乐年间迁都北京后,又对城隍庙进行了重修,主殿名为大威灵祠。明英宗正统十二年(1447)重建。明世宗嘉靖二十七年(1548)毁于大火,后又重建。明神宗万历三年(1575)又重修。至清朝,又于世宗雍正四年(1726)和高宗乾隆二十八年(1763)两次进行了重修。穆宗同治十年(1871)再次毁于大火,后来仅修复了寝祠与仪门。《宸垣识略》载:"都城隍庙在城西旧城刑部街,元称佑圣从灵应庙,天历二年加封都城隍神为护国保宁王,夫人为护国保宁王妃,明永乐中为大威灵祠,本朝称都城隍庙。"庙宇规模宏大,历史悠久,影响甚巨。坐北朝南,主要建筑以中轴线为主,呈对称形分布,主要有庙门、顺德门、阐威门、钟鼓楼、大威灵祠、寝祠等,其他尚有治牲所、井亭、燎炉和碑亭等。其中庙的两庑为十八司,正中大威灵祠内供奉有城隍神塑像。庙内还有一些自清以来记载举行各种文会的碑记,如顺治十五年(1658)的《西棚老会碑记》、康熙十二年(1673)的《东棚二圣会碑记》、雍正十二年(1734)的《重修京城隍庙街挂灯会碑记》和乾隆二十八年的《重修都城隍庙碑记》以及《中棚圣会碑记》等,从中可见维护修建工作的频繁和庙会举办的盛况,极具文史考察价值。自明代起,都城隍庙就有北京最大的庙会。每年的农历五月十一日,为祭祀城隍神而举办庙会。后来在每月的初一、十五和二十五这三天,庙会也定期开市,其中的商贸活动更是闻名远近,庙会上出售国内外的奇珍异宝,也有生活日用杂品,其中还不乏从国外慕名而来的洋商洋货,商品种类繁多,场景热闹非常,是京师地区最重要的庙会之一。

北京北城隍庙:也称宛平城隍庙,位于今北京市地安门外西皇城根路北。何时建庙,年代不详。庙内正殿供奉有城隍爷的塑像,殿内挂有红色纱绸制作而成的宫灯,纱灯上面绘有《三国演义》《水浒传》《西游记》和《三侠五义》等故事连环画,内有蜡烛或电灯照明以供人们观赏。院内殿前有泥制的钟馗像,俗称"火判"。"判官"身高数尺,腹内空洞,七窍有孔,手里拿着一块牌子,上面书写着"你可来了,正要拿你"八个大字。到了夜晚,它的腹内就开起煤火,七窍透出烟火,极为壮观。每年农历正月十三至十七日这五天期间,通常都会有热闹非常的庙会,一些香客也来此走会,但为数不多。农历五月初一至初十,开庙十天。特别是初一这天,宛平县城隍神出巡,到达都城隍庙会面,都要铜锣开道,仪仗威严,旌旗伞扇,全份执事。出巡队伍中,有八人抬着城隍老爷舍身还愿,有扮作马童压轿者,有扮作小鬼判官者,更有披枷戴锁、扮成罪犯者,沿街游行。同时还有众多的民间香会来此表演,有高跷、地秧歌、五虎棍等,武会边走边练,锣鼓喧天,称为"献神"。这期间也有商贸交流活动。清人崇彝在其《道咸以来朝野杂记》中就记载了这一盛

况:"五月初一日,西城都城隍庙开放。宛平县城隍出巡,至都城隍庙相会见,此固荒诞无稽事事。然沿街空巷,逐队而观,甚至有各种香会随之,谓之献神(如秧歌、高跷、五虎棍之类)。又有舍身还愿者。都城隍庙至初十日止。当年百货毕陈,游人尤盛。"另外,每年农历四月二十三日,宛平县城隍神出巡,而五月初一日,则是大兴县城隍出巡,到了农历十月初一日再次出巡。每次城隍出巡,都会有香会和武会相随进行各种技艺表演。

北京江南城隍庙:位于今北京市宣武门外南横街,始建于元代,称为佑圣王灵应庙。明神宗万历二年(1574),加封大都城隍为护国保宁王。明成祖永乐朝,曾称为大威灵祠。清初,方改为江南城隍庙。内有城隍神行宫,并筑有戏台。每年的清明节、中元节和农历十月初一日,开庙三次。明清两代,主要活动是城隍出巡,很少有香会到来。

北京良乡城隍庙:在今北京南良乡西大街,明代宗景泰六年(1455)重修。城隍庙原在城外西南端,明代景泰年间,良乡主簿郑志请求知县贾篪将城隍庙移建于城内西北角。城隍庙坐北朝南,有里外院落三层,主要建筑有戏楼、牌楼、玉带桥、山门、城隍殿和后殿,都位于中轴线上。与众不同的是,这座城隍庙供奉着三位神像质地不同的城隍爷。前殿供奉的是竹藤编的城隍爷,高约5尺,据说为的就是城隍在每年出巡的时候方便抬行。二殿供奉的是铜质的城隍爷,神像前有公案桌、惊堂木和令牌,两旁分别站立着一批有罪而正在遭到严酷刑罚的小鬼,有龇牙咧嘴的,有残肢断腿的,有掏膛破肚的,还有抹头褂缭的,等等。据说这些小鬼都是生前不行善、不积德的人,因此死后要受到酷刑的惩罚。后殿供奉的才是真正的泥塑的城隍爷。每年的农历三月初八日和九月初八日,这里都要举办规模盛大的庙会。庙会期间,各路善男信女从四面八方簇拥而来,进献香火,求签占卜,许愿还愿,络绎不绝。各村的几十档香会也在此争相献艺,围观之人多之又多,尤其是城隍出巡,更是将活动推向高潮。后来有所消歇。

西安都城隍庙:位于陕西省西安市西大街大学习巷东侧,创建于明洪武二十年(1387)。原址在东门内九曜街,明代宣德八年(1432)迁建现址,是当时全国著名的三大都城隍庙之一,与北京、南京城隍庙齐名。由于这座城隍庙的城隍统辖西北五省城隍,故称都城隍庙。清代雍正元年(1723),曾毁于大火,川陕总督年羹尧于同年进行重建,"规模宏大,栋宇崇宏,雄伟壮观,甲于关中"。主体建筑由南向北依次为牌坊、山门、文昌阁、钟鼓楼、仪门、戏楼、牌坊、大殿、藏经阁、牌楼、寝殿,对称分布,错落有致。西侧为东西道院共二十四宫。庙宇主要供奉的神为古城西安保护神城隍老爷、主管科举功名的文昌帝君、忠义无双的关圣帝君、赐人子嗣的九天圣母和送子娘娘、保佑健康长寿的药王孙思邈和有求必应的吕洞宾祖师。1942年,部分建筑曾遭日本军机炸毁。2005年,修复了大牌楼和山门等部分建筑,并扩建了庙前广场。大牌楼上的匾额"都城隍庙"和"你来了么"八个楷书大字都选自唐代著名书法名家颜真卿真迹,成为西安市区著名的道教宫观名胜。每年的正月初一至十五、二月初二、二月十五、三月二十八、四月初八、四月十四、清明节、七月十五、九月二十二和十月初一日,都要举行盛大的法会,演奏城隍鼓乐,举办各辖区锣鼓表演。2008年戊子年正月十一日,在都城隍庙举行了盛大的本命年人祈福转运大法会,参会者多为青壮年,达逾百人,期间镐京村

图32 陕西西安都城隍庙门楼

华夏神州数隍庙

HUA XIA SHEN ZHOU SHU HUANG MIAO

锣鼓队表演了鼓舞,曲江武术队表演了传统武术,集贤村鼓乐社演奏了鼓乐。法会采取本命年的人自愿报名的形式,先由报名者领取法表,然后宣读法表,再由道士进行诵法表、宣读本命人拜法名单、诵经六上香、祈福、焚烧法表等程序,再由本命人最后焚烧法表。这种法会源于道教的传统。古代采用六十甲子纪年法,每年一个属相,每年有一位值年太岁主宰这一年中出生的人的富贵贫贱和吉凶祸福,每十二年一个小轮回。每个人在十二年后,就会遇到自己的本命神值年。根据阴阳五行学说,如果这一年自己的生日与太岁神相克或相冲,则百事不顺;如果相生相合,则百事吉祥,万事如意。因此,人们特别注意在自己逢本命年时去拜太岁神,通身穿红衣服,系红腰带,甚至连鞋袜都要成红色,围红围巾,挂太岁神符,以求逢凶化吉,遇难呈祥。

陕西省三原县城隍庙:位于县城内东渠街,始建于明代洪武八年(1375),后经明、清两朝八次之多的维修和扩建,现占地面积近万平方米,是陕西乃至全国现存最为完整的明代古建筑群之一。所有建筑都呈南北中轴对称分布,有照壁、木牌坊、山门、东西走廊、石牌坊、戏楼、东西庑、钟鼓楼、牌楼、月台、大殿和东西配殿、明堭亭、财神殿和寝宫等,其中殿前的钟鼓楼为重檐十字歇山顶,寝宫为独特的庭院式建筑,气势恢宏,层次有序。前院两廊壁面镶嵌着宋代名将岳飞书写的诸葛亮《前出师表》和《后出师表》石刻。每年的农历八月十一至十五日中秋节,都要举行规模盛大的庙会,除接

图33　陕西三原城隍庙正门

受广大信徒进香、许愿和祭拜外，还有锣鼓、秧歌、旱船和唱大戏等文艺表演节目。

兰州府城隍庙：位于今甘肃省兰州市城关区张掖路陇西路北。据史志记载，旧时兰州共有九座城隍庙，分别建造于阿干镇、永泰堡、镇房堡、安宁堡、西固城、红水堡、盐场堡、宽沟堡和府城。府城隍庙是建造最早的庙宇，据明代兰州知名学者黄谏所撰《城隍庙记》记载，金明昌七年（1196）"尝修葺之"，后来又分别于元至大元年（1308）、明洪武十八年（1385）和正统十四年（1449）进行过多次修缮。由此推断，府城隍庙最晚也当创建于北宋。城隍庙奉祀西汉名将纪信，敕封为忠烈侯。现存建筑为清乾隆三十二年（1767）"通省官绅捐资重葺，后二年始成。原为忠烈侯坊。"主体建筑坐北朝南，为四进庭院式。牌楼由节园颜妃墓前的贞烈遗阡牌坊改建而成，最南为"忠烈侯"牌坊，东西各建有八角亭，树旗的高杆，两侧各为道院的厢房。牌坊北为二层七间戏楼，两侧有门，悬挂周汉撰书匾额"你来了么"和楹联"好大胆！敢来见我；快回头！莫去害人。"再进为享殿五楹，东西两侧为钟楼、鼓楼、曹官祠、山神庙、土地祠和看楼等建筑。享殿北为正殿，供奉城隍神像，殿前各

图34　兰州府城隍庙正门牌坊

建有一座四明亭，两侧有陪殿和长廊。陪殿中供奉着兰州府属狄道州（今临洮县）、河州（今临夏市）、皋兰县（今兰州市）、金县（今榆中县）、渭源县和靖远县六地的城隍木主牌位。东廊绘有以纪信荥阳诳楚捐躯勇救汉王为内容的壁画，西廊则绘有阴曹地府中恶人受锯锉舂磨等酷刑残状壁画。再北为寝宫，正中为城隍夫妇坐像，左右各立侍女二人，奉盆、巾、镜、梳等沐浴盥洗用品。神像背后有围挂帷帐、整齐摆放被褥等生活用品的土炕。宫院内栽植花木，东为庆福亭，西为八卦亭。左右两侧还有眼光殿、广嗣殿、痘疹殿和圣母殿等。宫北为客堂。在东西两边的长廊里还嵌有许多碑记，内容多为

记载历代修建城隍庙的经过以及对城隍显灵佑民感恩戴德的文章。整个建筑规制宏大，雄伟壮丽，结构严谨，雕绘精美。1956年，兰州城隍庙被改建为兰州市第一工人俱乐部。如今已是兰州市驰名的书画古玩艺术品市场。

山西榆次城隍庙：位于山西省太原市榆次区老县城的东大街北侧东段，所祀城隍神为北宋名臣寇准。此庙建于元至正二十二年(1362)，在蒙古人达鲁花赤贴木尔的主持下完成。原址在大北门内善政坊，初建时规模不大，明洪武元年(1368)拆毁旧庙，另在现址建成正殿和东、西厢房各三间、山门一间，后又经多次扩建，至嘉靖二年(1523)才具备了目前的格局和规模。庙宇的整体建筑布局为前后三进院落，在中轴线上对称分布有山门、钟鼓楼、玄鉴楼、乐楼、戏台、昱佑楼、后寝殿以及东、西配殿等主要建筑。山门内的一进院东、西两侧，建有二层歇山式钟、鼓二楼，以行晨钟暮鼓之事。一进院落正对山门的中轴线上，还耸立着一座17米高的两层四重檐歇山式砖木结构的玄鉴楼，是整个建筑群中最高大的建筑。

六、南方城隍庙撷英

上海都城隍庙：位于今上海市黄浦区南部，临近豫园。明朝永乐年间，由原金山神庙改建而成。庙内供奉有霍光、秦裕伯和陈化成三位城隍神。清朝道光年间，庙宇规模至于极盛，占地面积约50庙，香火也达到鼎盛阶段。民国年间，屡遭火灾毁坏。1926年重建了城隍大殿，后来又遭到破坏，并一度被移作他用。1994年，当地政府对城隍庙进行了局部修复，现有霍光殿、甲子殿、财神殿、慈航殿、城隍殿、娘娘殿等建筑，面积达一千多平方米。从1991年起，城隍庙内的市场就被改建成为豫园商城，是一座极具浓郁民

图35 上海都城隍庙

族传统色彩的大型现代化旅游购物中心。城隍庙定期举办的各种庙会,也成为上海市区历史最为久远、影响最大、普及面最为广泛、规模最大的商业贸易文化活动,尤其以经营文物古玩、各种小商品和全国各地地方特色小吃食品而闻名遐迩,享誉中外。城隍庙常年商贾云集,游人如织,市场繁荣,种类齐全,堪称"小吃王国"。尤其是在元旦、春节和元宵这三大节日期间,更是举办各种商品贸易和文化娱乐活动,既演绎老上海民俗风情,又体验传统美食文化魅力,热闹非常,成为市民文化生活中的一道风景。

嘉定城隍庙:始建于南宋嘉定年间,原位于镇南大街富安坊,明代洪武年间移建于今址。祀奉的城隍神是清代康熙十四年(1675)曾任嘉定知县的陆陇其。现存大殿、工字廊和寝宫等建筑,都是光绪八年(1882)重建的,双顶连体,气势轩昂,二十世纪八十年代又经过了重新修缮,面貌焕然一新,堪称上海地区保存最为完美的邑庙建筑。殿内塑有城隍、观音和六十星宿等神像,供广大信众参拜。历史上的嘉定城隍庙曾经是一所道观,香火鼎盛,信徒众多。每逢城隍圣诞、观音圣诞、农历七月十五和每月的朔日(初一)和望日(十五),庙堂里香火旺盛,烟雾缭绕,庙市中商贾云集,车水马龙,许多信众从附近的太仓、昆山、青浦、宝山等地前来敬香拜祭。清代著名学者钱大昕在《和王凤喈练川杂咏》诗中这样写道:"刺眼繁花细细开,陌头女伴踏歌来。烧香才罢游园去,延绿轩前薄相回。"描写到了每年的庙会时节,众多打扮鲜艳的闺中少妇与待嫁少女从四面八方结伴唱歌而来,先是到庙里烧香还愿,再相伴游园,然后兴尽而归的情景。

福建都城隍庙:是福建省建祀最早的福州府城隍庙,因位于城中的冶山,故称冶山城隍庙。始建于晋太康三年(282)。据《榕城考古略》中的介绍,福建都城隍庙是迁城后才修建的,位于冶山的山麓,正式创立庙宇是南宋绍兴二十七年(1157)由太守沈调主持完成的。南宋淳熙五年(1178),又增建了更衣亭和肃仪亭。元代,这两个亭子都遭受到了毁坏。明代成化十八年(1482)由知府唐珣重新修建。正德十年(1515)又修了外大门的华表。万历十年(1582)曾发生火灾,后来又进行了重建。明代洪武二年(1369),福州城隍受封监察司民威灵公。洪武十七年(1384),改称为福州府城隍。清代雍正年间,又改称福建都城隍,沿用至今。清代乾隆十三年(1748),福州人何长浩再次重修,以后常有修葺。本来,另外还有一座城隍庙,是省城隍庙,在原晋代郡守严高衙门附近。宋末端宗称帝,以福州为都城,改严高衙署为垂拱殿,于是省城隍破格升级为都城隍。明代垂拱殿改为福建省布司衙门,城隍庙则降格为布司城隍庙。至今还被人称为"布司城"。但福州人

以此为骄傲,仍称它为"都城隍"。清代雍正十年(1732),布司衙署失火,都城隍在大火中化为灰烬,后来也未予以重建,只是把冶山的府城隍升格成了都城隍。庙中奉祀西汉名将周苛。宋代邑人林通在《长乐图经》中说:"县城隍之神,西汉御史大夫周苛也。守荥阳,为项羽所烹。高祖休兵,思苛忠烈,令天下州县立庙祀之。城隍之祀,疑始于此。"庙宇始建于唐高祖武德六年(623),坐北朝南,正面为红砖牌楼式门墙,大门上方有直、横两块青石鎏金匾额,其中直匾上书"城隍庙"三字,系著名闽籍学者王世襄先生题写;横匾有欧体楷书"唐城隍庙古迹"六字,据说是唐代天复年间重修庙宇时所刻。大门右侧矗立着一块清道光二十一年(1841)重修城隍庙碑,是研究闽地城隍文化的重要文物,碑文曰:"吾乡之祀城隍也,自唐武德中置县而始,阙后县有治。贞元初,邑改,庙仅存焉。"短短数语,却保存了极为重要的文化信息。进入城隍庙,依次为戏台、厢房、拜庭、大殿、后殿。其中,最重要的建筑便是大殿,面阔三间,抬梁穿斗式木结构架,基本保持了明清时期的风貌。殿前的四个石柱,据称是清代道光年间所立。殿内悬挂有一副对联,书曰:"西土沛恩膏,千百载优蒙感应;南邦资捍卫,六一都共仰声灵。"在庙东边的崖石上,还刻有自唐至明历代有功名臣的神迹碑,共载唐光禄大夫樊公之神、宋少师忠惠蔡公之神、知武冈军杨公之神、参知政事张公之神、直龙图阁孙公之神、将军卢公之神、元太尉忠献董公之神、行者都事蓝公之神、侍御史韩公之神、英义侯阙公之神、楚国公李公之神、明大夫汤公之神等十二人,作为辅祀之神,也是重要的历史文物。

福建永宁城隍庙:位于今福建省泉州市城东南石狮市永宁镇永宁街。始建于明代洪武年间,是当时永宁卫城的附属建筑。清代道光十五年(1835)进行了扩建,光绪年间又进行过大规模维护与修缮。现存都为清代建筑,1992年曾加以整体维修。整个庙宇建筑,坐北朝南偏西,三进、五开间、重檐歇山顶,由门楼、前殿、戏台、拜亭、后殿和左右两厢房组成,主祀忠佑侯城隍

图36　上海城隍匾额

爷,配祀二十四司、四大将军、三夫人以及役吏差官等,宏伟壮观,规制完备,其中的石雕、砖雕、木雕等工艺极其精美,是泉州地区目前保存最为完好的城隍庙宇。庙中还保存有清代道光十五年(1835)的重修碑记、序碑和民国八年(1920)及十二年(1924)的摩崖石刻。永宁城隍在石狮和厝上等地都有分炉,且向东传播至台湾,在闽、台两地都具有较大的影响。

广州都城隍庙:始建于明代洪武三年(1370),位于广州市中山四路忠佑大街,是明清时期岭南地区规模最大、建筑最为雄伟的城隍庙,也是南汉开国皇帝的皇城神庙遗址。原为供奉守护城池神祇的坛庙。后经多次重修,现存建筑保持了清代中期的风格。原有仪门、中门、拜亭、大殿等建筑,曾列为"羊城八景"之一,今仅存大殿和拜亭。大殿内的东西两面墙壁上彩绘有《开天辟地神仙眷》大型壁画,围栏柱首由玉雕的十二生肖组成,可供信众选择和抚摸。现供奉有三位城隍神,中间是南汉国皇帝刘龑,东面为北京城隍杨继盛,西面为海南城隍海瑞。刘龑原名刘岩,是刘谦的第三个儿子,为小妾段氏所生。刘龑聪慧过人,又精于武艺,还精通占卜算命之术,但天性残忍苛酷,嗜好杀人,人们都认为是蛟蜃化身。

由于两位兄长的相继因病去世,本来排行第三的刘龑在嫡长兄刘隐殁后,就顺利接任了静海军节度使,后又袭封南海王称号。917年,刘龑在番禺(今广州)称帝,建国号为"大越",改年号为"乾亨"。次年,刘龑又自称是汉朝皇室的后裔,为了表示自己建国是恢复昔日的汉家天下,于是又改国号为"大汉",史称南汉。正是出于这个原因,刘龑才享有广州都城隍神的主祀地位。而奉祀两旁的杨继盛和海瑞都是明代著名的敢于与朝廷中的奸臣贪吏做斗争的清廉官员,其中杨继盛还是北京城隍。

图37 广州城隍海瑞

图38 广州都城隍庙

七、闽地城隍庙巡礼

福建省的城隍庙除了都城隍庙和永宁城隍庙外,还有与福州府城隍庙同时期的县城隍庙和官城隍庙,同时在福建省境内现存的城隍庙数量也极为丰富,保存较为完整,庙中的各种祭祀礼仪基本没有中断,研究成果也较为丰富而全面,在考察古风遗俗方面具有独特的历史价值和宗教价值。需要加以说明的是,有的城隍庙资料较为丰富,故而介绍也相应比较全面而系统,而有的城隍庙资料较为缺乏,介绍就特别简略。兹根据厦门大学出版社2012年出版的洪卜仁主编《闽台神缘话城隍》一书中的相关资料,将散布在福建全省各地的城隍庙具体列名简介如下:

长乐市城隍庙:始建于宋代元祐年间,从宋、元、明、清至民国年间先后共进行了十九次修缮。整个建筑群雄踞六平山,俯瞰资圣溪,气势雄伟,状貌不凡。据《长乐县志》卷十八《祠祀》载,旧城隍庙位于县治所后东北的东华观旁。北宋元祐二年(1087),由里人陈敬捐资重建。明代洪武二年(1369),诰封城隍为监察司民显佑伯。洪武十四年(1381),知县邱宗亮于东隅城外半里许另外创建一所新庙。洪武十七年(1384),去显佑伯封号,称长乐城隍庙。正统元年(1436),知县龙韬主持修葺。弘治间,知县王涣又加以重修。正德七年(1512),知县杨梁将城外所建新庙改为五贤祠,仍奉祀城隍于旧庙。嘉靖四十年(1561),知县戴时望又加以重修,增修了许多殿庑,颇具规模。隆庆六年(1572),知县蒋以忠又主持砌成主道,并在西北面造桥一座,以连通北街。万历四十六年(1617),长乐知县万编又一次主持重修。清代康熙三十四年(1695),知县胡旭荣重修。乾隆十三年(1748),知县张学举重修。十七年(1752),知县卫建勋和傅宸楹两任进行重修。二十年(1755),知县黄瑞鹤拆除后座,重建了五楹三间,但是未能完工。二十五年(1760),才由知县贺世骏捐奉续修竣工。道光二十年(1840),全邑民众集资重修,新建了文武门、钟鼓楼和阴阳司,又增修了资圣寺、观音堂、尊王殿、熊公祠、毓麟宫、土地祠及偏殿等附属建筑,并于同治八年(1869)勒碑纪念。2004年,进行第二十次修缮。现有建筑为正殿三进及后座,前有大埕、戏台,中有天井。规模之大、结构之精巧,居福建全省城隍庙之冠。

图39　福建长乐城隍庙

福清市城隍庙:原位于县治东北,由知县郑孟宾始建于北宋康定元年(1040)。明代正统二年(1437),知县陈祈进行了重修。明弘治十五年(1502),知县况璟又加以重修。明嘉靖二十九年(1550),知县陆从大进行复建。明泰昌元年(1620),又由知县王政新捐俸重建。清代雍正五年(1727),又由全邑绅士集体捐资重建。明代文人叶向高撰写了《福清县重修城隍庙记》。

永泰县城隍庙:位于旧城东门兜,坐北朝南,呈长方形。始建于明代洪武元年(1368)。清代嘉庆四年(1799)重修。正面大门门额上方镶有青石雕琢直书"封显佑伯都城门",旁刻云龙相托,以示皇敕庄严。门前有五级石阶,前埕一对双斗木制旗杆,下分列一合雌雄大石狮,雌狮含珠,雄狮戏球,做工精巧,形象逼真。进入庙中,迎面一把木制大算盘高悬屏门。一进由天井和两边厢房组成,厢房有木栅栏圈围,栅内塑有土人土马,号称"马栏爷"。二进是全庙中心,由大石栏、边厢、天井、酒楼、钟鼓楼和大戏台等建筑组成。戏台面向大殿,台顶斗拱暗梁,四周刻有鱼、虫、花、鸟以及历史人物故事,顶角四向木刻倒垂松花,台顶中垂莲藻井,四围彩绘仙女飞天,造工精致。台前是看埕,埕两边是厢廊,厢廊顶为酒楼。正殿前沿凿有石质栏杆,上镌刻捐资信士姓名。石栏两边为登酒楼木制踏斗,踏斗转向处为木平台,两厢平台号称钟鼓楼,左悬钟,右设鼓,司时报辰。大殿正堂居中供有城隍爷土身神位,两边分设大二世子、六丁六曹、文武判官诸神位。正殿后是三进后殿,由天井、厢廊和殿堂组成,正中设黄楠木雕造的圣旨亭,两边设太岁和城隍父母香位,四壁绘松鹤、麒麟等吉祥瑞寿图案。每年五月的初四至初十近乎上周的时间,当地要举行盛大的城隍巡游活动,热闹非凡。

罗源县城隍庙:在县治东。始建于宋,明洪武十二年(1379)在宋、元旧址上重建。清乾隆五十年(1785)修缮。

闽清县城隍庙:原在县城西门内。始建于宋建隆二年(961)。明代天顺六年(1462)移建。

平潭县城隍庙:始建于明嘉靖元年(1522)。

古田县城隍庙:由知县李堪创建于宋景德元年(1004),明洪武三年(1370)知县韩秉寿重建,清康熙四十四年(1705)修缮。

兴化府城隍庙:由兴化府知县盖天麟始建于明洪武元年(1368),府同知朱海于弘治元年(1488)建正殿,知县何唯敬于嘉靖元年(1522)修寝殿,府知府林有源和知县孙某又于隆庆二年(1568)共建东西两庑,并设兴化、莆田两县城隍庙,清康熙三十年(1691)重新加以修缮。

仙游县城隍庙:始建于宋建隆元年(960),淳祐元年(1241)知县蔡次傅加以重修;明万历元年(1573),知县游瑚又拓基建寝殿、立仪门;清康熙二年(1663)知县顾玳倡导重修。

连江县城隍庙:由知县曾模于南宋乾道九年(1173)在旧学院旧址改建。原在县署东南侧。

泉州府城隍庙:由侍郎赵涯始建于北宋嘉祐二年(1057),明洪武四年(1371)泉州知府常性重修,嘉靖元年(1552)改为参将衙门,郡守俞咨伯在资寿寺旧址改建城隍庙,清乾隆与道光年间两次重修。

南安县城隍庙:由知县王罕于明洪武元年(1368)创建,弘治七年(1494)知县黄济重建,清康熙年间知县刘右再次进行重修。

图40　福建连江城隍庙

惠安县城隍庙：由知县李畎于北宋天圣元年（1023）创建，明宣德六年（1431）知县高显重修，正统十一年（1446）由闭祯重修，万历元年（1573）又进行了修缮，清乾隆十八年（1753）乡人陈文辉再次筹资重修。嘉靖《惠安县志》卷十《祀典》记载："城隍庙，在县治东。宋天圣中，邑令李畎之母贤而知书，且精相宅之说，谓县白虎山高不利于人，故增筑是祠，以壮青龙之势。题曰'城隍'。国朝洪武二年，封'鉴察司民城隍显佑伯'。六年，正山川岳渎诸神封号，改题曰'惠安县城隍之神'。庙之后殿有神像二：其一旧为灵岳之神，宋累封至灵惠王；其一即青山王张侯，宋累封至灵安王。其妻皆为妃。初，未置县时，已有灵岳庙，即今之城隍也。及李令建城隍，乃迁其庙于乾峰寺前，与青山神同时受封，故乡人合而祀之。其后，乾峰寺前庙废，复移像城隍后殿，故合祀之。"文中所言神像有二，其实"灵岳之神"与"青山王张侯"名异而实同，指的都是同一个神灵，那就是曾在青山下结营以抵御海寇的将军张悃。

同安区城隍庙：由知县徐元爽于明嘉靖四十五年（1566）创建，清乾隆年间知县周岱重修。

厦门城隍庙：建于清乾隆初年。原在城西南，与武庙相连，后因城区建设被拆除。现存南华路上的城隍庙为1980年龙海人吴天发因感念城隍阴德在自家住宅上拨建，庙内有明代的城隍塑像和一尊石狮，距今已有六百多年的历史。

东山城隍庙：建于清嘉庆三年（1798）。

安溪县城隍庙：本名为清溪城隍庙，与福州城隍庙、长汀城隍庙同为福建省内最早的城隍庙。始建于五代后周显德三年（956），七年（960）竣工；明洪武元年（1368）重建；景泰二年（1451），邑人陈贞德重修；成化八至十五年（1472—1479），知县谷延怡、吴英再修，典史蔡珍增建后堂三间；嘉靖十八年（1539），知县殷桀、典史邹奇重建；嘉靖三十九年（1560），毁于倭乱，至嘉靖四十四年（1565）由知县蔡常毓重建。清康熙十二年（1673），知县谢宸荃重修前后殿宇；康熙四十年（1701），知县戎式弘重修，知县曹镶续修；康熙五十四年（1715），知县曾之传新建后堂住持方丈室；乾隆十年（1745），知县何隆遇铺砌拜亭前石坪；乾隆二十年（1755），知县庄成重修。现有旧址和新址两座庙宇。据史料记载，旧址城隍庙位于"邑内小东街，坐北朝南，背凤山，面蓝溪。前后五进，中为正殿，空窿藻井，寝宫龙窗，盘龙石柱，画栋雕梁，崇严伟观。庙内有四天井，大门外东西两侧，各有水井一口，活泉清澈，供民汲用。大门左右两房连接盖顶，作为固定戏台。台前则为宽广大埕，两边各大榕一株，交遮成荫，阴凉宜人。"旧庙在抗战期间遭毁，1995年由新加坡信众捐资仿古修建，改五进为三进。1990年，在旅居新加坡的侨亲陈美英女士倡议下，县有关部门大力支持，重新择地在东岳寺东侧，依照原庙规制，复建安溪城隍新庙。并由陈美英女士独资兴建一至三殿。新庙重建工程于1992年1月5日完工。此后，新加坡韭菜芭、杨桃园两地侨亲捐资续建四、五殿，其他配套设施也由诸多分炉及信众捐资陆续修建。庙中供奉"清溪显佑伯主"（俗称"城隍伯主"），并祀"城隍夫人"（俗称"城隍妈"）。庙中建筑风格独特，富丽堂皇，香火鼎盛，在闽台及东南亚地区均有较大影响。早在明末清初，安溪先民就将香火引入台湾，嗣后分炉到台北、台南、高雄，直至岛内各地。据不完全统计，目前在台湾各地共有来自安溪城隍庙的分炉达222座。在新加坡，目前有韭菜芭城庙和杨桃园城隍庙等分炉。在马来西亚，也有分炉。每年的五月二十八日是城隍诞辰日，来自海内外的信众都要组团到此进香、朝拜，参观访问。

漳州城隍庙：由许多卿始建于南宋元祐年间，嘉定八年（1215）胡郡守重修，嘉定十四年（1221）毁于火灾，明初郡守郑肪重建，洪武八年（1375）知府许荣重修，嘉靖年间圮毁后又由知府卢璧重建，清道光七年（1827）重修。

漳浦县城隍庙：由金事陈祚于明正统年间始建，嘉靖十五年（1536）知县郑禧重修，清康熙二十六年（1687）知县杨迁重建。

海澄县城隍庙：始建于明隆庆五年（1571），清乾隆二十六年（1761）知县王作霖重修。

南靖县城隍庙:由县尹韩景晦始建于元至正年间,明洪武年间知县杨通重建,万历二十五年(1597)知县陈宗愈改建,清康熙四十七年(1708)知县陈汝咸重修。

长泰县城隍庙:由蒙古人达鲁花赤始建于元至正九年(1349),明洪武二年(1369)知县邓清重建,成化十七年(1481)漳州知府姜谅樾和知县刘铎重建,清顺治元年(1644)知县紫钦重修。

平和县城隍庙:由知县王禄创建于明嘉靖六年(1527),清康熙三十六年(1697)知县巫元东重修。

诏安县城隍庙:始建于明嘉靖九年(1530),明万历年间知县黄元立扩建。

延平府城隍庙:由范来贤始建于明嘉靖二十八年(1549),清乾隆二十六年(1761)知府傅尔泰重修。

南平市城隍庙:由知县杨肇声创建于清康熙年间。

顺昌县城隍庙:由知县守节创建于明洪武二年(1369),清康熙元年增建牌坊。

将乐县城隍庙:由知县司明创建于明洪武二年(1369),弘治年间知县陈大经增建仪门,嘉靖年间知县王铃建坊表;清康熙十四年(1675)知县吕士龙重建;乾隆三十七年(1772)重修,嘉庆十四年(1809)知县唐佑扩建。

沙县城隍庙:始建于明洪武二年(1369),清乾隆十三年(1748)重修。

尤溪县城隍庙:始建于南宋淳熙年间。

永安县城隍庙:由通判杨季琦始建于明景泰四年(1453),崇祯年间知县刘尤重建,清康熙和雍正年间再次加以修缮。

建宁府城隍庙:始建于北宋初年。明弘治五年(1492),由知府刘玷和同知周时中合建。万历十六年(1588)毁于火,由推官蔡永植重建。清顺治十年(1653),知府高攀龙和建安县周沛生共同重建。

华安县城隍庙:由知县仙克谨始建于明万历年间,清顺治十年(1653)知县周沛生重建,康熙五十一年(1712)重修。

建瓯市城隍庙:由知县乃应昌创建于明万历年间,清康熙五年(1666)知县章可程重建,康熙二十一年(1682)进行修缮。

建阳市城隍庙:始建于明洪武元年(1368),成化十八年(1482)知县汪律拆建,万历年间知县叶大受增修,清顺治十四年(1657)守备刘大贤修建,乾隆二十一年(1756)和五十六年(1791)两次修建。

崇安县城隍庙:始建于宋政和四年(1114),明洪武年间重建。

浦城县城隍庙:始建于明洪武元年(1368),景泰三年(1452)知县何俊重建,清嘉庆五年(1800)毁于水灾后于次年重建,道光十八年(1838)重修。

松溪县城隍庙:始建于明洪武元年(1368),嘉靖年间重建。

政和县城隍庙:始建于明洪武元年(1368)。

邵武府城隍庙:由知府周时中创建于明洪武二年(1369),清康熙元年(1662)知府陈相文重建,嘉庆十八年(1813)毁于火,两年后由知府周宗泰捐建。

邵武市城隍庙:由知县周祚创建于明万历三十二年(1604),清康熙六十年(1721)知县周伟重修,乾隆三十二年(1767)知县胡邦翰扩建。

光泽县城隍庙:由知县刘克明始建于明洪武二年(1369),万历年间毁于火,乡绅李友辅捐建未果,万历四十年(1612)知县汪正谊助成。

建宁县城隍庙:由知县董焕创建于明洪武二年(1369),清康熙年间邑人许时作等人捐资修建。

泰宁县城隍庙:由知县陈为创建于明洪武二年(1369),清康熙年间因毁于火而由知县甘国眉重修,道光三年知县吴履墀修建。

汀州府城隍庙:始建于唐大历元年(766)。宋绍兴年间,郡守陈直方和董华修建了前后殿。庆历元年(1041),由郡守陈为重建。明嘉靖三年(1524),知府邵有道修建了前厅和寝殿。清康熙三十九年(1700)由知府王廷抡重修。

长汀县城隍庙:明万历年间由知府谢天祐创建。

清流县城隍庙:由县令赵醮夫创建于宋端平元年(1234),宝祐年间县令陈子春扩建,元至正年间焚于火,明洪武元年(1368)重建。

宁化县城隍庙:由知县蒋义创建于明洪武二年(1369),清乾隆五十年(1785)重修。

归化县城隍庙:由知县郭润创建于明成化年间,弘治年间毁于火,正德年间知县杨缙重建,嘉靖年间扩建,清康熙十九年(1680)由知县王国脉再建。

连城县城隍庙:始建于宋绍兴年间,淳熙年间重建,明洪武五年(1372)移建,清嘉庆六年(1801)扩建。

上杭县城隍庙:由县令赵彦挺创建于宋嘉定十六年(1223),明天顺二年(1458)县丞赵蔡重建,清乾隆十四年(1749)重修。

武平县城隍庙:创建于宋绍兴年间,明嘉靖三十七年(1558)重修。

永定县城隍庙:由知县王环创建于明成化十五年(1479),清顺治十八年(1661)知县岳钟淑重修。

福宁府城隍庙:创建于宋元祐年间,明洪武三年(1370)由知县郭征重建,嘉靖年间知州谢建举增祀福安和宁德两县城隍于西厢,清雍正十三年(1735)改府城隍并新增霞浦与寿宁两城隍于东厢,乾隆四年(1739)又增福鼎一城隍于庙内统一祀之。

霞浦县城隍庙:由知县胡世钰创建于清乾隆二十二年(1757)。

福鼎市城隍庙:由知县傅维祖创建于乾隆六年(1741)。

福安县城隍庙:创建于宋初,淳祐十年(1250)由知县林子勋改建。明嘉靖二十八年(1549)被倭寇焚毁,后由知县卢佃重建。清乾隆十七年(1752)由知县夏瑚重修,嘉庆二十年(1815)再次修建。

宁德市城隍庙:创建于宋乾道六年(1170),明洪武五年(1372)由知县王溥重建,正德十二年(1517)焚于火,知县罗干迁建正于县西,嘉靖二年(1523)由知县周铣在原址重建,清乾隆二十八年(1763)进行修缮,嘉庆五年(1800)重修。

寿宁县城隍庙:由知县张鹤年创建于明嘉靖二十二年(1543),清嘉庆十一年(1806)重建。

永春州城隍庙:由知州郑一菘创建于清乾隆六十年(1795)。

德化县城隍庙:创建于清乾隆六十年(1795)。

大田县城隍庙:创建于清嘉庆元年(1796)。

龙岩州城隍庙:创建于清嘉庆三年(1798)。

漳平市城隍庙:创建于清嘉庆三年(1798)。

屏南县城隍庙:创建于清道光元年(1821)。

八、台湾城隍庙览胜

由于台湾省的城隍信仰是由福建省传播而入的,因此闽台两地在城隍信仰文化建构方面可谓同根而生,血肉一体而不可分离。在台湾,许多城隍神灵是以大陆原乡为祖坛的。大量移民至台湾后,这些神灵信仰迅速在当地传播,并得到了当地人的虔诚祭拜,香火不断,并立庙奉祀,如安溪城隍、霞海城隍等。在台湾,虽然台北市省城隍庙内供奉的城隍称为"省城隍",但在清光绪十七年(1891),清朝官方就已经升格新竹城隍庙的城隍为省级的城隍。此外,台南市的台湾府城隍庙,以其为最早之官建的城隍庙,并且台南为明郑王朝之首都,故亦号称省城隍等级的"威灵公"。这三座城隍庙的信徒都各以其庙宇的悠久历史为荣,自认为所奉的城隍爷位阶最高,颇有争议。今据厦门大学出版社2012年出版的由洪卜仁主编《闽台神缘话城隍》一书中的相关资料记载，对台湾各地的城隍庙加以简介。

台湾省城隍庙，与文庙（祀奉文圣孔子）、武庙（祀奉武圣关羽）、天后宫（祀奉妈祖娘娘）并列为台北城内的四大官方主祀庙宇。最早创建于清代光绪七年（1881），奉祀清代台湾省首府守护神"城隍尊神——敕封威灵公"，日据时期被拆毁，1945年重建，定每年十月二十五日台湾光复节为省城隍爷圣诞庆典纪念日。在布局方面采取传统格局，正殿供奉主神城隍爷，前有石狮两座，威武凶猛，正门门神为秦叔宝和尉迟恭，左右侧门的门神手持如意，象征吉祥；四位朝官分别手持冠、鹿、爵和牡丹，寓意加官晋爵、一路富贵；匾额多为警示语，如"你也来了"，门联为："为人固有良心，初一十五，何用汝烧香点烛；作事若无天理，半夜三更，须防我铁链钢叉。"主神两边的陪侍神分别有城隍夫人、济公禅师、文昌帝君、土地公、文武判官、阴阳、速报、延寿、纠察、奖善、罚恶等六司和七爷与八爷。庙埕龙边供奉南无观世音菩萨；二楼大雄宝殿供奉南无本师释迦牟尼佛、南无消灾延寿药师佛、南无阿弥陀佛、南无观世音菩萨、南无地藏王菩萨、孚佑帝君、关圣帝君和弥勒佛。为济世普化众生，替信众消灾解厄，因此在大雄宝殿正边供奉南无阿弥陀佛30尊，龙边供奉观世音菩萨神像150尊，虎边供奉地藏王菩萨150尊，每月请高僧行诵经荐袚等法事。2006年，台湾省成立了全国城隍庙联谊会，推选该庙胡益寿董事长为创会会长，董事詹铃权为总干事。十月二十五日是台湾省城隍庙城隍爷圣诞，由台北市民政局、全国城隍庙联谊会暨台北市省城隍庙合办全国城隍大会师在台北的活动，绕境队伍绵延十余公里，被视为台北有史以来最大的庙会活动，盛况空前。

据统计，台湾全省城隍庙的数量，1918年有29座，1960年有44座，1980年增至55座。目前，全台官祀的城隍庙主要有：

台南市台湾府城隍庙：创建于明永历二十三年（1669），清代几经修复。是台湾最早兴建的城隍庙，其前身是参军漳州籍的陈永华在天兴州承天府东安坊创建的东宁府城隍庙。康熙二十三年（1683）清朝统一台湾后，根据祀典设置。庙中供奉城隍老爷，配祀二十四司。清朝乾隆年间为台湾最主要的七寺八庙之一，平日香火旺盛。每年农历五月十一日为城隍圣诞，祈福还愿的人们更是纷至沓来，络绎不绝。

台南市台湾县城隍庙：今称台南首邑县城隍庙，创建于清康熙五十年（1711）。

嘉义市嘉义县城隍庙：今称财团法人台湾省嘉义市城隍庙，创建于清康熙五十四年(1715)。

　　高雄市凤山县城隍庙:今称旧城城隍庙,创建于清康熙五十七年(1718)。

　　澎湖县澎湖厅城隍庙:今称文澳城隍庙,创建于清雍正八年(1730)。

　　彰化县城隍庙:今称彰邑城隍庙,创建于清雍正十一年(1733)。

　　新竹市淡水厅城隍庙:今称新竹都城隍庙,创建于清乾隆十二年(1747)。

　　台南市安平镇城隍庙:今称安平城隍庙,创建于清乾隆十四年(1749)。

　　澎湖县澎湖厅城隍庙:今称马公城隍庙,创建于清乾隆四十二年(1777)。

　　高雄县凤山县城隍庙:今称凤邑城隍庙,创建于清嘉庆五年(1800)。

　　宜兰县城隍庙噶玛兰厅城隍庙:今称宜兰市城隍庙,创建于清嘉庆十八年(1813)。

　　苗栗县城隍庙:创建于清光绪十五年(1889)。

　　台中市台湾府城隍庙:今称财团法人台湾省台中市城隍庙,创建于清光绪十五年(1889)。

　　此外,台湾省各地供奉的城隍神庙宇也是数量相当可观,兹将庙宇名称及创建年代列举如下:

　　台北县瑞芳镇昭灵庙:创建于民国十年(1921)。

图41　城隍纪信

宜兰县宜兰市城隍庙:创建于清嘉庆十八年(1813)。

宜兰县罗东镇慈德寺:创建于清嘉庆二十五年(1820),民国二十三年(1934)重建。

宜兰县头城镇城隍庙:创建于清嘉庆五年(1800),光绪二十六年(1900)重建。

新竹县新竹市城隍庙:创建于清乾隆十三年(1748),由淡水同知曾日瑛倡议兴建。光绪元年(1875)设台北府,但府治仍在新竹,因此将城隍晋升为府城隍(绥靖侯),香火鼎盛,有"新竹城隍爷,北港妈祖婆"的美誉。光绪十七年(1891)重修竣工后,全台官民在此举办护国佑民祛除灾厄祈祷醮法会,故于此年改封为"晋封威灵公,新竹都城隍",为全台唯一的都城隍庙,也是唯一的省级城隍庙。又因显灵御匦有功,光绪皇帝颁赐"金门保障"匾额,其后又陆续获历代皇帝封赠,成为全台官位最高的城隍爷。其庙宇规模也在当时为全台湾之最,布置也如同衙门。现存建筑为1924年重修,以三川殿及三叠式屋顶最具特色,屋梁上悬挂有大铁算盘,庙内文武判官范、谢二将军及四捕快的雕像精致传神。尤其是庙门前的石狮及其他雕饰极具艺术价值,如龙柱是台北名师辛阿救的作品,大门上方的八卦藻井则出自泉州惠安著名木匠王益顺手笔。城隍庙一年中举办的各种活动也是精彩纷呈,如元宵节时的灯会。农历七月的迎城隍活动更是当地的盛事,每年从七月初一开始至八月初一东门市场的"东门普"收尾才算结束,期间几乎夜夜都有八家将巡街;七月十五日中元节更是活动的最高潮,由城隍爷本尊出巡,赈济孤魂野鬼,出巡队伍长达数公里,场面非凡;农历十一月二十九日城隍诞辰日,庙内更是挤满了进香朝贡的信徒,人山人海,摩肩接踵;庙埕的市集小吃摊也是星罗棋布,吸引了四面八方来的人们,极具地方特色。

苗栗县苗栗镇城隍庙:创建于清光绪十五年(1889)。

苗栗县公馆乡城隍庙:创建于民国十九年(1930)。

台中县大甲镇城隍庙:创建年代不详。

彰化县彰化市城隍庙:创建于清雍正十一年(1733)。

彰化县鹿港镇城隍庙:创建于清乾隆十九年(1754)。

南投县南投镇指南宫:创建于清乾隆二十四年(1759)。

南投县草屯镇城隍庙:创建于1959年。

南投县埔里镇城隍庙:创建于清光绪十四年(1888)。

南投县竹山镇灵德庙:创建于清道光十一年(1831)。

嘉义县嘉义市去隍宫:创建于明末,1957年重修。

嘉义县嘉义市西安宫:创建于民国三十七年(1948)。

嘉义县嘉义市城隍庙:创建于康熙二十三年(1684)。

嘉义县嘉义市龙山大厦宫:创建于明末,民国三十五年(1946)重修。

嘉义县朴子镇城隍庙:创建于民国六年(1917)。

嘉义县鹿草乡城隍宫:创建于清乾隆四十年(1775)。

嘉义县太保乡东安宫:创建于清乾隆年间,光绪三十二年(1906)迁建。

嘉义县水上乡奉安宫:创建于清咸丰九年(1859)。

台南县白河镇太城宫:创建于清光绪二十三年(1897)。

台南县佳里镇四安宫:创建于清光绪三年(1877)。

台南县七股乡保生堂:创建于1952年。

高雄县凤山镇城隍庙:创建于清嘉庆年间。

高雄县旗山镇森安宫:创建于民国三十七年(1948)。

高雄县梓官乡城隍庙:创建于清嘉庆五年(1800)。

屏东县东港镇东福殿:创建于清光绪初年,民国三十六年(1947)迁建。

屏东县潮州镇城隍庙:创建年代不详。

屏东县万丹乡陈府城隍:创建于清同治四年(1865)。

花莲县瑞穗乡保安宫:创建于清光绪十五年(1889)。

澎湖县马公镇城隍庙:创建于民国二十五年(1936)。

澎湖县马公镇城隍庙:创建于1949年。

台北市松山区霞海城隍庙:创建于清光绪三十四年(1908)。

台北市松山区昭明庙:创建于民国十五年(1926)。

台北市城中区台湾省城隍庙:创建于民国三十六年(1937)。

台北市延平区台北霞海城隍庙:创建于清咸丰九年(1859)。

基隆市仁爱区城隍庙:创建于清乾隆年间。

台中市南区城隍庙:创建于民国十年(1921)。

台中市北区灵兴宫:创建于民国六年(1917)。

台中市北区县城隍庙:创建于清康熙五十年(1711)。

台南市中区府城隍庙:创建于明永历年间。

台南市安平区城隍庙:创建于清乾隆十四年(1749),嘉庆二十二年(1817)重修。

高雄市左营区城隍庙:创建于清乾隆六年(1741)。

高雄市盐埕区霞海城隍庙:创建于民国二十年(1931)。

高雄市鼓山区城隍庙:创建于民国三十四年(1945)。

总之，无论正月元宵、城隍寿诞，还是清明节、七月十五日、十月十五日这些重要日子，不但官府衙门要循例到城隍庙举行官方的祭祀活动，同时或他时由民间自发举办的城隍庙会活动更是香客云集，热闹非凡。可以说，城隍庙是慈善机构，常常有钱米、医药、被服、棺木等赈济物资向穷人施舍；城隍庙是冥司法院向阳间的派出机构，为人们主持公道，排解纠纷；城隍庙是文化剧场，演绎忠臣孝子、节妇烈女的悲欢离合，娱乐民众，教化群氓；城隍庙还是穷人的免费避难所，无家可归的落难者，赶考路上无助的学子，无处落脚的江湖人士，都可以侥幸讨得一餐，求得一宿；城隍庙也像忏悔的教堂，普通人家的婚丧嫁娶，官场里的荣辱沉浮，生意上的盈亏赔赚，都可以在这里找到庇佑和安慰；不仅新官上任要到城隍爷面前宣誓就职，甚至连那些在刑场上指挥杀人的监斩官，也会在行刑结束之后专程绕道来城隍庙敬奉地烧上一炷香，乞求城隍爷能够快速拘拿那些可能跟在自己身后的冤魂孤鬼。总而言之，在城市里生活的人们，从物质和精神两方面都难以摆脱城隍庙这一神圣场所的影响，城隍庙里的大量民俗活动已经成为城市市民生活中不可缺少的组成部分，同时也由于城隍庙这一城市中心在文化上所具有的吸引力和凝聚力，使得其成为一种精神寄托。对于台湾的城隍庙来说，更是对中华民族传统文化的一种顽强继承和精神传播，是龙的传人的特殊存在方式，更是对自己祖先神灵的一种敬仰和崇拜。

鼓乐香火祭城隍

　　城隍庙不仅仅是一个寄托人们对神仙的敬仰之情、希望通过祭拜上香等仪式来祈福求保佑的宗教场所，而且还是一座接受文明教化与文化熏陶、享受文化娱乐与宗教信仰的精神家园。在一座城市中，以城隍庙为中心，每个季节都会定期或不定期地举办一些文化、宗教、娱乐活动，同时也有以庙会商市为主的商业经济贸易活动。在这些以迎神赛会为主旨的民俗文化活动中，祭祀城隍礼仪是其最重要的一项内容。人们为了求得城隍的保佑与赐福，一方面对其顶礼膜拜、虔诚供奉，另一方面却也希望通过祈福活动来寄托善男信女们的美好愿望和要求。有的时候，人们会让平时高高在上的城隍神灵走出庙门，下到基层，深入实地，体验民情，考察民风，甚至与百姓市民一起体验风吹日晒、雨淋雷击，以切实保佑民生，尽职尽责。在这些祭祀活动中，有些活动是固定的、每年都要定期举行的，有的则是临时的。在时间上，由于地理区域的巨大差异，全国各地呈现出极大的不同，但在时令和节候上却大致相似。至于临时性的祭拜，则因各种具体情况而表现出随意、即时的特征。

　　在充满浓厚的宗教与民俗双重文化意味的祭祀城隍神的系列活动中，固定的礼节仪式除了一年中每

图42　城隍与判官

个月的初一和十五日照例上香进供、在春秋仲月将城隍神与风、云、雷、雨、山、川等自然神合并祭祀之外，还有最重要的三大"鬼节"即分别于农历清明节、七月十五日中元节和十月初一日定期举行的"三巡会"，其次还有城隍诞辰和城隍娘娘诞辰日的祭祀活动。在全国各地，祭祀活动在时间上虽然不是特别统一，但大致都相同，而且这种活动是在礼仪方面是较为固定的。在这三次盛大的节庆活动期间，每个供奉有城隍神的城镇，都要举行隆重而丰富的宗教礼仪形式和文化艺术活动，多彩的文娱表演使城里城外的百姓居民处于极大的喜悦和忘情的狂欢之中。城隍庙这一平时充满庄严肃穆色彩的神职场所，在三节期间也因此成了当地城镇居民最为重要而普遍的愉悦心灵、放松精神的乐园。这种充满世俗色彩的文化宗教活动，也给市民和百姓们带来了极大的快乐，活跃了当地的文化气氛，丰富了人们的精神生活，寄托了人们的良好愿望，同时在经济上也为民众提供了巨大的便利。

一、日常祭祀礼仪

人们对城隍神的祭祀，通常分为日常性和节庆性两种。通常人们都会在每月的初一和十五到隍庙中进行例行上香许愿，以祈求神灵能够随时提供保佑与帮助。

初一是每个月的开始，称"朔"或"朔日"。《说文解字》解释道："朔，月一日始苏也。"也就是每月开始的日子。这一天，月球和太阳黄经相等，月球运行到地球和太阳之间，和太阳同时出没，在地球上是看不到月亮的，故而晚上最黑。在古代，皇帝要在这一天必须朝见群臣，接受其行礼致贺，称"贺朔"。由于这天是一个月的开端，因此百姓都要抢在这一天事先到庙中对神灵进行祭拜和祈祷，并许下心愿，祈求神灵能够在这一个月里保佑自己及家人各方面都能平安顺利，如果是家中有久病不愈的病人，那就更要时刻去向神灵烧香焚纸、叩头跪拜，希望神灵能够保家中的病人早日康复。如果自己在神庙里许下的愿心得到了应验，那就还要挑选适当的日子与时辰到神灵面前还愿，兑现自己的许诺，贡上锦旗、缎带或者钱粮，千万不可遗忘或者对神灵做出欺骗、亵渎的举动，那样是要遭到残酷的报应的。民间俗语说："躲过了初一，躲不过十五。"意思是说，如果做了不应该做的事，迟早是会遭报应的。也可以这样认为，如果初一由于特殊原因没有兑现自己的许诺，那就一定要在十五加倍补偿，这也可视为一种将功补过的折中方案。但总体上来说，人们是更重视每月初一日的祭拜活动的。

十五是每个月月亮最圆的一天，称为"望"或"望日"。有的时候，这种月圆现象也会出现在十六日甚至十七日，正如俗语所言"十五的月亮十六圆"。但在通常情况下，人们仍然认为十五是一月中能够见到满月的日子。《释名·释天》解释道："月满之名也。月大十六日，月小十五日，日在东，月在西，遥相望也。"每月的十五和十六这两天，在中国普通百姓的生活中是最具有宗教意义的日子。有些信仰佛教与道教的人，都要在这两天先斋戒沐浴，再进香诵经，或是亲自到庙宇中烧香祈福、求签占卜。作为一城之主神所在的城隍庙，更是免不了接受信众的祭拜与布施。在这两天，不但普通的老百姓要去焚香叩拜，就连地方上的一些行政官员也要进庙上香祭拜，希望通过焚香祭拜，求得神灵的保佑，和气生财，逢凶化吉，万事顺心，家人健康，仕途亨通，生意兴隆。

在上香祭拜的活动中，许多地方至今都还保留着烧头香的习俗。"烧头香"又称"烧头炉香""上头炷香""抢头香"，以庙门正式打开、上香开始后排序第一者为准。在上香者看来，只有这样才可以更为至诚谦恭地表达对神灵的敬仰供奉之意，也能够得到神灵的额外保佑和庇护。这一习俗的最早记载，虽见于宋人笔下，但其实在宋前应该已经相当流行了。宋代孟元老在《东京梦华录·六月六日崔府君生日二十四日神保观神生日》中记曰："六月六日州北崔府君生日，多有献送，无盛如此。二十四日州西灌口二郎生日，最为繁盛。庙在万胜门外一里许，敕赐神保观。二十三日御前献送后苑作与书艺局等处制造戏玩，如毬仗、弹弓、弋射之具，鞍辔、衔勒、樊笼之类，悉皆精巧，作乐迎引至庙，于殿前露台上设乐棚，教坊钧容直作乐，更互杂剧舞旋。太官局供食，连夜二十四盏，各有节次。至二十四日，夜五更争烧头炉香，有在庙止宿，夜半起以争先者。天晓，诸司及诸行百姓献送甚多。"这里虽然记载的是神保观神生日时有人为了抢烧头炷香而在庙中住宿或半夜时分就起身赶路的情形，但可以看出已经形成了固定的礼俗，而且人们已对此相当认可和热衷。对于国人来说，往任何一位神仙的庙里烧香，都是宜早不宜迟，认为这样才能表现其虔诚与敬意。如果遇到那些家中有病或有求于神尊的人，就更要不惜一切代价，为神灵尽早尽快地献上自己的一片心意。清代袁枚在《子不语》卷十九中也指出了这种在拜神过程中出现的普遍现象："凡世俗神前烧香者，以侵早第一枝为头香，至第二枝便为不敬。"并引山阴沈姓者的故事，说明敬神一定要诚心实意，而不能徇私舞弊，并且通过故事揭露了城隍的庸愚不公和纵恶丑行。清末俞樾则在《茶香室丛钞》卷十五中更加绝对地说："（韩元英）遣一亲信仆持香往岱岳祈谢，谓曰：'圣帝惟享头炉香。'……按此知世俗有烧头香之说，由来久矣。"人们为了等待和争抢这一优先向神灵供奉祈求的良辰佳机，往往是半夜起早、披星戴月，有人甚至通宵达旦地等候。在浙江海宁马桥，当地就流传着一首幽默的民谣："张家小姐烧头香，隔夜打粉巧梳妆，困觉只好扑转身，一忽困到大天亮。急急忙忙进庙堂，庙里蒲凳也抢光，小姐想想无办法，只好苦苦求和尚。"烧头香的诱惑连闺房小姐都难以抵御，可见这种习俗的影响。在元人郑廷玉的杂剧作品《看钱奴》中，周荣祖夫妇也因烧了头香，不但得到了儿子的消息，而且还找回了自家的财宝。这一故事反映出民间信众的一种心理，即烧头香不仅能表现一个信徒的虔诚，还可以将自己的心愿在第一时间传送给神灵，使神灵能够快速感应，加速实现自己的愿望。当然也有极少数的一些人，因为自己做了亏心事，害怕得罪神灵，所以希望通过抢先烧头香的方式，来祈求神灵的宽恕和原谅，以侥幸逃脱应有的惩罚。

有的地方，烧香习俗的名目更为繁多，规矩也是愈发细致。特别是针对老百姓在治病疗疾方面的刚性需求，更是成为城隍神的一大职责。有的城隍庙中，就有眼光祠和痘疹祠，专门诊治人们的日常疾病。在中国古代，由于医疗条件及医学水平的落后，人们对许多疾病都无法医治，大部分人在求医问药的同时，都会将希望寄托在神通广大、无所不能的神灵上，试图通过占卜酬神达到医治的目的。清人顾禄在《清嘉录》卷三"犯人香"条中，就对人们到城隍庙祈求治病的各种活动进行了描述：

> 人病，其戚若友联名具疏于庙以祈神佑，谓之"保福"。告痊，谓之"拔状"。或许愿于神，病既愈，富家召优伶演剧，供献冠、袍、靴、履；贫窭之子，亦必倩祝史献牲，谓之"还愿"，无日无之。女子为后宫侍从，男子为廊下隶卒，署名腰牌上，注服役月日、年纪。其人死，即肖像于庙。或病者暗充罪人，有毕生为神犯者，有历五年、三年为满者，谓之"暗犯"。遇清明节，殿前烧香，焚化批文，名曰"犯人香"。七月半、十月朔节亦如之。三五日前已纷纷投到。既死，恐真为犯鬼，又必焚疏求释。

意思是说：人如果生病，他的亲戚好友就要联名向城隍神写祭文，在庙中祈祷神灵保佑，叫作"保福"。如果在祈祷后疾病痊愈，就要向神灵祷告，叫作"拔状"。有的人还向神灵许下心愿，一旦疾病痊愈，富裕的人家就要召请那些戏子优伶来为城隍唱戏，供奉上崭新的冠、袍、靴和履。而家中贫穷的人，也一定会请庙祝献上猪羊，叫作"还愿"，这样的还愿每天都有。许愿的人，如果是女子，就当城隍庙后宫的侍从，如果是男子，就任廊下隶卒，都要把自己的姓名写在腰牌上，上面注明服役的月日和年纪。这些人死后，要将他们的肖像画在城隍庙里。有的病人暗中充当罪人，有的一生都做神犯,也有五年、三年就期限已满的,叫作"暗犯"。遇到清明节,就要到大殿前烧香,焚化批文,名字叫作"犯人香"。七月十五日的十月初一日都要这样。往往是在这些节日的三五天前,这些人都要早早来投名报到。他们害怕自己在真正死后到阴间做鬼成了罪犯,所以又一定要焚化文书求神灵释放他们。从这则记载看,人们对城隍神的敬畏与虔诚之心是无以复加的,对城隍神灵及其配偶的焚香许愿活动都是带有强烈而现实的目的性与针对性的,同时还有许多后续预防行为也是为了防止后来生患而自行采取的保障之举,使得城隍在救人性命这一方面既享有无可替代的特权,另一方面还可以使冤死的阴魂得以昭雪还阳,更可以延续阳寿、荫庇子孙。对于一些子嗣不旺、多世单传的富庶人家来说,在每一次祭拜机会中都尽可能向城隍爷烧香还愿、求子赐福,那么一年中三巡的每个节日就是黄金时机,万万不可错失。

二、祭厉:首巡的前奏

"三巡会"作为城隍信仰民俗文化活动中最为重要而特殊的主体项目之

图43 出巡队伍中人扮装的阴阳判官

一,在全国各地十分广泛而普遍地实行,尤其是在长江中下游和东南沿海地区的各级城镇以及北方的京城、府县等地,声势更加浩大,隆重热闹。在每年清明节、七月十五和十月初一这号称三大"鬼节"的日子里,城隍神出巡游街,视察人间,接受辖区内万民的祭拜与供奉,是最具宗教特色和民间信仰崇拜主题的人神共娱性活动。这一活动,通常都到厉坛进行"祭厉"的前期准备,才有出巡的合理安排,同时还有内容相当丰富繁杂的各色庙市助兴,组成了一个集祭祀、娱乐、祈福、经济于一体的综合性法事。之所以说是鬼节,因为它主要祭祀的是亡者,尤其是那些无主的孤魂野鬼,但对死者的抚慰表现出的却是对生人的庇佑理想。清人富察敦崇在《燕京岁时记》中就记载了北京城中的这一习俗:"江南城隍庙……内有城隍行宫。每岁中元及清明、十月一日有庙市,都人迎赛祀孤。"明确了每年在清明节、中元即七月初一日和十月初一日举行庙市并迎神赛会、祭祀孤鬼的民事活动。近人胡朴安也在《中华全国风俗志》中介绍说:"又清明、七月望日、十月朔,举城隍神像,导以旗仗,至厉坛而还,谓之城隍出巡。"这里虽未详细描述祭厉的具体环节,但却明确了举行城隍出巡的确切时间和在此活动中以仪仗旗帜导引的形式将城隍神像迎至厉坛再返回的情景,本身就包括了祭厉这一内容,也有普度众生的慈善意味在其中。

"三巡会"这种仪式,最早出现在明代。据《明史》卷五十记载:

> 泰厉坛祭无祀鬼神。《春秋传》曰:"鬼有所归,乃不为厉。"此其义也。祭法:王祭泰厉,诸侯祭公厉,大夫祭族厉。《士丧礼》:"疾病祷于厉。"郑注谓汉时民间皆秋祠厉,则此祀达于上下矣。然后世皆不举行。洪武三年定制,京都祭泰厉,设坛于玄武湖中,岁以清明及十月朔日遣官致祭。前期七日,檄京都城隍。祭日,设京省城隍神位于坛上,无祀鬼神等位于坛下之东西,羊三,豕三,饭米三石。王国祭国厉,府州祭郡厉,县祭邑厉,皆设坛城北,一年二祭如京师。里社则祭乡厉。后定郡邑厉、乡厉,皆以清明日、七月十五日、十月朔日。

这段话的意思是说:泰厉坛主要祭祀那些没有人祀奉的鬼神。《春秋传》中说:"鬼如果有地方可归,就不再做厉。"这是它的基本意义。祭法中规定:国王祭祀泰厉,诸侯祭祀公厉,大夫祭祀族厉。《士丧礼》说:"如果有了疾病,就去向厉鬼祈祷。"郑玄注认为汉代时民间都在秋天到庙中祭祀厉,那么这种祭祀礼仪已经通达上下了。但是后代都没有实行。明代洪武三年(1370)定下制度,在京师都城祭祀泰厉,在玄武湖中设立祭坛,每年的清明节和十月初一日朝廷都要派遣官员前往祭拜。举行活动的前七日,要向京都城隍发来通知檄文。正式祭祀的这一天,要在祭坛上设立京都城隍和省城隍的神位,并将无人祭祀的鬼神牌位置于祭坛的东西两面,祭品为三只羊、三头猪,还有三石饭米。诸侯王国祭祀国厉,府、州祭祀郡厉,县祭祀邑厉,都要在城的北面设立祭坛,一年要祭祀两次,和京师一样。里社就祭祀乡厉。后来统一规定祭祀郡邑厉和乡厉的时间都为清明节、七月十五日和十月初一日。这种以国家政府机关法令的形式在全国范围进行统一规定的做法,得到了后来人们的普遍遵守和认可,于是一直相沿习,并且逐步细化,在明、清两代成为不变的定例。三巡会也成为全国所有城市以及一些大型村镇定期举办的最为重要而坚持不懈的宗教文化与民俗活动。

图44　城隍出巡中的舞龙表演队

　　《续文献通考·群祀考三》也记载了朱元璋诏令天下各府州县筑坛奉祭的规定,其内容和上引《明史》中的规定基本相同,只是更加笼统而已。这一规定要求在京城的玄武湖中筑坛,各地的府、州和县都要在城北设立祭坛,各里也都要设坛祭祀。每年的三月清明节、七日十五日和十月初一日,为首的官吏都要带领下属人员准备丰盛的供品,前往祭祀。牲畜要用三只羊和三头猪,还要煮三石米饭。在祭祀的前七日,就要以专文告知城隍。祭祀的当天,在正中的坛设立城隍神位,并献上羊一只、猪一头和一些米饭。在坛的南面,要立石刻的碑文。京师都城的称为泰厉,王国的称为国厉,府州的称为郡厉,县称为邑厉,都有固定的程式。可见,祭厉这种仪式,从明代洪武时开始,就有了较为系统而严格的规定,后来不过在此基础上更加整饬烦琐而已。

根据上述记载,可以看出城隍神进行三巡,其对象主要针对的是各个地方出现的不同层次的"厉"。"厉",也就是俗称的恶鬼,指的是在死后无法进入阴曹地府向阎王爷报到而游荡于阳间、没有后人进行定期祭祀的孤魂野鬼,专指那些非正常死亡的人的阴魂,有的地方甚至包括无人收尸、暴露于荒野的无主骸骨。由于没有后人供奉和祭祀他们,他们在阴间缺钱少粮,在不堪忍受饥寒交迫的情形下,就会时常跑到阳间索取香火与钱财,随时随地作祟降灾。受儒家仁义与佛教慈悲及神鬼观念的影响,人们在清明节为自家祖先祭祀扫墓的同时,也为那些无祀的鬼魂设祭,有的地方甚至请和尚或道士念诵经文以超度他们的无法归冥的亡灵。为了安抚这些厉鬼,民间其实很早就有了祭无主祀的风俗。早期的祭厉与城隍信仰并没有关联,而只是人们在清明时节祭祀祖先活动中的一项施舍性质的善举。至明初朱元璋洪武年间整顿祭典,才规定每年除清明外,还要在七月十五中元节和十月初一两日举行祭无祀活动。又同时将城隍确定为冥官,这些厉鬼自然就归其管辖,主祭厉鬼的活动由城隍来主持进行,就是情理之中的事了。

清代沿用了这一制度,《大清会典》中就明确规定:

> 厉坛为群祀,岁以清明日、七月望日、十月朔日,凡三祭,先请城隍神为之主,乃召无祀鬼神祀之。

清人陆凤藻也在《小知录》中云:

> 洪武二年,上在朝阳殿,梦东莞城隍及钵盂山土地云:"每岁致祭无祀,一次不敷,乞饬有司,岁祭三次,庶幽魂得以均沾。"上觉而异之,召礼部议,诏天下无祀者,岁凡清明、中元、十月朔,郡邑官致祭,著为令。我朝因之。

这里虽然将祭厉这种习俗形成的根由归结为广东东莞城隍和钵盂山土地向明朝皇帝朱元璋托梦,要求地方上的官员每年能够祭祀三次这些没有人致祭的无名鬼魂,作为一国之君的朱元璋感到非常惊异,就召集礼部官员进行讨论,最后形成诏书,要求天下的郡邑官都要在每年的清明、中元和十月朔日祭祀那些没有人奉祀的阴间鬼魂,由于是明代皇帝亲自倡导并诏告天下,因此清代也原封不动地沿袭。明代以后,城隍神的地位和祭祀得到了各级官府的普遍认可和极大支持,这是其日益兴盛并成为固定节庆的重要原因。而朱元璋在梦中既梦见了城隍,还梦见了土地,两位神灵是同时结伴出现在皇上梦境中的,于是这种活动在其后既与城隍密切有关,又与土地发生了联系,况且有许多村镇尤其是江南一些地方既无城也无隍,他们往往祀奉的是土地。出于此,有的地方索性将城隍神与土地神合二为一,有的地方则时分时合,有的地方则区分较为模糊,二者关系可谓相当微妙而略显尴尬。有的地方虽然将此二神合并来祭,有的也分开祀奉,但是土地神既具有普遍性,又显得卑微,无论是在城乡,都算不上有相当级别与地位的大神,甚至其所处的土地庙也都是既偏僻又狭小,相对于城市之神尤其是经济繁荣而地位重要城市的城隍及所居的城隍庙而言,就更加显得冷清寂寞和官卑位低了。对于这种现象,日本学者滨岛敦俊在《明清江南城隍考——商品经济的发达与农民信仰》(载《中国社会经济史研究》1991年第1期)中极为精彩地分析了其兴起的根源与实质:"本来只有县级以上才有的城隍庙,发展到下层的聚落,其根源是这一地区的商业化和在这基础上的市镇——小城镇的发展,进一步可以想象江南市镇作为'城市'开始'自立'。但是,可以确定,镇城隍庙的发展,与其说是江南市镇作为城市要求自立、自治——这从城隍神即'城市守护神'的概念出发很容易联想到,倒不如说它希望把自己置位于首都—省府—州县各级行政序列的下层。这从中国官僚制社会的特殊性来看是毫不奇怪的。"城隍三巡启动前的祭祀仪式多在厉坛这一特定场所举行,全国各地,概莫如此,尤以南方更为典型。内陆腹地,也不例外。既

图45 福建民间抬城隍神出巡的场面

如地处河西边陲的甘肃张掖、民乐、景泰等地,也会在清明节时举行隆重的城隍出巡仪式,尽管在规模和声势上远远赶不上东南沿海一带。

人们将城隍爷的活动木质坐神像以全副仪仗抬出城门,迎至厉坛的行宫,进行各种设祭活动,并且要请法师念诵经文,请戏班唱戏酬神。在东南沿海经济发达地区,更是讲究非常,一年三祭,毫不含糊。如上海地区,每逢清明节、七月十五日和十月初一日,即上元、中元、下元三节,各神像在齐聚邑庙(即城隍庙)后,都要举行赛会,由城隍神率领新江司、长人司、高昌司、财帛司等具体部门,行至西门外邑厉坛赈济孤魂。相传元末这一地区由于钱鹤皋之乱,杀人过多,虽然后来遭到了明朝的镇压,但当地百姓还是畏惧这些孤魂怨鬼会出来作怪害人,故有此举。关于赛会的行进路线,事先要以求签的方式决定。仪仗队伍也是十分齐整,庄严浩荡。通常都是白天正午一时后出巡,至晚上十时后才能回到庙中。清明后一日,大南门外高昌司庙的高昌司尊奉城隍神的委托,还要出巡一次,范围主要是城外。在制造局附近的新高昌庙,清明时节也要举办迎赛高昌司会。参加者多为制造局的职工,仪仗鲜艳,人数众多,有高跷、抬阁、龙灯及乔装打扮成的三百六十行,还有诸如荡湖船、湖丝阿姐、卖盐婆、卖花女郎等民间文艺杂技节目表演,热闹非常,观者塞途。上海光复后,游行路线改至沪南斜桥、陆家浜路一带,节目内容更加丰富精彩,观众如潮。宣统时编的《蒸里志略》卷一《疆域下·风俗》记载道:"是日诣城隍庙,奉城隍神出郊野,赈济义冢及无祀孤魂,名祭坛。"指出在清明节这一天,都要到城隍庙,请城隍神出巡郊野,赈济那些义冢和无人祭祀的孤魂野鬼,这种仪式称之为祭坛。清人张春华在《沪城岁事衢歌》中,以竹枝词的形式,对城隍出巡的盛况进行了描述:

> 清明报赛到城关,毂击肩摩拥阛阓。
> 五里羽仪人静肃,路由岁岁挈红班。

诗后自注:"邑厉坛令宰有举祭之典,每岁于三元节遵行之。县膜城隍神主坛,俗谓三巡会。舆马骈集,旌旆灿然,亘四五里,俨然宪卫也。皂隶中著名者为红班,先一日举明日所经历,揭庙门为路由签,书出入某门,于神前掣之,必由红班编定。"自注的意思是:本地厉坛的主持者有举行祭祀的仪典,每年的三元节都要遵照执行。县官亲自发牒请城隍神主持祭坛,民间叫作三巡会。车轿并马全部聚集,各种旗帜鲜艳飘扬,绵延四五里,仿佛仪仗队伍。在皂隶中最有名的就是红班,他们要在前一天推荐当日所经过的路线,要把经过的庙门标示路线标签,并要写上所进出的门,在城隍神前掷签,

传统信仰与城市生活·城隍

一定要由红班来编定。这里的意思是说,三巡会的时间和巡游路线都是要由城隍神来决定的。

清代苏州吴县人顾禄,布衣终生,但才华横溢,能诗善画,同时对乡邦的风俗民情相当留意。我们在其著的《清嘉录》和《桐桥倚棹录》中,可以看到其对当地城隍信仰民俗的大量真实而生动的记载。如《清嘉录》卷三"过节"条云:

> 人无贫富,皆祭其先,俗呼"过节"。凡节皆然。盖土俗家祭,以清明、七月半、十月朝为鬼节,端午、冬至、年夜为人节。逢鬼节则祭用麦麹。烧纸、焚锭,亦鬼节为盛。新丧终七而未逾年者,多招释氏、羽流,讽经礼忏,以资冥福,至亲往拜灵座,谓之"新清明"。

由此可以看出,人间在一年里的各种节日,实际上是为了祭祀供奉的祖先,表达对先辈的感恩之情和纪念之意。如文中所言,无论是贫家还是富翁,都要有这种孝敬之心与奉祭之行,先要祭祀自己的祖先,这一活动俗间称为"过节"。每逢过节,都是如此。而祭祀的形式在民间多为家祭,一般以清明、七月半和十月朝为鬼节,以端午节、冬至节和大年除夕夜为人节。遇到鬼节时,要用麦面来进行祭祀。焚烧纸钱和用纸做成的金元宝,也以鬼节时最为盛行。这种风俗习惯,大概与丰收后想奉献给祖先尝新的心理有关。对于刚刚去世四十九天还没有到一年的人,要多多请那些和尚与道士为他们唱诵经卷、礼佛忏悔,以此来增加他们在阴间的福禄,最亲的人还要亲自到寺院道观中参拜神灵,这种活动称为"新清明"。这些活动体现的内涵,都是为了不使已逝的亲人在阴间地府受苦挨罪,体现出对死者的怜悯抚慰之情。

在同卷"山塘看会"条中,他又详尽地描述了苏州市在清明节这一天迎城隍诸神祭厉坛的生动场景:

> 清明日,官府至虎丘郡厉坛致祭无祀。游人骈集山塘,号为"看会"。会中之人,皆各署吏胥,平日奉侍香火者,至日各舁神像至坛。旧例:除郡县城隍及十乡土谷诸神之外,如巡抚都土地诸神,有祭事之责者,皆得入坛,谓之"督祭"。凡土谷神,又咸以手版谒城隍神。短簿祠道流以王珣为地主,袍笏端庄,降阶迎接。每会至坛,箫鼓悠扬,旌旗璀璨,卤簿台阁,斗丽争妍。民之病愈而许愿服役者,亦多与执事。或男女缧绁装重囚,随神至坛,撤枷去杻,以为神赦。选小儿女之端好者,结束鲜华,赤脚跕立人肩,或置马背,号为"巡风会"。过门之家,香蜡以

迎。薄暮反神于庙。俗呼"转坛会"。

这段话的意思是：清明节这一天，官府都要到虎丘的郡厉坛来祭祀那些无人祭祀的厉鬼。游人聚集到山塘，号称"看会"。会中的人，都是各个衙门的吏役仆从，平时侍奉香火的人，到了这一天就将神像抬往神坛。过去的统一规定是：除了郡县城隍神和十乡的土地、五谷等神外，例如巡抚都土地的各神，凡是有祭祀职责的，都得进入厉坛，叫作"督祭"。凡土地和五谷之神，都要手持上朝的笏版谒见城隍神。短簿祠的道士们就以其中供奉的王珣为地主，给他穿上锦袍、手持笏版，仪态端庄，从台阶降下迎接城隍神。每次盛会到达祭坛时，吹箫击鼓，悠扬嘹亮，旌旗灿烂，迎风招展，卤簿与台阁，各自争着出彩显胜。老百姓中有病痊愈而愿意服役的，也都加入到这场活动中。有的男女把自己捆绑起来化装成重囚犯的模样，跟在神的后面到达祭坛，然后取下枷锁，除去镣铐，认为是得到了神灵的特赦。还挑选一些长得端庄好看的男女孩童，穿上鲜艳的衣服，赤着脚跕起来站立在人肩上，或者放在马背上，号称"巡风会"。凡是城隍神出巡经过大门的人家，都要烧香点烛来迎接。直到黄昏，队伍才将神送回庙内。俗称为"转坛会"。其后，顾禄还收录了几首诗歌，反映出了苏州市民在清明节进行城隍三巡会的场景。如蔡云《吴歈》云："纷纷神役与神囚，多事舁神到虎丘。却爱巡风小儿女，绣衣花帽骋骅骝。"诗中既描写了装扮成神役和神囚的人，又特别突出那些参与巡风活动的少男少女身穿绣衣、头戴花帽的靓丽身影，同时也指出是好事的人将神像抬往苏州虎丘这一地方进行祭祀活动，可与上述相互参证。又如郭麐在《山塘竹枝词》中所云："灵旗社鼓说迎神，长吏同班露冕春。一例折腰手版内，那知张翰与王珣。"诗中表现在迎神赛会活动中那些衙役们统统都手持笏版折腰相拜的情景。杨韫华在《山塘棹歌》中云："三驺排立厉坛匀，县长朝来监祭神。一样阴司重地主，阶前袍笏立王珣。"也是表现地方长官对于迎城隍神三巡的重视与虔敬之情。

在《桐桥倚棹录》卷四中，顾禄还详细介绍了厉坛和祭厉的情形：

> 郡厉坛，在虎丘二山门内，长洲、元和、吴县俱附祭于此。坛制，累石为之，纵横各三丈，高四尺。坛侧有崇祯十一年巡抚张国维禁杂派虎丘差税碑。每岁春清明日、秋七月望、冬十月朔，以仪从迎府县城隍神至坛，读钦依祭文，祭阖郡无祀鬼神。府官主祭，三县官陪祀。

这段话的意思是：郡厉坛，在虎丘第二道山门内，长洲、元和和吴县这三个地方都在此处祭祀。厉坛的制式是用石头累就，纵横各三丈，高四尺。坛

传统信仰与城市生活：城隍

的一侧有明崇祯十一年(1638)巡抚张国维禁止杂派虎丘差税的石碑。每年的春季清明节、秋季七月十五、冬季十月初一，都要举行仪式将府县的城隍神迎至厉坛，宣读经皇帝批准的祭文，以祭祀全郡那些无人奉祀的鬼神。由州府中的太守主祭，三县的长官陪同祭祀。接着，同样录了时人顾樵的《竹枝词》和顾志冲的《吴中岁时竹枝词》诗两首，前者云："百神赛社过山塘，麦饭何曾及国王。霸业销沉无处问，一抔荒土共真娘。"通过祭祀盛况的比较，展现出城隍祭厉的盛大情形。后者云："会称三节首清明，虎阜游人逐队行。一带珠帘临水映，白公堤畔画船横。"则写清明节时的热闹远远超过其他两个节会，突出水面停泊的大小船只和岸上川流不息、来往如织的游人。通过这些文字记载，我们可以看到在清明这一天，由官府担任主祭角色，在苏州虎丘郡厉坛祭祀无人奉祀的孤魂野鬼的情形，而这种祭祀活动届时都要征得城隍神的许可，犹如地方政府的职责。有的时候还要将城隍神迎至祭坛，使其主持或者列席，凸显出城隍在一城中的地位与作用。虽然这种祭礼，不是以城隍为主角，但是却都在城隍的职责管辖范围之内。

南方祭厉的情形如此盛大隆重，北方以京师为代表的祭厉活动在规模上也毫不逊色。清人潘荣陛在《帝京岁时纪胜·三月·赦孤》条中，就详细地记载了京城清明节时于普济堂和育婴堂祭厉的习俗：

> 广宁门外普济堂收养异乡孤贫疾癃人，冬施粥馕，夏施冰茶。育婴堂收养弃掷婴儿。两堂清明日捡拾暴露骸骨及幼殇小儿瘞葬，或化而瘗之，复延僧众施食度荐，名曰"赦孤"。又祭厉鬼者，是日，设仪仗、陈鼓吹前导，舁请城隍圣像出巡，于城南隙地奏乐荐享，中设神位，傍立孤魂棚座祭赛，焚其楮帛，名曰"祭孤魂会"。盖仿古厉坛之遗意焉。

这段话的意思是：广宁门外的普济堂，专门收养那些来自他乡的孤独、贫困和有疾病的人，冬天施舍给他们粥饭，夏天则施舍给他们凉茶。育婴堂专门收养那些被人抛弃丢失的婴儿。在每年的清明这一天，普济堂和育婴堂都要去捡拾那些暴露于野外的死人骸骨以及幼时就死亡的小儿进行瘞葬，有时也焚化了以后埋葬，还延请那些和尚为他们施舍食品、诵经超度，称为"赦孤"。还有在祭厉鬼的当日，要陈设仪仗队和鼓乐手在前引导，抬出城隍塑像出巡，到城南面的空地演奏音乐、跪拜祭祀，中间设立城隍神位，两旁再扎竖有孤魂野鬼牌位的大棚，焚烧纸钱，称为"祭孤魂会"。这种活动就是古代祭厉的遗存。可见，在京城的清明节这一天，有些慈善团体不但要收集、掩埋和祭祀那些死去的无主亡魂，还要救济那些处于死亡边缘的活着的

孤穷贫病之人。普济堂最早是由一个叫王廷献的义士于清康熙三十六年（1697）出资在京都广安门外二里大路边创办的一所慈善机构，专门收养那些流落街头无家可归的穷人。他的善行义举，震动了京师。康熙四十四年（1705），顺天府尹钱晋锡也为之感动，将此事上奏朝廷。康熙帝倍感嘉悦，认为这种好义轻施、恤灾拯患的行为正是大清良民美德、盛世风范的绝妙体现，应大加提倡，推及全国，并亲题"膏泽回春"匾额赐予普济堂，还作《圣祖御制普济堂碑记》，勒石建亭。雍正帝即位后，颁谕旨嘉奖普济堂，以每年赐银一千两为定例，还随时另有额外颁赐。乾隆帝更是在即位当年（1736）就诏令顺天府接管普济堂，改由官办。育婴堂是一种由官方主办、采用民间个人捐助性质的用以抚养婴儿尤其是女婴的慈善机构，最早创办于清康熙元年（1662）。清人陈康祺在《郎潜纪闻》卷四中指出："元明之世，育婴堂尚未通行。自国家忠厚开基，发粟振饥，岁不绝书，孤独鳏寡，各得其所。世祖皇帝讲筵触发，特严溺女之禁，海内始知育婴为善举，然在官尚无常饩也。仰维孝庄皇后首颁禄米，满汉诸臣，以次输助，不数年，由京师以达郡县，育婴之堂，遍天下矣。"作者认为，元明两代，育婴堂还没有在全国范围内通行。自从清代开国以来，国家强盛，朝廷每年都发放粮米赈济饥荒，那些失去了亲人的孤独之人，都得到了应有的安置。康熙皇帝更是由讲筵触发，特别严令禁止溺毙女婴的行为，这样海内才知道哺育婴儿是慈善之举，但是在官方来说还没有形成惯例。依靠孝庄皇后首次颁发禄米，满族和汉族的各类大臣也都慷慨相助，没过几年，就从京城普及到了郡县，育婴堂这种机构遍布天下。在创建诸如育婴堂这些慈善机构的同时，地方官府也对那些无人祭祀的孤魂野鬼进行安抚与慰问，与阳间的人表现出同样的待遇，而城隍则代表的是阴冥官方的态度，更体现出对存亡之人一视同仁的人文关怀，其中的和善意蕴值得肯定。因此，祭厉之风，相传不绝。到了民国年间，才逐渐被废除。

三、巡游：祭祀的高潮

　　城隍神在一年中的三次出巡，是一项极为隆重谨慎而在时间与空间方面几乎不容变更的宗教活动。出巡的时间分别分布在一年中的三个季节，但在形式上却大体相同，在步骤方面不外乎请城隍、祭厉坛和出巡三个程序。而在每个程序的具体进行过程中，又包含了若干层次的分程序内容，如出巡中的"排夜街""收灵台"以及伴生的各种文艺娱乐表演等。

　　迎请城隍神出巡是一件极为严肃而隆重的事情，通常具有一套严格的程式礼节。据《明会典》卷九十四载：

先期三日,主祭官斋沐更衣,备香烛酒果,诣本处城隍发告文,通赞者赞:鞠躬,拜,兴,拜,兴,平身。诣神位前,跪,进爵,献爵,奠爵,俯伏,兴,平身,复位。鞠躬,拜,兴,拜,兴,平身。焚告文,礼毕。

这段话的意思是:举行活动的前三天,主持祭祀的官员要斋戒、沐浴、更衣,预备香烛和酒果,到本处城隍庙里向神灵发告文,并随着通赞的礼宾喝礼唱赞进行三拜礼:鞠躬、跪拜、起、再跪拜、再起、平身。到神灵的牌位前,跪下,向神灵呈献酒器,再盛满酒呈献,再将酒恭敬地浇奠于地,俯身于地,起,平身,恢复原位。然后再重复一遍进门前的跪拜仪式,即三拜礼:鞠躬、跪拜、起、再跪拜、再起、平身。最后焚化告文,礼仪至此结束。整个祭请仪式显得庄重肃穆,不但要求本地最高行政长官亲临神前,还要对城隍神行拜叩进献之礼,呈敬上香烛酒果等奠祭供品,还要宣读一篇求祈保佑、言辞恳切的告文,最后将告文焚烧以通知城隍的神灵。这一朝廷礼仪,遂成为民间告请神灵时的规定程序。

在祭厉的当日,人们要先将城隍神像供奉于城外的祭坛上。早期祭坛上的神像牌位一般为木制,后来逐渐发展为木胎泥塑、形神兼备的彩色神像,而这种泥塑的神像在出巡过程中极容易受到风雨等恶劣天气或人为碰磕的损坏,因此后来多改为用木雕的神像。人们在将神位安放完毕后,在主祭者的带领与指挥下,全体参与人员都要向神位行跪拜之礼,敬献香烛纸锭、时新鲜果等祭品,并宣读祭文。祭文的内容由礼部统一颁布,主要包括对厉鬼的抚恤安慰、对鬼神灵验和因果报应思想的宣传、要求百姓遵纪守法,同时督察本地官吏尽职尽责等。为了祭奠这些非正常死亡的魂灵,人们通常要在野外僻静的地方、十字交叉路口及大路旁、篱笆边、房前屋后、街道两边、桥头等处,焚香点蜡,烧化纸钱,摆上鱼肉、酒果、馒头、瓜菜等供品,让那些平时没有人看管侍奉的孤魂野鬼饱餐一顿,不再出来骚扰阳间人们的生活,名曰“路头羹饭”。有的地方还举行施舍和义祭等活动,向信徒及过往路人免费煮送米粥。其后就是最为热闹而精彩的出巡活动。

城隍出巡是整个祭厉活动的高潮部分,也是最能体现出人神同乐内涵的主要内容。对此,京师地区与南方苏杭地区,最能够代表南北两种风格。在北方,以京师最为典型。清人富察敦崇在《燕京岁时记》中记“城隍出巡”云:

四月二十二,宛平县城隍出巡。五月初一日,大兴县城隍出巡。出巡之时,皆以八人肩舆,舁藤像而行。有舍身为马僮者,有舍身为打扇

者,有臂穿铁钩悬灯而导者,有披枷带锁俨然罪人者。神舆之旁,又扮有判官鬼卒之类,彳亍而行。

让廉则在《京都风俗志》中这样描述:

> (四月)二十二日,城内宛平县城隍神为出巡之日,官隶迎祭,准令士女拈香。县役扮判官、鬼卒抬神游街,故谓之出巡。或枷锁红衣为罪人者,或露臂挂灯者,或扮马僮者,还愿酬赛,以答神庥者,种种异常。鼓乐笙簧,喧振数武。观者头丛,挥汗如雨,竟日始散。二十九,大兴县城隍神亦如此仪。

前一段话的意思是:四月二十二日,北京宛平县的城隍神出巡。五月初一日,大兴县的城隍神出巡。出巡的时候,都是以八人抬的大轿,抬着城隍神的藤像出行。紧随其后是那些舍身甘当马童的人,还有舍身甘愿打扇子的人,还有胳膊上穿着铁钩悬挂灯笼来做向导的人,更有披枷戴锁装扮成罪犯的人。在神轿周围,还有一些装扮成判官和鬼卒的人,也随着前进。后一段话的意思是:四月二十二日,是北京宛平县的城隍神出巡的日子,官府皂隶们都要迎接祭祀,同时准许士女拈香祭拜。县里的衙役们装扮成判官和鬼卒的模样抬着城隍神游街,因此称为出巡。有人戴着枷锁、身穿红衣装扮成罪犯,有人裸露胳膊悬挂着灯笼,还有人扮成马童的模样,来还愿酬答神灵的保佑,五花八门,形式多样。吹奏管乐和击鼓的声音,几里外都能听见。沿途观看的,人头攒动,挥汗如雨,整天到晚才逐渐散去。四月二十九日,大兴县的城隍神也有类似的活动。由此可见,城隍在出巡中的仪仗是颇具规模的,而参与观赏的人更是摩肩接踵,人山人海。虽然在整个出巡过程中,也有专门指定的人员来维持秩序,负责开路,保证活动的顺利进行,但是也有意外情况发生,在游人中也不乏企图滋事捣乱、小偷小摸之人,总体上还是秩序井然、平安顺利的。至清末,随着世风颓落,乱象丛生,即使在京师这样的天子脚下,也有一些借助城隍庙会等一些民俗活动滋生事端的泼皮无赖之辈,不过也有专门负责维持秩序的官府捕快对这些干扰因素进行随时随地的监控与制止。清人富察敦崇在《燕京岁时记·过会》中就指出:

> 过会者,乃京师游手,扮作开路、中幡、杠箱、官儿、五虎棍、跨鼓、花钹、高跷、秧歌、什不闲、耍坛子之类,如遇城隍出巡及各庙会等,随地演唱,观者如堵,最易生事。如遇金吾之贤者,则出示禁之。

其实,不止京城如此,南方也有这种情形出现。如明末清初人张岱在

《陶庵梦忆》卷七《西湖七月半》中就写到了来西湖看月的五类看月之人,其中就有"不舟不车,不衫不帻,酒醉饭饱,呼群三五,跻入人丛,昭庆、断桥,嘄呼嘈杂,装假醉,唱无腔曲"的企图在各种热闹的集会场合滋生事端、无理取闹的地痞无赖之徒。这些以好事者为掩护企图生事造事的人,往往会成为整个活动中的害群之马,破坏活动的严肃气氛和宗教氛围,成为文化娱乐精神中的不和谐音符,因此每个地方的组织者都会对其进行预先防备或者干涉。

据《上海研究资料续集·风土》记载:"清明前一日由县官行文给城隍,城隍神便在那一天到邑厉去赈济各义冢幽孤,到晚上才用彩灯迎回庙。仗卫整肃,邑人执香花拥道者甚众,舆从骈集,常有四五里。"城隍出巡活动,由于参加的人数众多,规模也相当宏大,各种形式的文化娱乐表演也要临场助兴,往往容易形成观者云集、人山人海的壮观场面。在这种特殊的节日里,许多地方都允许女性尤其是深处闺阁之中的大家小姐带上丫鬟女眷,都可在城隍出巡时或至现场或在路旁驻足观看欣赏,因此人数就会急剧增加,热闹程度也非同一般。

每年都要定期举行的城隍出巡活动,所花费银两即经济投入也是相对而言较为高昂的。一般由值年会首统一安排,所需经费主要来源于庙会的收入、众人集资和私人募捐等。有的时候,官府也会给予一定的经费支持。在出巡之前,除具体安排出巡日程和巡游路线之外,还要就队伍行进的顺序、神轿的整理护卫及旗手、轿夫的人员挑选与指定等进行具体商议和安排布置。有的地方为了保险起见,还要在出巡的前一天夜里进行预先排练演出,谓之"排夜街"。这种彩排,虽是临时,但同样会吸引许多人去观看参与,热闹程度不亚于正式巡游。有的地方如上海郊区的浦南新五等地,还保留着一种名为"收灵台"的原始习俗。这种习俗大都在出巡前夕进行,即将一只小动物或者小物件作为"灵台"收在城隍爷的印盒之中,以保证出巡的城隍神更加灵验。

据欧粤所著《松江民俗》一书介绍,新五地区的"收灵台"仪式分为"收阳台"和"收阴台"两个步骤,都由被称为"巡风"的人负责。"巡风"是世袭的,专司出会期间管理众"鬼"当差的职责。在进行"收阳台"的仪式时,"巡风"先带领三四十或上百个由青壮年打扮的"小鬼",将城隍爷神像从庙中抬出,扶入轿子,并簇拥着轿子,乘着黑夜悄无声息地来到大河边上。这些"小鬼"身穿清一色的黑衣黑裤,密排对面扣纽扣,个个装扮得面目狰狞,脖子上挂一响哨。他们在河边只要看到岸边有单独停靠的船只,"巡风"就指挥大家将

灯笼悄悄熄灭,将轿中城隍爷抬出,并在地上平铺上三张芦席,让城隍老爷平卧在芦席上。这些事情做完后,大家就都埋伏在岸上。"巡风"则掌握好时机,站在岸上高处向船家喊话:"喂!船家!潮水涨了,可以开船了!"如是喊上三遍,俗以为三声之内答话就有效,超过三声就无效,因此通常都以三遍为准。三遍喊话后,如果船上人答话,埋伏等候在岸上的众"小鬼"们马上就会点燃爆竹,敲起数十面大锣,并发出令人毛骨悚然的各种怪叫吆喝声,同时点亮数十盏灯笼,将岸上照得如同白昼。而船上的人多半都会被这突如其来的举动吓个半死,有些人被吓出病来,更甚者也有被吓死的。此地风俗认为,如果真吓死了一个人,那么今年出会的城隍老爷就会特别灵验。"阳台"按例要收进城隍老爷的印盒之中,平时用黄布包裹,在"收阳台"时则要将印盒打开,等到锣声和爆竹声大作时,再将印盒盖好,就意味着收到"阳台"了。然后大伙赶紧要将城隍老爷神像抬入轿中,并以飞跑的速度抬回城隍庙中。至此,整个"收阳台"仪式正式结束。因为在"收阳台"过程中要惊吓到人,甚至会吓死一些胆小或本来就有病的人,因此一般都不会去有意地吓本地人,而是专门挑选去吓那些外地来的陌生人。"收阴台"的时间也在夜晚,大多是在"收阳台"仪式结束后进行。与"收阳台"时一样,"收阴台"同样由"巡风"带队,在组建队伍和人员装束打扮方面相同,也要将城隍老爷用轿抬出去,只不过其目的地不是河边,而是坟场。一伙人抬着城隍老爷悄无声息在来到乱坟岗,熄灯灭火,禁止喧哗吵闹,将城隍老爷从轿中转移到铺在地上的芦席上后,"巡风"就去寻找未曾入土的柴包棺材,其身后紧紧跟随着一个捧印盒的"小鬼"。"巡风"寻得棺材后,迅速撬开棺材,拧下死尸的头颅,放入事先准备好的印盒之中。如果死尸已经腐烂,"巡风"在拧头时还比较轻松;如果尸体尚未腐烂,就不容易将头颅从尸体上拧下,但是作为"巡风",必须要想尽一切办法在不用刀割的情况下将头颅取下,万不得已时用牙咬嘴啃也是允许的。一旦将死尸的头颅放入印盒,就算收到了"阴台"。"巡风"一声哨响,众"小鬼"们与收得"阳台"时一样,开始大力敲锣、吆喝呐喊、燃放爆竹、点亮灯笼,并且挥舞各种兵器,欢呼雀跃。然后扶起城隍老爷,替城隍爷换上新冠、新袍、新靴,簇拥着进入轿子,并将城隍爷抬到临时搭建起来的"厂"中,准备第二天的出巡。从实质上看,所谓"收灵台",也就是"收灵魂",包括生者的灵魂和死后尚未进入冥界的灵魂,其用意在于显示城隍管理生死的非凡身份以及增强城隍出巡的神秘感与震慑力,但因这种习俗本身保留了较多的原始宗教信仰成分,显得相当恐怖残忍,令人毛骨悚然,则是不可取的。

关于城隍在清明、七月望、十月朔三节出巡的程序安排，全国各地都表现得大同小异，其主要活动内容由四部分组成。第一部分是抬城隍神像的仪仗队，他们一般都事先在城隍庙外准备一顶绿呢官轿，由住在庙里的一种叫"堕民"也称"乐"户的特殊人员偷偷抱起城隍塑像放到轿内。早已等候在轿旁的轿夫们轮番抬轿，将城隍神像抬到临时搭建而成的神台上接受众人祭拜，并由当地的族长或德高望重之人为城隍进行一番化妆打扮，换上新袍和新靴等一干衣冠，脸上还要涂搽上麻油。在抬轿夫的人员安排上，一般都挑选那些身强体壮的年轻男性担任，据说抬过城隍神的人将来会有好运气，因此青壮年男子们都会自告奋勇地踊跃争先，有的往往全程独揽轿杠，中途也拒绝他人替换。第二部分是将城隍神安放坐定后，由本地和从外地请来的民间艺人进行各种文艺杂技表演。他们吹响唢呐，舞动龙灯，跳马灯，踩高跷，耍狮子，玩杂技，演魔术，并有一些极具幽默诙谐、滑稽味浓厚的民间小戏同时演出，精彩纷呈，不一而足。表演结束后，进入第三部分——行会，也就是巡街，即城隍出巡活动的高潮。行会的顺序一般是由"火球队"在前面开道，这支队伍由十余位武将打扮的"神"组成，手里各拿两头扎结有火篮的绳子，在统一的口令和节奏指挥下进行挥舞。其后就是由百余人组成的颇具声势与规模的"鬼"队，其中走在最前面的"小鬼"面敷黑墨，头戴白巾，身穿红色的背心，足蹬草鞋，手执木叉，一边翻筋斗、打虎跳，一边做出各种夸张的表情。黑白无常紧跟在小鬼之后，他们的脸被涂成粉色，三角眼倒吊，血盆大口中伸展着一尺多长的红舌头，腰里束着草绳，肩上挂着纸钱，手里持着一块写有"捉拿"二字的捕牌，嘴里还不时发出恐怖而尖利的叫声，并做出轻飘跳动的步态，以配合小鬼表演。其后是判官与油脸鬼。判官歪戴着纱帽，红色官袍的一角被撩起塞在腰带里，脚登粉底官靴，红脸红须，双目暴圆怒睁，左手持生死簿，右手握勾魂笔。油脸鬼则满面油光发亮，头发遮盖住半张脸孔，手中提一只油瓶，在判官前后左右跳窜，还不时偷看判官手中持的生死簿逗笑取乐。民间传说油脸鬼专管阴司各处油灯，而且爱管闲事，常常揭露和告发判官徇私枉法的不端行为。紧随油脸鬼之后的还有大头鬼和小头鬼。大头鬼又胖又矮，戴着大头面具；小头鬼又瘦又高，衣领拉过头顶，扣着小头面具。两个一路上拉拉扯扯，互相之间做出许多怪相以逗众人。在鬼队中，还有夜羹饭鬼，他们脖子长而细，肚子显得奇特的大，手里捧着一个米筛沿途向观者乞讨钱物，据说他能令人生病，因此人们都对它既厌恶又不敢得罪，常常是给钱物了事。比夜羹饭鬼还要令人憎恶的就是装扮成秦桧夫妇的鬼了。这两个鬼穿着罪人衣裙，脖子上锁着一条铁索，前面

有两个鬼卒在使劲拿着,后面又有两个鬼卒用水火棍押送,所到之处,无不受人唾骂指责。有的队伍中还有一位由俊俏男子打扮成的名叫刁刘氏的漂亮姑娘,据说她生前淫荡不贞,与他人通奸,并且谋杀了自己的亲夫和儿子,被视为恶婆娘的典型。她身穿囚犯衣服,双手反绑,背上插着写有斩字的令牌,嘴里咬着假头发,坐在由推车承载的木驴上,由两个鬼卒推行前进。此外,还有由男性装扮成的女鸦片鬼、相思病鬼,其目的都是为了惩戒那些吸食毒品或淫奔浪侠之人。其后是城隍神的仪仗队,通常由八面对锣开道,紧随八个放牌或手持或背负"肃静""回避"牌,八支被用来鸣放礼炮的火铳一路装药并按指定时间放炮。城隍神被八人抬上官轿,沿街巡游。最尾是"罪人"或"犯人"的还愿者队伍。一群少男少女,头缠黑纱,手戴木栲,低眉垂目,默默跟随在城隍神之后。这些装扮"罪人"或"犯人"的童男童女,大多都在幼时得过重病,家中父母向城隍神祷告,并许下诸如"城隍菩萨你要保佑某人病好起来,以后你出殿时给你作罪人"之类的愿言。也有少数一些是独生子或者父母相当溺爱,因此先主动让他来当"罪人"赎罪,长大以后就可以得到城隍神灵的保佑,消灾祛病,长命百岁。

在福建省永泰县,城隍巡游活动一般都要持续一周的时间,场面宏大,颇为壮观。每年的农历五月初四日这天,就是城隍神的诞辰日,也是城隍巡游活动的准备与热身阶段。先要请出城隍神的软身,脱去陈旧的衣袍,经香汤沐浴梳洗后,再换上崭新的锦袍,所有城隍殿内的用具及四壁墙面都要清洗得洁净如新。第二天也就是端午节,城隍神庙暂停一切活动。五月初六日是"交天"日,要请出城隍大驾,搭建高坛,摆设香案,焚烧纸人纸马,意在代表城隍神上表玉帝。之后要在四面城门张贴告示,向百姓告知表奏玉帝批准神诞之期城隍巡游四境,驱邪除疫,保境安民,要求境内住家洗扫尘除,清洁街渠,迎接神驾等内容。这天晚上,最先由北门保安常和黑白无常巡道查街。初七初八两晚,由擢魁境保安堂、湖东境庆安堂和长禄堂、人寿境福庆堂和保顺堂、百寿境和兴堂和永升堂、文昌境福寿堂等八个香会参加查街。这些香会供奉的多是黑白无常,俗称七爷八爷,每当夜色降临,满街锣鼓喧天,万家灯火,条件较好的班会还会启用亮度更高的水月灯(即汽油灯)照明,条件较差的则一般用竹篾和松脂,他们穿梭于各街巷之间,气氛热闹非凡。五月初八日下午,是城隍爷第二度升堂理事。先是点卯(即报到)仪式,仿照旧时府衙升堂,但排班与威仪的规格则有过之而无不及,城隍神头戴双层平顶国公帽,身着金线绣的水浪托旭日紫红绯袍,腰环玉带,脚登黑缎白底高靴,两旁侍立着中军总管、文武判官和校尉皂隶等随从,有的手持铁链,有的手执杖棒,还有传话、乡绅首事以及各香会黑白无常,阵容庞大,威风凛凛。五月初九日,是神诞活动进入高潮的第一天,要在庙内演整夜戏,请的多是"三赛""四赛""善传奇""新国风"等省城的知名戏班。翌日,城隍神正式出行,巡游四境。清早,三重庙门全部打开,参加众人齐集庙前。辰时整,城隍传话人传出"起行"的号令,从内向外连声传接,枪炮手点燃三声起马炮,由执"起马牌"的人引路领头,牌上写明巡游路线,且每年如此,不得变更。巡游路线一般是上城隍崎,过后街,下新安巷;登上坊坪,经井门埕,过洋巷沟,转三层楼,穿虹井,出北门,过西门,入县衙前;再折公园前,回三层楼,穿郑厝弄,经柴坊下;上登高山,下仰止楼,重巡新安巷;拐三角埕,下湖墩,进东门,游坪街,穿沙湾,访妈祖庙,出水大溪。至溪边,所有斩犯均

图46 福建客家城隍出巡的神驾

站列溪边待刑,其他人犯也被押解到场陪斩。至此,当天程序基本结束,随后城隍回驾重光寺行营,也称行宫。这天晚上,重光寺大埕观戏亮光,以示迎驾。通常,城隍出巡队伍的排班次序是固定的,先由两名枪响手紧跟"起马牌"引道,随之是浮头长禄堂四尊黑无常领头,接着是北门保安堂的七爷与八爷,再接着是重光寺庆安堂的"高倭无常",随后是周厝庆升堂"黑白",紧跟的是土沙胶福寿堂"一高二倭",随后是县前埕福庆堂的"七八爷",再后是南街保顺堂"两高两倭",继之是新安巷和兴堂的"孩儿俤"和二尊"高倭",再是上马弄聚兴堂的"一高二倭",尾班则是保善堂的"单脚将"。十班香会清道先行,城隍大驾紧跟其后。行进顺序也是严格固定的,不能颠倒和混乱,一般都是执锣鸣金的开道者领先,接下来是数排高照红灯,再接着就是两块硕大的"肃静"与"回避"牌,随后是二十四位威风凛凛的御林校尉手持十八般兵器护驾,再继之是"八将"和"香担",随后是头戴竹篓长帽、身着兰麻长衫的八丁皂隶,再后是"牛头马面",接着四十多名在本地德高望重的乡绅首事身穿白布长衫,双手敬奉贡香,然后才是号称"半銮"的八抬大轿,轿前有大黄罗伞遮盖,轿后有日月双掌扇护卫,轿中抬的是城隍金身大驾,之后是"大世子"与"二世子",再后是汤口尾"中军"和兴化帮"总管爷"等四顶四人抬大轿,最后"花担"殿尾是"圣旨亭"。全部队伍共有数百人之众,首尾长达二三里。乔装打扮的"枷犯"与"斩犯",都披枷带锁,脖颈竖插写有"斩"字并涂红圈的令牌,尾随在队伍最后。巡行队伍所经之处,沿途都要设宴路祭献供,其中规模最大的是登高山世科里门前埕,敬献供品和摆放香烛的供案和供桌排列可长达百米。凡在路途中需要进行供点时,城隍大驾和大世子、二世子、中军、总管等五顶大轿都要停轿受礼。队伍经过"起马牌"上标明的站点,先行到站的枪炮手都要鸣枪放炮。游行活动分两天进行,初九日巡全境,初十日则由行营起驾仍按"起马牌"所标示路径重游,但在第二天却不出水,只在下湖墩进东门后就可回驾城隍庙。

我国现当代著名文学大师茅盾(沈雁冰)是浙江省桐乡市人,他曾在《童年》一文中,通过对自己小时候亲身经历的回忆,对浙江桐乡一带盛行的民间城隍出巡习俗有一段极为生动形象而详尽细腻的描述:

> 在父亲卧床不起的第二年夏天,祖母亲自到城隍庙里去许了个愿,让我在阴历七月十五出城隍会时扮一次"犯人"。这是乌镇当时的迷信:家中有病人而药物不灵时,迷信的人就去向城隍神许愿,在城隍出会时派家中一儿童扮作"犯人",随出会队伍绕市一周,以示"赎罪";这样,神就会让病人的病好起来。

祖母是迷信神道的,在父亲卧床不起后,她多次提出要去城隍庙许愿,都被父亲和母亲拦阻了。现在她看到儿子日益消瘦,也就不管我父母亲的反对,自己到城隍庙里去许了愿。

　　乌镇那时每年阴历七月十五至十七要连出三天城隍会,其盛况不下于元宵节的闹龙灯。出会的费用由镇上的大小商号摊派(名为"写疏"),"节目"则由各街坊准备。所谓"节目"就是各种彩扎的"抬阁"和"地戏"。"抬阁"是由四个精壮汉子抬着一块平板,上面由童男童女装扮成戏文中的各种角色,如白娘娘、吕洞宾、牛郎、织女等等,四周挂着琉璃彩珠,打上灯彩。"地戏"比较简单,挑几十个汉子(不再是儿童),穿上做戏的"行头",在地上走着,有时也舞弄一下手中的大刀和花枪。因为各街坊要互相竞赛,所以"抬阁"和"地戏"年年出新斗奇,除非那年逢上了大灾荒。

　　出城隍会,照例由一队人马在前面鸣锣开道,然后就是各街坊的"抬阁"和"地戏"在喧天锣鼓声中慢慢地依次走过。队伍的中间是一台十六人抬的大轿,里面坐着城隍的木像,面施彩漆,身穿神袍,轿前有"回避""肃静"的大木牌,前呼后拥,十分威风。但是大轿在经过我家旁边的修真观时,却突然锣鼓息声,抬轿的人要一齐跑步,飞速穿过观前的那一段街道。这是有名目的,叫作"抢轿",因为修真观供奉的是玉皇大帝,城隍是玉帝手下的小官,当然不能大模大样地经过修真观,只能跑步通过。城隍大轿的后面,又是"抬阁"和"地戏",最后就是"犯人"的队伍。"犯人"仍穿家常的衣服,但一律围一条白布裙子,戴一副"手铐";所谓"手铐"其实是一副手镯,有金的也有银的,用一根带子系牢,挂在"犯人"的脖子上。整个出会的队伍要在乌镇的四栅(东南西北栅)周游一圈,"犯人"也要跟着兜一周,有的年龄小的"犯人",这样远的路走不动,也可以由大人抱着参加游行,即使走得动的"犯人",一般也有家里人在旁边跟着,因为怕孩子把"手铐"丢了。

　　祖母让我去扮"犯人"的那一年,我九岁,正是最爱玩耍的年龄,对于能够亲身参加出城隍会,自然十分高兴,随队伍绕着四栅走了十多里路,竟一点不感到累。不过事后想想,又觉得不上算,因为"犯人"只能跟在出会行列的末尾,一路所见只是前面"抬阁"的背影和两旁围观的人群,实在没有趴在我家老屋临街的窗台上看下面经过的队伍来得有意思,而且在窗台上连"抢轿"的场面都能看得一清二楚。另外,我虽然当了一次"犯人",父亲的病却未见有一丝的好转。

类似茅盾先生在上引回忆文章中提到的"抢轿",其实在城隍出巡的过程和路线上终究是不可避免的,因为在一个城镇的主街道上,肯定密集分布着多处神庙道观,这些神仙之间的见面或者冲撞是必然的。为了避免这些不必要的尴尬或者麻烦,人们就想出各种融通的办法进行补救,以保证各种仪式的顺利进行。胡朴安先生在《中华全国风俗志下编·福建·闽人佞鬼风俗记》中,就记载了福建一些地方在城隍出巡过程中路遇其他神灵时的场面,很有些彼此心照不宣而着意表演、令人啼笑皆非的味道。云:

> 闽省赛会,无一定之机关。当七八月间,城乡各集,皆奉神出巡,有时途中神与神相遇,有一定之仪注及问答之信语。神不能自言,以香头代言之。香头戴羽缨之凉帽,衣葛纱或夏布之开启袍,束以扣带,追随舆神之旁。当神道相见时,香头不啻神道之代表也。譬如省城隍途遇瘟部尚书,则城隍之舆停于路旁,尚书则停舆于路之中央。于是此城隍之香头代表本神,趋前行三叩礼,仍跪启云:"卑神不知圣驾到此,接驾来迟,罪该万死。要求殿下恕罪,并赐教训。"斯时瘟部尚书之香头挺胸凸肚而言曰:"免罪。今日本爵出巡,到贵城隍辖境之内,家家户户,信奉神圣,一路之上,祥光拥护,疫气毫无,所以散疫小鬼,早已逃避外国,足见贵城隍办事认真,可喜可嘉! 本爵明日面奏玉皇,还要保奏一本。"城隍香头跪云:"谢殿下栽培。"瘟部尚书之香头云:"这是本爵应分之事,不消谢得。此后务须益加勉力,不负玉皇万岁为要。去罢!"有时途遇步行之中级神道,则中级神先在路旁站班,及接近神舆,则屈一膝请安。斯时贵神教训之词益加严厉,彼步行之小神只能"是是是"答应而已。

这段话的意思是:福建各地的迎神赛会,没有一定的机关。到了七八月间,城乡各地,都要举行神灵出巡活动。有的时候,在出巡途中就会遇到神与神迎面相遇这种情况,遇到这种情况都是有相应的礼仪和互相问答的固定语言的。神当然是自己无法开口说话的,那就由带队的香头来代劳。香头头上戴着插有羽毛装饰的凉帽,身上穿着葛纱或夏布缝制的开襟单袍,腰间束上带有扣件的玉带,追随在城隍神像的轿子旁。当神道互相见面时,香头无疑就是神道的全权代表。譬如省城隍神如果在途中遇到瘟部尚书神轿,那么城隍的轿子就要停靠在路旁,而尚书的轿子则停靠在路的中央。于是代表城隍神的香头上前向尚书轿子中的神行三叩礼,跪在地上启禀说:"卑职不知尊驾到此,接驾来迟,罪该万死。要求殿下恕罪,并请求赐予教训。"这时瘟部尚书神的香头就会挺胸昂头地说:"免罪。今日本官出巡,到贵城隍管辖的地境内,看见家家户户,信奉神圣,一路之上,都有祥光拥护,没有丝毫疫瘟之气,因此那些向人间散发疫疠的小鬼,早已逃避到其他国家去了,足见贵城隍办事认真,可喜可嘉!本官明日还要当面拜见玉皇大帝,一定要向玉帝保奏你一本。"城隍香头跪下道:"多谢殿下栽培。"瘟部尚书的香头说:"这是本官职责内应该做的事,不用言谢。今后还要更加努力,不要辜负玉帝的期望是最重要的。你可以离开了!"有时候,在中途也会遇到一些步行的中级神道,那么这些中级神道也会自觉迅速地站立在道路两旁,等到神轿到了面前,就行单膝跪地礼向神请安。这时城隍神教训的话语就更加严厉,这些步行的小神只能唯唯诺诺地答应"是是是"而已。这种神与神见面后由人来代为应酬对答的场面,以及神之间爵位等级的森严程度,几乎完全是人间官场礼仪的翻版与重现,既具有浓郁的戏剧表演效果,又反映出神道阶层在其发展过程中所受人间官场影响程度之广之深,然而对于每个身临其境的参与者来说,这种仪式却是相当虔诚而恭敬的,不容有半点怀疑不敬或者敷衍之意。

四川荣县人詹言在其《县城隍会竹枝词(二十四首并序)》(见《谷诒堂乐府诗余合编》卷一)中,以竹枝词这种富有民歌气息和浓烈地域色彩的文学体裁,描述了四川省荣县在农历五月二十七日城隍出巡的热闹场面。兹录全文如下,以飨读者:

吾荣当同、光际,遇四神诞,必结会演剧,奉驾出巡。正月十三平安会,四月八日大佛会,五月二十七城隍会,六月二十三火神会。届期大会,同不远百里至,沿习俗,敬鬼神,表欢娱,乐清泰也。继火神会停,继平安会停,继大佛会时举时停。独城隍会临,必演梨园匝月,奉驾巡城。出南门,入东门,历三街六巷,繁盛容或倍初。自入民国来十六年中出巡仅二次。吁!此游观事也,举废何足轻重,然即此一端,足觇吾荣人之欢乐忧虞,今昔大相反。此词作于光绪丙申,正宇内承平时代,巴人小唱,庋搁多年矣。今续前集,有感沧桑,用附集中,寄大慨叹,阅者其亦动今昔感乎!

　　　听说城隍戏局开,不多时节会期来。
　　　纵无手段和人品,也要登场打擂台。

　　　几日前头便打划,东家姊妹约西家。
　　　我们一路悄悄去,先买阑干后吃茶。

且喜今朝淡淡晴,杏红衫子绛纱轻。
挨身过去回头看,何处痴呆小学生。

妆成鬼判莫来由,还愿无常更可羞。
一尺五长高帽子,公然带起满街游。

开道前驱土地忙,马头铃子响叮当。
城隍大驾轩轩出,先去请监坐大堂。

一管阳来一管阴,今朝大驾幸来临。
安排香案兼牲醴,应鉴同僚这点心。

鸾驾旌旗伞盖张,提炉前导更焚香。
出官衔后标封号,高脚牌书辅德王。

平装十二扮阴曹,马面牛头兴致高。
土地公公真老迈,阿婆偏觉甚妖娆。

接连鸡脚与无常,无二娘骄鸡二娘。
那长舌头真个丑,侬家夫婿白如霜。

鱼龙跳荡起风波,涌出平桥唤奈何。
桥畔更添新故事,狗拖肠子鬼推磨。

时新花样女高装,珊瑚树下列金鹅。
戏蟾刘海真豪富,一串金钱手内拖。

乌纱大帽状元袍,头插金花脚踏鳌。
天上麒麟今聚会,一台装赛一台高。

金盔金甲野鸡翎,手执长枪气迈群。
一路鞭敲金镫响,横眉竖眼小将军。

骑牛也算一员官,扮出形容惹笑讪。
夹鼻胡遮新补子,松毛翎插白汤元。

许多故事也难详,夹着操丁好看场。
涌出南门威武甚,过桥先放一排枪。

大龙灯下更喧嚣,多半而今厌二毛。
东一瞧来西一望,万花丛里唤么么。

荷包眼镜鼻烟壶,头上凉棚吊耍须。
湖绉汗衫花裤带,者般玩友太姑苏。

会公爷更气昂昂,金顶纱帽映日光。
走到街头排队伍,左摇扇子右拿香。

较场坝上已曾经,大佛岩边走不停。
一路细吹兼细打,繁音最好隔河听。

东门桥畔乐逍遥,进竹五祠暑气消。
人鬼不分争解渴,大家团坐吃凉糕。

城隍太太返娘家,特制花舆五色加。
自此年年成惯例,抢前一步走飞车。

沿街火炮响连天,知是城隍驾到前。
木偶奴才偏得意,两人扶着据金鞯。

城隍归殿雨淋头,带水拖泥满面羞。
四脚地神开口笑,看你明年再来不。

鼓乐香火祭城隍
GU YUE XIANG HUO JI CHENG HUANG

　　不难看出,即使是在西北内陆的巴山蜀水之间,这些深处腹地的一些不知名的小县城,城隍出巡的盛况仍然还是相当宏大而富有气势的。这些出巡活动,除非是特别规定的节日或诞辰日,一般都选在人们农事活动结束的冬闲时节进行,一方面吸引城里城外的百姓进城推销本地土特产并且采购生活必需品,另一方面也可通过亲身参与表达自己对神灵护佑平安、五谷丰登的虔诚之心意,还可享受一下内容丰富、轻松热闹、兴趣盎然的文化娱乐,可谓一举三得,何乐而不为呢?

四、鬼节:祭厉的延续

农历七月十五日,据传是"中元二品地官赦罪青灵帝君"的生日,俗称"中元",也称"鬼节"。这一天,城隍也要出巡,但较之清明节时的情形,在规模上稍有减低,范围上也没有那么普遍,尽管在出巡时场面还是相当热闹的。一些民俗祭祀活动仍然在许多地方存在,而且表现出浓郁的地方色彩与宗教意味。如明人田汝成《西湖游览志馀》卷二十《熙朝乐事》就记载了杭州地区的习俗:

> 七月十五日为中元节,俗传地官赦罪之辰,人家多持斋诵经,荐奠祖考,摄孤判斛。屠门罢市。僧家建盂兰盆会,放灯西湖及塔上、河中,谓之"照冥"。官府亦祭郡厉、邑厉坛。

这段话的意思是:七月十五日是中元节,民间相传是地官赦罪的节日,每一户人家都要坚持斋戒、诵经超度,向祖先祭奠,也帮助那些孤独之人。那些从事屠宰业的商户都要关门罢市。佛教寺院举行盂兰盆会,在西湖、虎丘塔上以及河中放河灯,称为"照冥"。官府也要去郡厉和邑厉坛进行祭祀。由此可见,杭州西湖的人们在这一天的祭祀活动内容还是相当丰富的。他们不但在家中要斋戒念经,供奉祖先,还要到门外为那些孤魂野鬼施舍食品及香烛纸钱以超度它们。连宰杀牲畜的行业都要关门歇业。各僧院寺庙则举行规模空前的盂兰盆会,在西湖等处放河灯。郡和邑两级官府还要相继进行祭厉活动。对于这一风俗,清人顾禄在《清嘉录》卷七的《七月半》中,也有大同小异的记载:

> 中元,俗称"七月半",官府亦祭郡厉坛。游人集山塘,看无祀会,一如清明。人无贫富,皆祭其先。新亡者之家,或倩释氏、羽流诵经超度,至亲亦往拜灵座,谓之"新七月半"。

而清人富察敦崇在《燕京岁时记》"中元"条中,则指出京师地区视中元即七月十五日这一天不是节日,只是祭扫先祖坟茔的日子。清人潘荣陛在《帝京岁时纪胜·中元》中对此更是进行了详细的描述:

> 中元祭扫,尤胜清明。绿树阴浓,青禾畅茂,蝉鸣鸟语,兴助人游。

庵观寺院,设盂兰会,传为目莲僧救母日也。街巷搭苫高台、鬼王棚座、看演经文,施放焰口,以济孤魂。锦纸扎糊法船,长至七八十尺者,临池焚化。点燃河灯,谓以慈航普渡。如清明仪,舁请都城隍像出巡,祭厉鬼。闻世祖朝,曾召戒衲木陈玉林居万善殿。每岁中元建盂兰道场,自十三日至十五日放河灯,使小内监持荷叶燃烛其中,罗列两岸,以数千计。又用琉璃作荷花灯数千盏,随波上下。中流驾龙舟,奏梵乐,作禅诵,自瀛台南过金鳌玉栋桥,绕万岁山至五龙亭而回。河汉微凉,秋蟾正洁,至今传为胜事。都中小儿亦于是夕执长柄荷叶,燃烛于内,青光荧荧,如磷火然。又以青蒿缚香烛数百,燃为星星灯。镂瓜皮,掏莲蓬,俱可为灯,各具一质。结伴呼群,遨游于天街经坛灯月之下,名斗灯会,更尽乃归。

其中对放河灯活动中的重要环节如慈航普度、斗灯会等描述得尤为详尽。城隍神在这一天,也要进行一年之中的第二次出巡。在这一节日里,人们不但要施舍食品、焚烧纸钱明器、请和尚道士作法事诵经以超度孤魂野鬼,还要演唱目连救母题材的鬼戏,并且选择到附近的水边或河边去放灯。尤其是放河灯,更是一种活人借助娱鬼所进行的一种自娱自乐活动。

清人彭廷选曾在《盂兰竹枝词》中这样写道:

> 处处笙歌彻夜喧,香车宝马烂盈门。
> 河灯万点飞星斗,应改中元作上元。

放河灯这种习俗,盛行于明清时期的京城地区,一度达到了极其狂热而风行的程度,一时形式多样,内容丰富。清人富察敦崇就在《燕京岁时记》"荷叶灯、蒿子灯、莲花灯"条中详尽描述了当时放河灯活动以及各种形态河灯的情形:

> 中元黄昏以后,街巷儿童以荷叶燃灯,沿街唱曰:"荷叶灯,荷叶灯,今日点了明日扔。"又以青蒿粘香而燃之,恍如万点流萤,谓之蒿子灯。市人之巧者,又以各色彩纸制成莲花、莲叶、花篮、鹤鹭之形,谓之莲花灯。谨按日下旧闻考:荷叶灯之制,自元明以来即有之,今尚沿其旧也。

其后又在"放河灯"条中,指出这一活动由端阳到中元的主要时间段:

> 运河二闸,自端阳以后游人甚多。至中元日,例有盂兰会,扮演秧歌、狮子诸杂技。晚间沿河燃灯,谓之放河灯。中元以后,则游船歌

业矣。

图47　河灯

　　清人张春华在《沪城岁事衢歌》中以竹枝词这种民歌的形式,描述了上海地区中元节时的风俗:

　　　　赛神恰值月澄霄,城市灯红和管箫。
　　　　岁岁周泾远绕郭,孟秋十五看青苗。

　　注云:"七月十五日,祭赛如清明节。溽暑初过,烈日犹酷。邑神之随从者,大都以夜分为良。郭外绕西而北者为周泾神,必由此入城,谓看青苗。"可见在这种祭神活动中,更多地寄托着农耕文化的深刻内涵。

五、烧衣节:三巡的结束

　　农历十月朔日即十月初一,谓之"十月朝",又称"烧衣节""送寒衣节""冥阴节""祭祖节"。在这一天,人们一方面以新鲜食物祭献神灵,以答谢上天对农时的保佑和对丰收的庆祝,另一方面则不忘祭祀自己的祖先,为去世的先人奉上用纸做成的各类过冬棉衣并且焚化,以示孝敬和不忘之情。俗语说:"十月一,送寒衣。"当人们感觉到节气已进入寒冷的冬季时,不但要为自己添衣御寒,而且同样要想到给阴间的亲人寄送御寒的衣服。这一习俗源远流长,与孟姜女哭长城这一古代著名的民间传说有关。相传秦始皇时,劳役繁重,民不聊生,青年男女范喜良和孟姜女新婚三天,新郎范喜良就被迫出发修筑长城,不久因饥寒劳累而死,尸骨被埋在长城墙下。孟姜女身背为丈夫亲手缝制的寒衣,历尽千辛万苦,万里寻夫来到长城脚下,得到的却是丈夫已经离世的噩耗。她痛苦万分,哭于长城之下,哭了三日三夜,城墙为之崩裂，露出了范喜良的尸骸，孟姜女在绝望之中，决定殉夫，投海而死。其故事在全国各地广为流传，形式多样，有诗词、歌谣、戏曲、说唱等，不一而足。但孟姜女送寒衣这一情节，却成了这一故事中最为感人的部分。而流传于河北地区的民歌小调《孟姜女哭长城》则以十二月令的形式讲述了这一故事：

> 正月里来是新春，家家户户点红灯，别家丈夫团团圆，孟姜女丈夫造长城。二月里来暖洋洋，双双燕子到南阳，新窝做得端端正，对对成双在华梁。三月里来正清明，桃红柳绿百草青，家家坟头飘白纸，孟姜女坟上冷清清。四月里来养蚕忙，姑嫂俩人去采桑，桑篮挂在桑树上，抹把眼泪采把桑。五月里来是黄梅，黄梅发水泪满脸，家家田内稻秧插，孟姜女田中是草堆。六月里来热难挡，蚊子飞来叮胸膛，宁可吃我千口血，不可叮我亲夫郎。七月里来七秋凉，家家窗下做衣裳，蓝红绿白都做到，孟姜女家中是空箱。八月里来雁门开，花雁竹下带书来，闲人只说闲人话，哪有亲人送衣来。九月里来是重阳，重阳老酒菊花香，满满洒来我不饮，无夫饮酒不成双。十月里来稻上场，牵笼做米成官粮，家家都有官粮积，孟姜女家中空思想。十一月里雪花飞，孟姜女出外送寒衣，前面乌鸦来引路，万杞良长城冷清清。十二月里过年忙，杀猪宰羊闹盈盈，家家都有猪羊杀，孟姜女家中空荡荡。

对于寒衣的焚化，形式则呈多样化，既有室内的家祭，也有野外的墓祭。由于北方地区的十月，天气已经具有寒意，因此大多人家都选择将用彩色纸张剪切粘贴而成的大小、单棉及里外等各种规格的衣服拿到大路口或十字路口进行焚烧，而免去了到墓头的麻烦。基本说来，送寒衣的程序及礼仪，无论是在北方还是南方，大体上都相差不远。宋代孟元老在《东京梦华录》卷九中就记载道："十月一日，宰臣已下受衣著锦袄。三日（今五日），士庶皆出城飨坟。禁中军马，出道者院及西京朝陵。宗室车马，亦如寒食节。"可见在宋代，一到十月冬季，朝廷就明令官员们都陆续换下夏装而普遍开始穿着冬装。而换装后要出城祭祀家族的列祖列宗，并为他们送去冬天的必备物品。出行规格与寒食节相同。《梦粱录》卷六中记载道："士庶以十月节出郊扫松，祭祀坟茔。内庭车马，差宗室南班往攒宫行朝陵礼。有司进暖炉炭。太庙享新，以告冬朔。诸大刹寺院，设开炉斋供贵家。"意思是说：无论士族庶人都要在十月初一这天出城到郊外扫墓，祭祀先祖的坟茔。朝廷内务府的车马，都要差遣宗室的南班到攒宫行朝拜陵墓的礼仪。有司开始呈

157

进取暖所用的煤炭。太庙的祭品要换成新的,用来祭告冬天的到来。各个规模较大的佛教寺院,也开始生火炉以满足那些斋供富贵人家的需要。这说明最早人们是以时令来对神灵及祖先进行祭祀的,如同阳间正常生活的人的节奏一样。而在南方,由于气候较北方温暖,因此在十月的寒冷感觉还不十分强烈,但同样也对祖先神灵进行祭供。如明人田汝成就在《西湖游览志馀》卷二十《熙朝乐事》中就指出到了十月十五日,许多人家都要准备丰厚的祭品祭奠祖先的神灵,也有到坟墓上用松枝扫墓、用酒果祭拜的。与北方不同的是,南方有的地方盛行十月朔日祭扫坟墓,而北方大部分地区都选择在清明节这天祭扫。

清人顾禄在《清嘉录》卷十《十月朝》中指出:

> 月朔,俗称"十月朝",官府又祭郡厉坛。游人集山塘,看无祀会。间有墓祭如寒食者。人无贫富,皆祭其先,多烧冥衣之属,谓之"烧衣节"。或延僧道作功德,荐拔新亡,至亲亦往拜灵座,谓之"新十月朝"。

意思是说:十月十五日,俗称"十月朝",官府又要去郡厉坛举行祭祀仪式。许多游览的人都会聚集到山塘,看城隍庙会。其间也有人到墓田去祭扫,和寒食节一样。人家不分贫富,都要祭拜自己的祖先神灵,多数都会焚烧用纸做成的冥衣等东西,称作"烧衣节"。有的人家还请和尚道士们作功德法会,以超度那些新近去世的亡灵,最亲的家属也去祭拜神灵的牌位,叫作"新十月朝"。接着又引蔡云的《吴歈》诗云:"花自偷开木自凋,小春时候景和韶。火炉不拥烧衣节,看会人喧十月朝。"重点指出烧衣节这一民俗活动。

清人张春华在《沪城岁事衢歌》中以竹枝词的形式,描述了上海地区的风俗:

> 底事江城里巷嚣,迎神不惮路迢迢。
> 清明谒墓中元暑,会里偏宜十月朝。

注云:"三元祀坛惟十月初一,行者与观者益盛,俗于是日谓十月朝。"由于十月是上海地区最为凉爽适宜的时间,因此在十月初一的城隍出巡活动更是得到了人们的关注与欢迎。

六、城隍诞辰日祭祀

城隍诞辰祭祀也是城隍信仰活动中的一项极为重要的内容。由于各地的城隍神不同,他们的诞辰日也不同,祭祀的时间也是有差别的。但是时间上虽有不同,祭祀的隆重程度却是不容置疑的。如北京都城隍的诞日是五月十一日,而上海城隍的诞辰却是在农历二月二十一日,也有一种说法是在三月二十八日,如清代江苏诸生石渠就在其《观灯》诗自注云:"沪城城隍神诞辰,三月二十八日,市门例张灯三夜,东西数百家。乱后久辍,今岁重举。"而嘉定城隍陆陇其的诞辰,被当地人定为十月二十五日。据清代吴光酉、郭麟、周梁等撰《陆稼书先生年谱》记载,其出生日期实为十月十八日,只差一周,与民众说法相差不远。这种情形在其他地方也有反映,大多都是民间约定俗成的说法,与文人学者之严谨考证结果略有出入,也是情理之中的事情。

天津府城隍的诞辰是四月初八,据清人张焘《津门杂记·天津事迹实闻见录》卷中《四月庙会》描述,每年自四月初一至初十日,供奉城隍的庙会上"香火纷繁,而灯棚之盛,历有年所,尤为大观。各所分段,搭造席棚……灯彩陈设,备极华丽。文玩字画,鼎彝尊罍,相映生辉。"俨然一个民间灯会与商贸集会的综合集成,既满足了人们对城隍神的虔诚供奉和许愿还愿需要,更为采购各种生活必需品提供了极大的方便,同时还可享受文艺演出和观赏灯会等娱乐活动。

四川大宁县城隍的诞辰是五月廿八日,据光绪《大宁县志》卷一《风俗》记载,先期"二日,扮土地、驿丞诸故事出巡,曰打扫街道。数日内有雨,谓之洗街雨。神诞前一日出会,扮杂剧招游街市……盛陈仪仗,奏音乐,会首庙祝,扈从出驾。神坐八人露车,逍遥过市。周行城隅,沿门焚香致敬,观者如睹。"

浙江金华汤溪城隍的诞辰祭祀活动为四月十六日,当地也要举行盛大隆重的庆寿仪式,包括演戏、耍龙灯等,沿街居民都要烧香敬供。

浙江西南山区的遂昌县城,在庆贺其城隍神的活动中,更是要举行为期长达二十二天的庙会,称为"五月会"。相传遂昌县城隍就是南明弘光小朝廷的大学士、督师扬州最后为国捐躯的三军主帅、忠臣史可法。清军南下时,史可法孤守扬州,城破,自杀未遂,为清军所俘,不屈而死。他之所以会成为一个偏远小县城的城隍,其原因也是民间的故事传说所造成的。民间传说明末清初时,部分明朝的残余军队溃逃到遂昌,他们头上都缠着白布为崇祯皇帝戴孝,乡人称其为"白头兵"。这些"白头兵"们,后来有的战死在遂昌,有的病死在遂昌,不久就发生了瘟疫,有人就说是这些"白头兵"的鬼魂在作祟致祸,只有请他们的元帅史可法出面才能制止,于是就奉史可法为本地城隍。"五月会"的会期从五月初一开始,至二十二日结束,历时二十二天,也是全县最大的庙会。每天都要演两场戏,白天晚上各演一场,演出的正式剧目有四十四本之多,剧目不能重复。演戏的酬金按"本"即场次兑付,其中十二本由全城居民分为五隅每年轮流出资,其余三十二本由当地从事商业或手工业的行业分担,另外和尚也要出一本戏的酬资。史可法的生日,史书记载为十一月十四日,可在民间却传说为五月十二日,因此这一天的活动尤为隆重热闹。第一场在开锣演出前,前来参加演出的戏班先要到大殿神前演"落地八仙",即在地上"排八仙"。"排八仙"是山区演戏必须要举行的开台仪式,俗称"八仙开台",其内容大多是神仙赴蟠桃会之事。每场戏的剧目要由各行业代表按次序轮流"点戏",表示这一本戏是该行业的人为神祝寿。通常以一个正目(全本)加三个折子戏为一场。在点戏过程中,也是讲究本行业的规矩的,即所点剧目都与本行业相关,如搬运业一般会点敷演广成子等成神升仙故事的《番天印》,理发业则会点杨家将故事中与刀有关系的《杨八妹智取金刀》,寺院和尚们一般都会点演说济公活佛故事的《醉菩提》。每场戏开演之前,还必须进行"排八仙"和"三跳"(魁星、加官、财神)。和尚点戏的这一天晚上,八仙出罗汉,不演"三跳",因为和尚是出家之人,不羡慕升官发财的事情。上午在城隍神前祭供,举行各种法事,晚上则要通宵演唱两本大戏,因此这一天也是游人来得最多、最为热闹的一天。十三日上午还要加唱一场折子戏,其用意是在让乡下人看完这场早戏后能够回家。当天下午,县老爷们要到庙里拜寿观戏,以表示人间的地方官来向冥界地方官祝寿,还要临时加唱《劝农》和升官赐禄之类的小戏,取与城隍同乐之意。最后,戏班临时加演"跳加官",以此向县官老爷祝福。

近人胡朴安在《中华全国风俗志》中,也简短地记载了各种地方志中的城隍诞辰日及祝寿情形。例如,顺天府永清县"(三月)二十六日俗称为本县城隍生日,相率赛会奉神像,导以鼓乐旗旛,迎于街,及庙而止。"顺义县"(四月)二十六日本县城隍生日,赛会"。通州"(六月)十七日俗称本州城隍诞,有庙会"。蓟州"八月二十八日城隍诞辰,赛会",等等。这些赛会或庙会在内容上都差不多,只不过在时间上略有不同而已,有的在上半年,有的则在下半年。

城隍诞辰要隆重庆贺,那么城隍娘娘的诞辰日也是不可错过的,也要照例举行各种庆贺活动。如上海城隍娘娘的诞辰是在农历三月二十八日,其热闹隆重程度与城隍庆生辰的情况不相上下,有的时候甚至超过了城隍爷,因为在这一天,城内男女老少都可以出门,观看庙会中丰富多彩的灯展或娱

乐表演节目,从早到晚,热闹非常。张春华在《沪城岁事衢歌》中道:

> 才了城东又入城,游踪逐晓到深更。
> 映街夜色明于昼,朱户帘垂透水晶。

诗后自注:"三月廿八日为城隍夫人诞,街巷悬灯,一如天后。"指出三月二十八日这天为城隍娘娘诞辰所举行的张灯结彩盛况,与祭祀海神娘娘天后的待遇是一样的。对此,清末贡生秦荣光在《上海县竹枝词》中也写道:

> 家家自有蓝呢轿,个个争穿红绉裙。
> 妆出新年新气象,烧香邑庙去纷纷。

> 东门外搭彩棚多,庆祝天妃圣诞过。
> 续报庙园兰会盛,花香风里听笙歌。

作者自注:"天妃诞在三月二十三日,大东门外最盛。三月二十八日,城隍懿德夫人诞,是日庙中清音晏待兰花会,此时最盛。"由于天妃诞辰与城隍娘娘诞辰在时间上只相隔五天,因此在一定程度上都可以连起来进行,人们相当于过了一个较长的节庆娱乐活动,自然盛况空前。诗中所展现的届时士女纷纷乘轿出游、庙中烧香拜祭者人山人海、各种商业文化彩棚鳞次栉比、兰花会上的香气浓郁、歌舞娱乐的喧闹热烈等情景,足见人们参与城隍祭祀活动的高度热情和尽兴享受。

秦荣光还在《上海县竹枝词》中写到了六月六日城隍庙中的晒袍会活动:"涤器河中河水浑,节逢天贶吃馄饨。晒袍会盛城隍庙,南阮休悬犊鼻裈。"作者自注:"六月六日为天贶节,城隍庙有晒袍会。是日涤器于河,食馄饨不蛀夏。晋时,南阮贫,北阮富。七月七日北阮晒彩衣,南阮竿悬一犊鼻裈。"张春华也在《沪城岁事衢歌》中写到了这一活动:"天贶晴开化宇高,郝隆腹笥重词曹。抬毫记咏江乡事,好向东园看晒袍。"自注:"六月六日,城隍庙东园有晒袍会,合邑之衣工为之。"这种由全县所有缝衣工匠举办的盛会,并没有行业保守的规定,而是允许市民前去参观和游览,成为一项群众性活动。在这一天,城隍庙里要开箱晾晒神袍,并为城隍换上新的彩袍,许多居民还要在这天包煮菜肉馄饨吃,可免蛀夏。也有不少善男信女茹素,叫作"六月素"。如今在上海豫园,这种民俗活动已经演变成为各种服饰的贸易展销节会。从全国范围来看,绝大部分地区却是将六月六日视为"天贶节",其原因源于唐僧西天取经的故事传说。相传唐僧历尽九九八十一难,终于从西天取来佛经。但在回国途中经过大海时,佛经不幸坠入海中,为水所湿。皇天感其艰辛,便于农历六月初六这天赐以晴天,让唐僧将被水所湿的佛经全部晒干。民间有"六月六,晒丝绸"的俗谚,又称这一天为"晒虫节"。此外还在一些地方,有诸如洗猫狗、捞河灯、祭土地、洗头等习俗。

城隍文化放异彩

在城隍信仰形成的过程中,既有相当浓郁的宗教因素,更表现出极为丰富而特殊的文化元素,它是人们日常生活中物质享受与文化精神两方面融合的产物,更是人类文明发展过程当中必不可少的心理支柱与古老"天人合一"观念的形象体现。处于这一神秘而又真实的文化氛围中,人们既能感受到天地神灵的威严,更能够从生理到心理全面体验到超自然力量对自己的庇护与荫佑,崇敬与仰慕之情油然而生,赞颂与歌德之作纷纷出现。于是,就形成了丰富多彩而又别具特色的城隍文化,其组成主体是描写有关城隍信仰的文学作品,如在各种祭祀场合公开宣读的祭文、悬挂在各地城隍庙宇上的各式匾额与楹联、文艺表演和娱乐活动中丰富多彩的表演节目,还有通过各种途径与方式广泛流传而经久不湮的故事传说。如此种种,都是中华民族博大精深之传统文化的重要组成部分,是中华民族宝贵的精神财富,是先民们思想与行动的经验教训总结,更是留给后人的精神遗产,需要我们以批判地继承的态度格外加以保护和传承。

一、祭文与碑记

为祭祀城隍神由专人撰拟起草的祭文和镌刻在石碑上以记述隍庙沿革历史的碑记,在城隍文化形成与发展历程中,居于极为独特而重要的地位。它们既保存了城隍神发展与祭祀的重要信息,同时又作为俗人与神灵之间重要对话与交流的佐证可供后人参考与研究。一般来说,在实际祭祀城隍神的过程中,先要由专人甚至当地名家起草祭祀祈祷的文章,并由主祭在仪式开始后正式进行宣读,宣读完毕后对祭文要进行焚化,以达神听。这样,与刻在石碑上的文章可以流传千古不同,具有强大应用功能的祭文往往是不加保留的。幸运的是,在漫长的历史长河中,有许多出自历朝历代文学大家的高质量祭文,随着其文集的编纂与流播得以保存至今,给我们呈现出了大量虽难称生花妙笔但也确文笔不凡的锦绣文章,组成城隍文学中内容生动丰富而风格典雅的精彩部分。虽然到了后期,随着程式的固化和文字的俗化,多数祭文和碑记基本上都流于形式,鲜有名篇杰作。由于碑记往往是对城隍沿革或者城隍庙的修建、维护等情况进行如实记载,故而虽有相当的史料价值,但却缺乏较高的文学水平,因此碑记除了我们在叙述过程中所引用的之外,此处略而不谈,只以城隍发展早期祭文较多的唐代为例加以说明。

唐代,由于统治者对道教的崇尚,城隍也逐渐被纳入道教祭祀的范围。当时的朝廷官员在走马上任或者巡视某地时,都要拜祭这一城邑的城隍神。当地官员在发生干旱或雨涝等自然灾害时,也会到城隍庙去祈求神灵。唐代形成的这一惯例,被后代官场遵循。现存最早的祭文,是张说于唐玄宗开元五年(717)四月赴任荆州大都督府长史时撰写的《祭城隍文》。全文云:

> 维大唐开元五年,岁次丁巳,四月庚午,朔二十日己丑,荆州大都督府长史、上柱国、燕国公张说,谨以清酌之奠,敢昭告于城隍之神。山泽以通气为灵,城隍以积阴为德。致和产物,助天育人。人之仰恩,是关礼典。说恭承朝命,纲纪南邦。式崇荐礼,以展勤敬。庶降福四甿,式登百谷。猛兽不搏,毒虫不噬。精诚或通,昭鉴非远。尚飨!

当时祭祀的神灵当为荆州城隍,大概是在作者赴任之初。文中将"城隍"与"山泽"对举,表达出同等的敬奉之情。作者一方面表示自己在为官期间决不辜负朝廷使命,严肃纲纪,经常供奉和祭献城隍,另一方面也祈求城隍神能够保佑当地百姓,降福人间,使五谷丰登,虫兽不侵,生活幸福。

其后,许多唐代的官员在赴任或者当自己为官的城市出现自然灾害时,都要去当地的城隍庙进行祈祝,希望得到神灵的保佑,这种虔诚心情以及理想、愿望都通过自撰或者代撰的祭文表现。如张九龄的《祭洪州城隍神祈晴文》就是以祝求老天止雨放晴为内容的:

> 维开元十五年,岁次丁卯,六月壬寅,朔十四辛亥,中散大夫使持节都督洪州诸军事、洪州刺史、上柱国、曲江县开国男张九龄谨以清酌脯醢之奠,敬祭于城隍神之灵。恭惟明神,懿此潜德;城池是保,甿庶是依。精灵以康,正直攸好。九龄忝牧兹郡,敢忘在公。道虽隔于幽明,事或同于表里。今水潦所降,亦惟其时;而淫雨不止,恐害嘉谷。谷者,

人之所以为命；人者，神之所以有祀。祀不可以为利，义不可以不福。阖境山川，能致云雨，岂无节制，愿达精诚。以时弭灾，无或失稔。则理人有助，是有望于神明。尚飨！

唐玄宗开元十五年（727），张九龄50岁，任洪州（今属江西）刺史。当年六月，张九龄到达地方任所后，适遇淫雨不止，洪涝成灾，于是就亲自祭拜当地城隍神，祈求城隍能够佑护生灵，止雨放晴，确保五谷丰登，百姓安宁。

韩愈的《潮州祭神文》共有五篇，都作于唐宪宗李纯元和十四年（819）夏秋间。其中第三篇为《祭城隍文》：

> 维年月日，潮州刺史韩愈谨以柔毛刚鬣清酌庶羞之奠，祭于城隍之神。
>
> 间者以淫雨将为人灾，无以应贡赋供给神明，上下获罪罚之故，乃以六月壬子，奔走分告乞晴于尔明神。明神闵人之不辜，若飨若答。粪除天地山川，清风时兴，白日显行，蚕谷以登，人不咨嗟。惟神之恩，夙夜不敢忘怠。谨卜良日，躬率将吏，荐兹血毛清酌嘉羞，侑以音声，以谢神贶。神其飨之！

此文作于韩愈任广东潮州刺史期间，因为天降淫雨而亲自祭拜城隍神，祈求城隍神灵能够怜悯百姓，天晴日出，保佑蚕谷丰收。文中流露出的敬仰与祈祷之情，反映出作者为官一方、清廉亲民的高尚品德和务实态度。

杜牧的《祭城隍神祈雨文二首》，则是祈求雨水：

> 下土之人，天实有之。五谷丰实，寒暑合节，天实生之。苗房甲而水湮之，苗秀好而旱莠之，饥即必死，天实杀之也。天实有人，生之孰敢言天之仁，杀之孰言天之不仁。刺史吏也，三岁一交。如彼管库，敢有其宝玉；如彼传舍，敢治其居室？东海孝妇，吏冤杀之，天实冤之，杀吏可也。东海之人，于妇何辜，而三年旱之？刺史性愚，治或不至，厉其身可也，绝其命可也！吉福殃恶，止当其身。胡为降旱，毒彼百姓？谨书诚恳，本之于天，神能格天，为我申闻。
>
> 牧为刺史，凡十六月，未尝为吏，不知吏道。黄境邻蔡，治出武夫，仅五十年，令行一切，后有文吏，未尽削除。伏腊节序，牲醪杂须，吏仅百辈，公取于民，里胥因缘，侵窃十倍，简料民费，半于公租，刺史知之，悉皆除去。乡正村长，强为之名，豪者尸之，得纵强取，三万户多五百人，刺史知之，亦悉除去。茧丝之租，两耗其二铢；税谷之赋，斗耗其一升，刺史知之，亦悉除去。吏顽者笞而出之，吏良者勉而进之，民物吏

钱,交手为市。小大之狱,面尽其词,弃于市者,必守定令。人户非多,风俗不杂,刺史年少,事得躬亲,疽抉其根矣,苗其去莠矣,不侵不蠹,生活自如。公庭昼日,不闻人声,刺史虽愚,亦日无过,纵使有过,力短不及,恕亦可也,杀亦可也。稚老孤穷,指苗燃鼎,将穗秀矣,忍令萎死,以绝民命?古先圣哲,一皆称天,举动行止,如天在旁。以为天道,仁即福之,恶即杀之,孤穷即怜之,无过即遂之。今旱已久,恐无秋成。谨具刺史之所为,下人之将绝,再告于神,神其如何?

此文为杜牧任湖北黄州刺史约一年半后所作,内容与前引张、韩二文旨在求神止雨放晴不同,而是由于长期秋旱少雨,收成已基本无望,作为一方官吏的杜牧撰文祈求城隍神能够保佑万姓生灵。文章字里行间既充满了恳切善意和谦逊自责的语气,表现出作者因任职时间不长、从政经验欠缺而导致的遗憾,更彰显了虽然如此也要为广大黎民谋求福祉而尽职尽责的为官精神。

晚唐时期的李商隐曾为多位官员代撰过祭祀城隍神灵的文章,可见当时新官上任或者官员祭祀城隍的风气已经相当普遍,而且恰好说明了城隍在民间信仰中地位的提高和作用的凸显。如作于唐文宗李昂大和八年(834)五月上旬末,代充海观察使崔戎拟撰的《为安平公兖州祭城隍神文》曰:

> 年月日,致祭于城隍之神。四民攸居,是分都邑;五兵未息,爰假金汤。惟神受命上玄,守职斯土。拥长云之垒,提却月之营。主张威灵,弹压氛祲。某方宣朝旨,求总藩条,帐中之列既安,幕下之筹敢失?神其守同石堡,护等玉关。长令岸若岸焉,无使复于隍也。

唐武宗李炎会昌三年(843)十一月上旬,李商隐又代怀州刺史李璟撰写了《为怀州李使君祭城隍神文》:

> 年月日,致祭于城隍之神。某谬蒙朝奖。叨领藩条。熊轼初临,虎符适至。敢资灵于水土,冀同固于金汤。况彼潞人,实逆天理。因承平之地,以作窠巢;戕康乐之民,以为蟊贼。一至于此,其能久乎!惟神广扇威灵,划开声势。俾犯境者,望飞鸟而自遁;此滔天者,听唳鹤以虚声。崇墉载严,巨堑无壅。今来古往,永无山竭之因;万岁千秋,莫有土崩之势。神其听之,无易我言。

次年即会昌四年(844)春夏间,李商隐又为永乐县令代拟了祈雨得到求应后酬报答谢的《赛城隍神文》：

> 年月日，赛于城隍之神。惟神据雄堞以为雄，导沟池而作润。果成飘注，以救惔焚。敢荐斯牲，用报嘉种。神其永通灵威，长懋玄功，导楚子之余波，霈晋国之膏雨。苟能不昧，报亦随之。

唐宣宗李忱大中元年（847）六月十四日，桂林刺史兼御史中丞郑亚一行方抵桂林，适遇大雨，遂以诚祈，李商隐代拟了《为中丞荥阳公桂林赛城隍神文》：

> 维大中元年，岁次丁卯，六月甲午朔，十四日丁未，都防御观察处置等使，桂林刺史兼御史中丞郑某，谨遣登仕郎、守功曹参军陆秩，以庶羞之奠，祭于城隍之神。夫大邑聚人，通都设屏，将雄走集，必假高深。不惟倚仗风云，兼用翕张神鬼。某初蒙朝奖，来佩藩符，既御寇于西原，亦观风于南国。始维画鹢，将下伏熊，属楚雨蔽空，湘云塞望，晦我中军之鼓，湿予下濑之师。遂以诚祈，果蒙神应。速如激矢，势等却河。及兹报荐之期，敢怠馨香之礼？神其干霄作峻，习坎为防，合烽橹以保民，导川塗而流恶。使言言坚垒，俾地道以无疆；活活深沟，如井德之不改。勿违丘祷，以作神羞。尚飨！

同年八月，郑亚一行抵桂林灵川县，李商隐撰《赛灵川县城隍神文》：

> 年月日，赛于灵川县城隍之神。高垒深沟，用资固护；兴云渫雨，谅俟威灵。惟神能感至诚，将成大稔。逐清泠之耕父，不使扬光；回沮泽之蟠龙，皆令洒润。式陈微报，愿鉴惟馨。

同年八月，郑亚一行抵桂林荔浦县，而祭拜当地城隍乃地方官惯例，李商隐又代拟了《赛荔浦县城隍神文》：

> 年月日，赛于荔浦县城隍之神。嗟我疲民，每虞艰食。寒耕热耨，始望于秋成；铄石流金，几伤于岁事。远资灵顾，式布层阴。无烦管辂之占，不待栾巴之噀。窃陈薄奠，用答丰年。神其据有高深，主张生植，同功田祖，比义雨师。无假怒于潜龙，勿纵威于虐魃。守兹县邑，富我京坻。

同年八月，郑亚一行抵桂林永福县，李商隐又代拟《赛永福县城隍神文》：

> 年月日，赛于永福县城隍之神。夫考室立家，先立户灶；聚人开邑，

首起城池。固有明灵，降而鉴治。惟神克扬嘉霆，广育黎民。聊为粢梁，少申肴酏。神其节宣四气，扶佑三时。勿使毕星，但称于好雨；无令田祖，独擅于有神。永馨苹藻之诚，长挟金汤之势。

同年八月，郑亚一行在桂林府属理定县酬雨，李商隐为作《为中丞荥阳公赛理定县城隍神文》：

> 都防御观察处置等使兼御史中丞郑某，谨差理定县令某，具酒肴昭赛于县城隍之神。日者穴蚁不封，商羊未舞，爰忧即日，将害有秋。我告于神，神能感我。云才作叶，雨已垂丝。既开丰稔之祥，敢怠馨香之报？神其无羞小邑，勿替玄功，永作荫于城郭沟池，长想报于禾麻菽麦。守臣奉职，孰敢不虔！

同年八月二十七日，李商隐在桂林又为郑亚代拟了报神丰收的《为中丞荥阳公祭桂林城隍神祝文》：

> 维大中元年，岁次丁卯，八月甲午朔，二十七日庚申，桂林管内都御观察处置等使、正议大夫、持使节桂林诸军事、守桂林刺史、兼御史中丞、上柱国、赐紫金鱼袋郑某，谨遣直官摄功曹参军、文林郎、守阳朔县令庄敬质，谨以旨酒庶羞之奠，敬祭于城隍之神。浚洫崇墉，所以固吾圉；春祈秋报，所以辅农功。今露白雷收，虫坏水涸。念时旸而时雨，将乃积而乃仓。敢以吉辰，式陈常典。神其保兹正直，韵彼馨香。聿念前修，勿亏明鉴。昔房豹变乐陵之井味，任延易九真之土风。岂独人谋，抑由冥助。今犹古也，神实听之。

这些祭文，内容无非是祈求神灵、报谢酬恩，但从三个月内连续撰写五篇来看，足以真实而生动地反映出地方官员对城隍神灵的虔诚敬奉之意，也折射出城隍信仰在当时当地的普及性与重要程度，更表明当时修建城隍庙宇、祭拜城隍神灵、撰写祭祀文章已经蔚然成风。而本属龙王和土地所具有的司雨、止旱、降福等专门职能已在城隍身上得以移植附加并且系统地体现，也从侧面验证了唐代城隍信仰在全国尤其是南方地区的流行。

宋元时期，用以祭祀城隍神灵的祭文在数量上也颇为丰富，很多有仕官经历的文学名家也都撰写过此类祭文，但无论是在内容上还是形式上都无法出新，基本上是老调重弹，以致后来产生了一些如戏法式的技巧性或应酬性文字，都既冗长又老套。至明代，随着城隍神的地位得到了官方的正式认可与确定，这种模式逐渐得到固化，演变为一套相当完整而又系统的祭祀礼仪,祭文也相应成为一种被广泛重视和应用的文体,而祭城隍神时的文章大多千篇一律,更加程式化。加之人们对城隍神的认识也比较宽泛,潜意识中认为没有城隍办不到的事,因此一些鸡毛蒜皮的小事乃至邻里斗嘴、夫妻闹别扭之类的家庭生活纠纷都要到城隍庙里去讨个说法,甚至一些输红了眼的酒鬼赌徒都会到城隍庙里祈求城隍神能够给其带来好运。由于城隍神无所不应、威灵无比,旧时在城隍庙旁常有一些代写求神祭文以维持生计的识字的老童生或秀才,为一些不会书写祭文的文盲进行服务,甚至有时为了混饭吃、讨钱花,撰写出一些内容荒唐可笑、形式五花八门的怪样文章,自可视为祭文中的奇葩。这类游戏笔墨,在民间时亦有之,可供笑谈,但多数祭文还是相当规整的,态度也是极为慎重的。

城隍神作为无所不知、应验不虚的一方神圣,为众人解除忧患,也是其重要职守之一。在生活中,城隍作为冥间官吏的代表,是具有官方的威力的,其中心任务就是降伏那些给人间带来祸患与害处的妖怪魔头。那些死去后阴魂不散的恶鬼,归城隍管辖;那些跑到人间作祟祸害人的妖魔,也在城隍的职责范围之内。因此祭拜城隍,成为每一任地方官员新到任时必须举行的仪式之一,并沿袭成例。这种惯例,在唐以前就已经相当普遍。而作为一方城镇的保护神,祈求上天降福祥瑞,不要对世人进行惩罚,则是城隍应尽的责任。许多人包括官员在紧急时刻,都会病急乱投医,遇见神仙就下拜祈求,希望能够得到宽恕与保护。明代洪武十年(1377),都城应天府(今江苏省南京市)的大量马匹出现流行疾病,身为一国皇帝的朱元璋亲自前往城隍蒋庙进行祭拜,希望能够得到城隍神灵的保佑以祛除疾病、消灾祈福。《祭城隍蒋庙文》曰:

> 朕起寒微,荷上天后土眷顾,百神效灵,君主中国。曩者平强暴,息祸乱,每赖战骑以长驱。迩来祸乱已平,必备多骑以御侮,所以设太仆寺,统群牧监,繁马于郊。今年选马四千有三百上槽,俄生疾流传,甚为朕患。且朕立京于是方,专阳道而治生民也。神灵是方,专阴道而察不德也。朕有所为,不得不告,今马有疾,故告神知。神其有知,祐我群牧。尚飨。

《艺文类聚》引徐爱《释问略》曰:"建康北十余里有钟山,旧名金陵山。汉末,金陵尉蒋子文讨贼,战亡,灵发于山,因名蒋侯祠。故世号曰蒋山。"蒋山也就是现今南京的紫金山,又名钟山。汉末金陵尉蒋子文为了驱逐盗贼,战死后埋葬于此,三国吴时孙权为其在钟山立庙,人们就视其为山神,也视其为城隍。朱元璋在祭文中要求城隍能够保佑自己的马匹不生疾病,自然也认为城隍是万能的。

不仅撰写祭文如此,很多碑记也是这样。碑记更多的是记叙城隍庙的沿革、修建和维护情况,相对于祭文,应用性就显得更强,普遍语言平实,缺乏文采。虽然称得上名篇的城隍庙碑记不多,但是多数城隍庙里都有不止一方记载庙宇变革情况的石碑,也留下大量的记录文字,是城隍文化中不可缺少的部分,尤其是在编纂地方史志和研究当地文史方面极具实物价值。

二、匾额与楹联

楹联作为中国古代特有的传统文化遗产之一,其形成与发展既植根于中国古代朴素的哲学思想如阴阳学说,又得力于诗歌、骈文等文学样式中排比、对偶等各种修辞艺术形式的长期孕育,同时还与汉字的独特结构与精深强大、生动准确的表意功能密切相关。一般认为,最早的对联产生于五代时期,其根据就是《宋史·西蜀孟氏世家》中的记载:"每岁除,命学士为词,题桃符置寝门左右。末年,学士辛寅逊撰词,昶以其非工,自命笔题云:'新年纳余庆,佳节号长春。'"清代梁章钜在《楹联丛话·自序》中明确指出:"楹联之兴,肇于五代之桃符。孟蜀'余庆'、'长春'十字,其最古也。"也有人认为产生时代更早,如近代谭嗣同就在《石菊影庐笔识·学篇》中认为:"纪文达言楹联始蜀孟昶'新年纳余庆,佳节号长春'十字。考宋刘孝绰,罢官不出,自题其门曰:'闭门罢庆吊,高卧谢公卿。'其三妹令娴续曰:'落花扫仍合,丛兰摘复生。'此虽似诗,而语皆骈俪,又题于门,自为联语之权舆矣。"谭嗣同据此认为早在南北朝时就已经有了对联这种形式,但是大量应用并形成风气则是在五代之后,尤其在明清两朝达到极盛。经过长时间的不断完善与充实发展,对联已然成为一门艺术,并且是传统蒙学中不可缺少的组成部分,出现了许多质量颇高的专门书籍与研究著作。尤其是众多的名胜风景区,都将古今名人为之撰题的楹联作为自身文化蕴涵的重要元素,与建筑、雕刻、书法、美术、雕塑等一起,成为中华民族文化遗产中的珍奇异宝。而著名文士专门为各地城隍庙所撰题的楹联匾额,更由于其独特的文化背景与宗教信仰及教育功能,显得极具特色,成为道教文学乃至文化中的重要内容之一。这些城隍庙里的楹联匾额,在内容上,或叙述城隍的神职、神格与神性,描绘其神功、神力和神威,突出其神灵特征;或用以专门警示世人,要存慈善感恩之心和敬畏之念;同时既具有所在地域鲜明的自然特色,又充分彰显本地的人文特色。抒情与叙事结合,描绘与说理并举,语言口语化、草根化,极具亲和力与感染力,达到了雅俗共赏的效果。现将笔者通过各种途径搜集

传统信仰与城市生活·城隍

到的部分国内较具规模和知名度的城隍庙匾额与楹联辑录如下,供广大读者欣赏。

图48　甘肃天水城隍庙匾额

北京城隍庙匾额与楹联均为清世宗胤禛所题。正殿额曰"永佑畿甸",后楹匾曰"神依民社",联曰:

> 灵巩天垣,和会九州风雷协;报崇国纪,盈宁亿祀社方安。

此外,还有康熙皇帝题的一副楹联,曰:

> 保障功隆,俎豆千秋修祀典;邦畿地重,灵威万国仰神明。

清人边华泉曾为北京文天祥祠撰联,曰:

> 花外子规燕市月,柳边精卫浙江潮。

近代文学家魏源曾为北京于谦祠撰联,曰:

> 砥柱中流,独挽朱明残祚;庙容永奂,长赢史笔芳名。

清人江春霖曾为北京杨继盛祠撰联,曰:

> 三疏流传,枷锁当年称义士;一官归去,锦衣此日愧先生。

北京复兴门内都城隍庙联曰:

> 谁毁谁誉,逝者如斯夫;不仁不智,孰之而已矣。

171

图49 北京文天祥祠匾额

天津城隍庙联曰：

惟神则明，无惭念影；夫微之显，不爽毫厘。

戏台联为清代本地文士梅宝璐所撰，曰：

善报恶报，循环果报，早报晚报，如何不报；名场利场，无非戏场，上场下场，都在当场。

强上林曾为辽宁沈阳城隍庙撰联，曰：

百善孝为先，论心不论事，论事寒门无孝子；万恶淫为首，论事不论心，论心千古少完人。

辽宁锦州城隍庙联曰：

善来此地心无愧，恶过吾门胆自寒。

泪酸血咸，悔不该手辣口甜，只道世间无苦海；金黄银白，但见了眼红心黑，哪知头上有青天。

辽宁凤城城隍庙联为清人靳泰交撰，曰：

不用假虔诚，你那心眼中想得甚事；何须空祷告，我岂口头上能骗之人。

高鸿逵题山东胶州城隍庙联曰：

要作好人，自古忠臣孝子都有善报；要做坏事，请看大奸巨恶怎样收场。

河南临汝城隍庙联曰：

夫妻今世缘，为善缘，为恶缘，有缘即至；儿女前生债，是还债，是讨债,无债不来。

山西长治天下都城隍庙联曰:

非此庙,何来汉家光武帝;唯斯神,敢称天下都城隍。

上海城隍庙联曰:

做个好人,心在身安魂梦稳;行些善事,天知地鉴鬼神钦。

刻薄成家,难免子孙浪费;奸淫造孽,焉能妻女清贞。

祸福分明,此地难通线索;善恶立判,须知天道无私。

天道无私,做善降祥,预知吉凶祸福;神明有应,修功解厄,分辨邪
正忠奸。

陶云汀书松江上海县城隍庙中豫园三穗堂楹联曰:

此即濠间,非我非鱼借乐境;恰来海上,在山在水有遗音。

江苏南京金陵城隍庙联为陈光宇撰,曰:

非关我铁面无私,但看你享富贵,欺君王,重妻孥,轻父母,近势力,
压善良,白日做事,黑夜包羞,便教你来做神明,种种罪名难放过;只要
你回头是岸,依着我行孝悌,矢忠诚,戒淫邪,减杀业,安本分,学吃亏,
一片好心,满腔春意,试看我权司阴骘,重重福报不须求。

江苏苏州城隍庙联曰:

问你平生所做何事,诈人财、害人命、奸淫人妇女、争夺人财业、日
积月累,是不是睁睁眼睛,你看世上有多少恶焰凶锋,饶恕了哪一个?
到我这里有仇必报,荡尔产、追尔魂、灾祸尔门庭、灭绝尔子孙、神嚎鬼
哭,怕不怕摸摸心头,你在阳间做无数诡谲机谋,今还用得着么?

舒啸堂联为曹地山撰,曰:

县析昆山,此地可名瑶圃;人来子美,有亭重问沧浪。

神龛联曰:

处世但能无死法,入门犹可望生还。

地狱空留点鬼簿,人心自有上天梯。

江苏无锡城隍庙联曰:

百里共分猷,尚祈时雨时旸保兹京庶;九蜂常毓秀,安得好人好事如此溪山。

陆鸿逵为江苏无锡三皇街城隍庙撰联曰:

殿宇庆重新复,屹然武圣祠边古皇庙畔;神灵欣共载也,犹是召遗棠荫潘种桃花。

张宝诚为江苏无锡三皇街城隍庙撰联曰:

尔心暗昧难明,邪盗奸淫,恍若抚衷无愧;我却含糊不得,刀锯斧钺,还当摩厉以须。

龚子达为江苏无锡三皇街城隍庙撰联曰:

寝成孔安,几番经始,民攻共祝高明悠久;神具醉止,一样自公,退食于兹游息藏修。

许伯谦为江苏无锡三皇街城隍庙撰题联曰:

璇室近瑶台,槛外嵌寄米颠石;辋川入惠麓,画中雅丽右丞诗。

王金路为江苏无锡三皇街城隍庙撰联曰:

但凭你无法无天,到此孽镜高悬,还有胆否;须知我能宽能恕,且把屠刀放下,回转头来。

裴浩亭为江苏无锡三皇街城隍庙撰联曰:

殿宇重新,欣逢年谷丰登,赖有众擎成此举;闾阎未复,自愧薄书,冗杂愿邀神佑福斯民。

邵涵初为无锡三皇街城隍庙撰题联曰:

匪神之灵,匪机之微,总是人心感召;为善必昌,为恶必灭,实由天理昭彰。

江苏常熟城隍庙联曰:

德之不修,吾以汝为死矣;过而不改,子亦来见我乎。

惟神正直聪明,到这关休想混过去;任尔贫贱富贵,登此堂皆作平等观。

江苏常州城隍庙联曰:

阴报阳报,迟报速报,终须有报;天知地知,人知鬼知,何谓无知。

江苏无锡都城隍庙戏台联曰:

报应莫嫌迟,开场即是收场日;施为休手巧,看戏无非做戏人。

江苏姜堰市城隍庙联为张兆鹿撰,曰:

进庙来先自问,平日所行何事? 归家去莫忘记,今朝俯首通诚。

作恶不减,祖父有余德,德尽终灭;为善不息,子孙有余殃,殃尽则昌。

江苏宿迁城隍庙联曰:

我鉴在兹,燮此阴,理此阳,直同日焰当头照;尔形何遁,存一善,匿一恶,早若潮声到耳闻。

林福源题江苏丹阳城隍庙联曰:

任凭尔无法无天,到此间孽镜台前,还有胆否;须知我能宽能恕,何不把屠刀放下,回转头来。

郑板桥为江苏兴化城隍庙撰题联曰:

百尺高梧,称得起一轮明月;数椽矮屋,锁不住五夜书声。
雪逞风威,白占田园能几日;云从雨势,黑漫大地没多时。

齐彦槐为江苏宜兴城隍庙撰题联曰:

时雨时旸,玉女铜宫皆有庆;好人好事,桥蛟山虎总无惊。

张兆鹿为江苏泰州姜堰城隍庙撰题联曰:

进庙来先自问,平日所行何事;归家去莫忘记,今朝俯首通诚。

浙江杭州吴山城隍庙联为明代著名文学家徐渭撰,曰:

八百里湖山,知是何年图画;十万家烟火,尽归此处楼台。

江西南昌城隍庙联曰:

料此身未得长存,为什么急急忙忙作几般恶事;想前世俱已注定,何必不干干净净做一个好人。

百草疗民疴,立德立功,补饮食宫室衣裳之未备;万年崇祀典,乃神乃圣,先尧舜禹汤文武而开基。

你的算计特高,得一回进一回,哪晓满盘都是错;我却模糊不过,有几件记几件,从来结账总无差。

山西省榆次城隍庙戏台匾额为"神听和平",联曰:

善报恶报,循环果报,早报晚报,如何不报;名场利场,无非戏场,上场下场,都在当场。

山西省榆次城隍庙显佑殿联:

百善孝为先,论人不论事,论事寒门无孝子;万恶淫为首,论事不论心,论心千古无完人。

山西省榆次城隍庙冥王殿联:

需知我能宽能恕,且所屠刀放下,回头转来;任凭你无法无天,到此明镜高悬,还有胆否?

山西省榆次城隍庙寝殿联:

站看他背地里做些什么,好大胆还来瞒我;想下俺这里轻饶哪个,快回头莫去害人。

山东省潍坊城隍庙戏楼的匾额与楹联都为清代著名书法家郑板桥所书,匾额为"神之听之",联曰:

仪凤箫韶,遥想当年节奏;文衣康乐,休夸后代淫哇。
切齿漫嫌前半本,平情只在局终头。

安徽定远县城隍庙联为何维谦撰,曰:

泪酸血咸,悔不该手辣口甜,只道世间无苦海;金黄银白,但见了眼红心黑,哪知头上有青天。
聪明正直之谓神,清夜焚香,唯愿斯民教孝悌;两旸寒燠以成岁,丰年报亨,长期列布颂昇平。

靳泰交为安徽凤城城隍庙撰题联曰:

不用假虔诚,你那心眼中想得甚事;何须空祷告,我岂口头上能骗之人。

安徽芜湖城隍庙联曰:

天畀尔以仁,尔把良心丧去;帝敕予之法,予凭公道治来。

湖北天门市城隍庙联曰:

皇上无亲,唯德是辅;上帝临汝,勿贰尔心。

湖北恩施城隍庙联曰:

莫光光磕磕头去,要细细问问心来。

湖北应城城隍庙联曰:

想前生已注定,何必急急忙忙干这些歹事;料此身难长在,落得清清白白做恁个好人。

为人须凭良心,初一十五,何用你烧香点烛;做事若昧天理,半夜三更,谨防我铁链钢叉。

湖南岳阳城隍庙联为李东阳题撰,曰:

不必有神,不必无神,果地方造福之人,即人亦神,是神明自具本来面目;何善来尔,何善去尔,奉天命执法无私,宁私于尔,愿尔等各存羞愧心肠。

湖南临武城隍庙戏台联曰:

你挤我挤,挤得几无立足地;好看歹看,看完总有会心时。

广西桂林城隍庙联为清道光时任嘉定知府的宋梅生题撰,曰:

地狱即在眼前,莫到犯了罪时方才省悟;孽镜虽悬台上,只要过得意去也肯慈悲。

广州城隍庙联曰:

阳世三间,积善作恶皆由你;古往今来,阴曹地府放过谁。

广东揭阳市榕城区城隍庙联曰:

处事奸邪,任你焚香无益;为人正直,见我不拜何妨。

广东海丰城隍庙戏台联曰:

是是非非,演出忠奸堪鉴戒;明明白白,传来邪正可论评。

广东汕头澄海澄城城隍庙联曰:

真意诚心,自能所求必应;善男信女,方可对越神明。

善报恶报,速报迟报,终须有报;天知地知,神知鬼知,何谓无知。

善所必纪,过所必录,自聪明正直以无私;民赖以安,物赖以阜,固感应灾祥而不爽。

广东新会城隍庙今虽已不存,但却留下了佳联。曰:

女无不爱,媳无不憎,劝天下家婆,减三分爱女之心而爱媳;妻何以顺,亲何以逆,愿尔辈人子,将一点顺妻之意以顺亲。

此联通过婆不爱媳和儿子顺妻既劝家婆,又劝儿子,巧妙抓住母与子的心理状态进行教诲,在"爱女""憎媳""顺妻"和"逆亲"四组词上大做文章,对古代宗法家族中广泛而顽固存在的婆媳不和现象进行了深刻而富有针对性的批评与劝勉,显得立意新颖,意味深长,在众多城隍楹联中颇显独特。

福建地区的城隍庙数量较多,留下的楹联颇为丰富,且别具特色。福州冶山城隍庙中的对联都较长,同样具有相当鲜明的警示意味。曰:

结什么仇,造什么孽,害什么全家性命,为饶你颠倒是非,半世竟夸权在手;占尽了利,沽尽了名,丧尽了天理良心,且看他荣华富贵,一朝终有雨淋头。

冤债不吃亏,借几分还几分,到这里限定日期,按数偿来,转眼便消因果簿;危途休害怕,得一步进一步,尽任他安排陷井,凭天走去,到头已过死生关。

西土沛恩膏,千百载优蒙感应;南邦资捍卫,六一都共仰声灵。

举念奸佞,让你烧香无益;存心正直,见吾不拜何妨。

福建厦门城隍庙联曰:

厦于斯诚迎八方客;门到此虔倾一片心。

举念奸邪,任你祈求无益;存心正直,见我不拜何妨。

福建金门后浦城隍庙联曰:

捍灾御患,无非为国为民以安吾岛;福善祸淫,正是教忠教孝共仰神明。

福建泉州城隍庙联曰:

是是非非地,冥冥晓晓天。

178

福建永泰县城隍庙大算盘联曰：

世事何须空计较，神天自有大乘除。

正殿联曰：

为善不昌，祖宗必有余殃，殃尽则昌；为恶不灭，祖宗必有余德，德尽则灭。

刻薄成家，难免子孙浪荡；奸淫造孽，岂能妻室冰清。

莫逞威风，不怕你熏天势焰；欲全善果，且看君立地心苗。

何当初不为良善，到如今难免罪名。

戏台联曰：

演忠孝，全场始知福善；看奸诡，结局终悔祸淫。

假笑啼中真面目，新声歌里旧衣冠。

石栏柱联曰：

两道雕栏巩保障，千秋砥柱卫生灵。

福建安溪城隍庙的各门各殿都有楹联，其中山门联曰：

于斯诚迓八方客，到此虔倾一片心。

大门联曰：

隐处也难逃洞鉴，入门各自检平生。

前殿联曰：

城隍显赫，绥安山海着聪明；伯主神通，燮理阴阳灵判断。

看彼世人诡谲肝肠，莫怪此公吐舌；睹斯色相黑混面目，真令我辈寒心。

人山人海大千界，神显神通第一门。

扶正疾邪威显赫，消灾防患保安宁。

孽镜高悬幽遐可烛，回轮历劫报应全符。

神封伯爵灵昭四海，庙奉城隍威震千秋。

八爷公横批为"善恶报应"，联曰：

毋许机械变诈，难瞒正直无私。

速报司官横批为"速报无差",联曰:

> 勿欺也善恶簿上,其严乎人鬼关头。

稽查司官横批为"为善至宝",联曰:

> 阴阳非有两般理,善恶只凭一点心。

考功司官横批为"心地光明",联曰:

> 看我声灵多赫耀,鉴人善恶总分明。

罚恶司官横批为"我处无私",联曰:

> 成谳如山比铸铁,赎刑无路可挥金。

赏善司官横批为"行善为方",联曰:

> 平日所行先自问,今朝俯首在通诚。

地狱司官横批为"聆音察理",联曰:

> 尔曹勿待森罗殿去,此地如入酆都城来。

拜亭联曰:

> 宠锡袍冠八闽第一,褒封伯爵五邑无双。

正殿联曰:

> 赏惩善恶因果有报,爕理阴阳判断无差。
> 城隍显赫名扬禹域,伯主威灵惠及星洲。
> 善恶报应,莫道竟无前世事;名利争竞,须知总有下场时。
> 阴阳非有两般理,善恶只凭一点心。
> 为善不昌,祖宗有余殃,殃尽必昌;为恶不灭,祖宗有余德,德尽必灭。
> 地狱即在眼前,莫到犯了罪时,方才省悟;孽镜曾悬台上,但要过得意去,也肯慈悲。
> 善恶到此难瞒,不必阶前多叩首;瑕瑜从来了彻,岂容台下细摇唇。
> 善报恶报,迟报速报,终须有报;天知地知,你知我知,何谓无知。
> 巍峨殿宇,一年造就,于此重开境界;显赫神威,三度徙迁,而今更播恩波。
> 举念有神,知善恶正邪能立判;照人如镜,吉凶祸福总无私。

孽镜高悬,善心人不妨当头一照;影衾多愧,恶念者应怕有物潜窥。

三殿联曰:

惟神则明无惭衾影,夫微之显不爽毫厘。

神所依凭将在德,尔于幽独毋自欺。

法道幽深,直入圆通妙境;如门广大,全彰寂照真宗。

韦驮殿联曰:

广大寂静三摩地,清静光明遍照尊。

开示众生见正道,犹如净眼观明珠。

菩萨化身,辅正摧邪宏圣教;童真入道,安邦护国度群迷。

城隍德泽,杨桃果硕千枝累;伯主恩被,韭菜花开万里香。

清莲法界本清静,白毫相光常满圆。

大悲殿联曰:

座上莲花香百世,瓶中法水闻千家。

十方世界无边清静,万里江山何等悠闲。

鼓震钟鸣,普醒众生尘幻梦;山明水秀,全彰古佛法王身。

誓愿宏深,处处现身说法;慈悲广大,时时救苦寻声。

宝相庄严,凤麓春阴尊古佛;梵宫巍峙,清溪福地焕新容。

大雄宝殿联曰:

彻证自心,道通天地有形外;悲运同体,恩遍圣凡含识中。

誓愿宏深,寿量无边,竖穷三际;慈悲广大,光明有象,横遍十方。

行满果圆,导三乘以齐成觉道;悲深愿重,拯四生而共届莲邦。

梵宫添殿,惟因二庙信贤来作主;圣迹闻名,且有四言佳句为留芳。

福建石狮城隍庙联曰:

人而作恶须当改,神本无私不用求。

福建漳州镇海城隍庙联曰:

城卫昔时见惠,隍灵今日闻人。

福建崇武县城隍庙匾额有"崇武天地""维神则明""有求必应"等,联曰:

凭你无法无天,到此擎镜悬时,还有胆否;知我能宽恕,且把屠刀放下,回头转来。

莲城主宰泽披民众,青峰分镇气壮海滨。

福建集美后溪霞城城隍庙联曰:

清香清香鲜果品,霞彩临门八蜡配天赫濯;诚心诚意敬神明,海澄启宇六龙随地封迁。

阴阳奕理权衡判,立地顶天世道莫如谦处好;善恶昭彰鉴别明,功名钟鼎人情常在忍中全。

任世间计较终归无益,善报恶报迟报速报终须有;到此地是非总有分明,天知地知尔知我知何谓不。

福建漳州云霄城隍庙联为近代著名女革命家秋瑾祖父秋嘉禾所撰,曰:

己心可欺,任汝眼前胡涂做去;神鉴难瞒,看尔背后报应频来。

福建永定城隍庙联曰:

为人须凭良心,初一十五,何用你烧香点烛;做事若昧天理,半夜三更,谨防我铁链钢叉。

四川成都城隍庙戏台联曰:

善恶报施,莫道竟无前场事;利名争竞,须知总有下场时。

四川灌县城隍庙联为蔡佛田撰,曰:

聪光正直之谓神,清夜焚香,惟愿斯民敦孝悌;两旸寒燠以成岁,丰年报享,长期列布颂升平。

料此身未得长存,为什么急急忙忙作几般恶事;想前世俱已注定,何必不干干净净做一个好人。

四川泸县城隍庙联曰:

这条路谁人不走;那件事劝你莫为。

重庆丰都城隍庙联曰:

泪酸血咸,手辣口甜,莫道世间无苦海;金黄银白,眼红心黑,须知头上有青天。

赫赫明明,何必藏头露尾;生生化化,须防戴角披毛。

贵州贵阳城隍庙联曰:

站着,你背地做些什么? 好大胆还来瞒我;想下,俺这里轻饶哪个? 快回头莫去害人。

贵州关岭城隍庙联曰:

进来摸摸心头,不妨悔过迁善;出去行行好事,何用点烛烧香。

云南文山城隍庙联曰:

想前生已注定,何必急急忙忙干这些歹事;料此身难长在,落得清清白白做恁个好人。

尧舜生汤武,末桓文净丑,古今来多少角色;日月灯江海,油风雷笛鼓,天地间一大戏场。

云南石屏城隍庙联为袁嘉谟题撰,曰:

赶紧吃亏,一文欠债理当补;老实忍耐,半夜敲门心不惊。

云南剑川城隍庙联曰:

任凭你无法无天,到此孽镜台前,还有胆否;须知我能宽能恕,且把屠刀放下,转回头来。

为恶必灭,为恶不灭,祖宗有余德,德尽则灭;为善必昌,为善不昌,祖宗有余殃,殃尽则昌。

谋人田产,淫人妻女,欺人鳏寡孤独,此等恶徒,任你烧香也无益;孝于父母,友于兄弟,和于邻里乡党,这般善士,见神不拜又何妨。

赫赫厥声,濯濯厥灵,任是非非,到此明明白白;昭昭其有,冥冥其无,虽恍恍惚惚,谁不战战兢兢。

你的算计特高,得一回进一回,哪晓满盘都是错;我却模糊不过,有几件记几件,从来结账总无差。

云南鹤庆城隍庙联曰:

雪仗风威,白占田园能几日? 云随雨势,黑瞒天地不多时。

杨金铠撰联曰:

地本无狱,天本无堂,凭一日结撰而成,请看色色形形,全球上何非现象;前是有因,后是有果,缘千年参观自得,试问善善恶恶,历史中岂有危言。

西藏昌都察木多城隍庙联为陈钟祥撰,曰:

> 问梵部众生,因缘莫昧人间事;看轮回六道,佛法常开地狱门。
> 保赤诚求,依然父母斯民主;幽冥执法,信是森罗守土官。

陕西岐山城隍庙联曰:

> 你哄你,我不哄你;人亏人,天岂亏人。

陕西三原城隍庙联曰:

> 福善祸淫,万里高悬日月鉴;锄强扶弱,千年永奠山河图。
> 存上等心,结中等缘,享下等福;在高处立,着平处坐,向阔处行。
> 试问世间人,有几个知道饭是米煮;仰观坐上神,无一尊不晓田自心来。

陕西渭南城隍庙联曰:

> 善恶好歹,由尔去任意作为;吉凶福祸,待我来定夺发落。

甘肃省兰州府城隍庙联为周汉撰,曰:

> 好大胆敢来见我,快回头莫去害人。

另有佚名联曰:

> 尔欺尔我岂欺尔。人负人天岂负人。
> 举念时明明白白,勿忘了自己;到头处是是非非,曾放过谁人。

兰州府城隍庙里的戏楼联曰:

> 演古人事迹,忠自忠,奸自奸,做出来真是庐山面目;指天下迷途,赏者赏,罚者罚,猛省处恍临屋漏神明。

甘肃省甘谷县城隍庙联,为清道光时甘谷生员张及泉撰书。曰:

> 善报恶报,迟报早报,终须有报;天知地知,神知鬼知,何谓无知。

另有佚名联曰:

> 百行孝为先,论心不论事,论事贫家无孝子;万恶淫为首,论事不论心,论心终古少完人。

台湾府城隍庙由郑成功的军师陈永华创建,在青年路。初建于明代永乐年间,后经多次重修,是台湾省最早兴建的第一座城隍庙,奉祀城隍爷(威灵公）。正殿联曰：

几何代数留今古,乘法归除定是非。

动静阴阳两故化,聪明正道一而神。

海国布明威,到处钦崇如大府;瀛台舒惠泽,此间翊赞有夫人。

还有一联作于清道光年间,配有匾额"尔来了",相当著名。联曰：

问你平生所干何事? 图人财,害人命,奸淫人妇女,败坏人伦常,摸摸心头惊不惊? 想从前千百诡计奸谋,哪一条孰非自作;来我这里有冤必报! 减尔算,荡尔产,殄灭尔子孙,降罚尔祸灾,睁睁眼睛怕不怕? 看今日多少凶锋恶焰,有几个到此能逃?

台湾屏东都城隍庙联曰：

城池巩固神灵赫擢忠奸判,隍壁辉煌威德森严善恶分。

台湾新竹县都城隍庙,在新竹市,建于清乾隆十三年(1748),祀威灵公。大门联曰：

善由此地心无愧,恶遇我门胆自寒。

威声镇闽台两省,灵显传禹甸九州。

大算盘对联曰：

世事何须多计较,神天自有大乘除。

善恶权由人自作,是非算定法难容。

阳律欺瞒能幸免,阴司清算总难逃。

你的算计非凡,得一步进一步,谁知满盘皆是错;我却胡涂不过,有几件记几件,从来结账总无差。

台湾高雄县凤山城隍庙,在凤山市,建于清嘉庆五年(1800)。其前殿联曰：

善恶到此难瞒,不必阶前多叩首;瑕瑜从来了彻,岂容台下细摇唇。

乾隆六年(1741),举人卓肇昌所题联曰：

为善必昌,为善不昌,祖宗必有余殃,殃尽必昌;作恶必亡,作恶不亡,祖宗必有余德,德尽必亡。

台湾霞海城隍庙在台北市迪化街。原在大佳腊堡,为霞海人合建。毁于清咸丰三年械斗中，移建于咸丰九年。联曰：

> 卵翼万家，稻里无双生佛；权衡两界，尘寰又一阎罗。

台南市县城隍庙，在县城北，知县张宏建于清康熙五十年（1711），后多次重修，祀城隍爷显佑伯。大算盘联曰：

> 阳律欺瞒能幸免，阴司清算总难逃。

殿前有联曰：

> 阳报阴报，善报恶报，速报迟报，岂曰无报；天知地知，神知鬼知，你知我知，莫云不知。

都城隍庙是都督府城隍庙的简称，建于清乾隆十四年（1749）。大门联曰：

> 城拥海婆娑，锡爵威仪永著；隍连门□关，安民勋业长存。

内殿联曰：

> 报应昭彰，几杵鼓钟飘古堡；威仪肃穆，一龛香火蒙金城。

彰化城隍庙，在彰化市，清代知县秦士望建于雍正十一年（1733）。联曰：

> 好大胆敢求我，快回头莫害人。
> 松声竹声钟磬声，声声自在；山色水色烟霞色，色色皆空。
> 善报恶报，早报迟报，终极有报；天知地知，子知我知，何谓无知。

鹿港城隍庙，又称鳌宁宫，在鹿港镇，建于清道光年间，昔日规模宏大，远近闻名。联曰：

> 自昔鳌亭声灵赫濯，即今鹿港善恶分明。

这些悬挂在城隍庙门或正殿厅堂或其他辅助建筑门楣上的对联，内容丰富深刻，褒贬态度分明，或弘扬善举，或警惩邪恶，或严厉警示，或温和告诫，或当头棒喝，或善言相劝，或长或短，或厉或柔，都意味深长，发人深省，寓教于乐，具有极为强烈的劝世与教化作用；在艺术上，或长或短，或诘或训，对偶工整，音调铿锵，字正腔圆，流畅自如，形式灵活，手法生动，通俗浅显，语意凝练。或出自名家显达之大手笔，或出自乡邦里邑之名儒文士，或集古贤名句，或用诗词文赋，或草创独撰，或化用成文，都具有富赡深刻的思

传统信仰与城市生活·城隍

想意蕴。同时作为对联、书法、镌刻等多种艺术的集合，颇具观赏甚至文物价值，成为华夏楹联文化大观园中的奇葩，具有永恒的艺术生命力。

三、故事与传说

每一座城市中的城隍神，都有关于自身产生与发展诸方面的丰富传说与动人故事。这些故事与传说，都具有鲜明的地域性、涉及官府正统管理、以城市为主而波及乡村三大特征。在内容上，往往以叙述城隍神的来历以及施法行为等政治、宗教生活故事为主，尤其以述说城隍神护城佑民、惩恶奖善、灵验非凡最为突出。在这些故事传说中，虽然传诵的群体主要是民间的普通老百姓，但是其创作者往往是具备相当文化素养的人，尤其是当时当地一些著名的文人雅士。同时，这类故事传说在交流传播的过程中，还会发生各种变异。随着传播者与继承者之间双向的认识与再加工创作，一些传说故事的基本框架虽保持了原有的内容，但在具体细节和人物个性及语言等方面都会得到丰富与修饰，甚至会超越其原始文本所具有的内容而成为一个全新的文本。在城隍神形成与发展的过程中，也有不少这样的故事传说。他们或由文人创作，或由下层民众口耳相传，其内容无一不是在叙述城隍的产生根源及其威严灵应的效果，形式则各体兼备，既有小说、戏曲、诗歌，也有民间小调、杂曲说唱。从这些故事传说中可以看出，城隍在人们心目中既是一座城市的保护大神，可以除旱防涝、驱除瘟疫，还可驱妖捉鬼、退兵却敌，在断案决狱、主持公道方面更能够替凡人明辨是非、扶正抑邪、惩恶扬善，在对邪恶之人为非作歹、无法无天之行的威慑和警示方面具有极为快捷实效而重要的作用。这些故事传说既有道德伦理方面的示范教化效果，更有着强大的震慑和告诫功能。城隍的故事与传说在每个城市的方志中都有大量记载，或实或虚，但足可以作为一个城市文化的重要构成成分。以福建安溪城隍庙为例，在清乾隆版的《安溪县志》中就记载了"祷神戮双虎""惊走蔡寅贼兵"和"破杀人案"三个故事，其中"祷神戮双虎"记的是"正德上章执徐（庚辰年，1520）年春仲甲申，吉水龚公令安溪三月，心兹邑民，久罹虎患，乃焚文于城隍之祠，矢神必获。越翌日乙酉，果戮其一，越三日戊子又戮其一，民胥神之。"当时教谕邹鲁曾亲身目击此事，特意撰写了《戮双虎赋》。"惊走蔡寅贼兵"记的是"康熙十六年（1677）七月二十八日，贼蔡寅率众数千突至安溪，正欲攻城，忽见有甲骑自东门出。蔡疑有援兵至，遂惊退。时共以为城隍显灵，邑令李钰大书'保我黎民'匾额，并识其事于庙。""破杀人案"记"乾隆二十年（1755）正月十一日，县民陈福挟仇将田主王益让杀死于后塘陇地方，屡审，坚不承认。邑令庄成斋戒沐浴，具牒亲祷于城隍神。翌日,带犯赴庙覆讯,冤魂忽附于犯妻黄氏身上,向伊夫历历质证,并将凶器指出。福始俯首无辞,案乃定,观者无不称异。庄令题匾额'真英灵'挂于庙,以记其事。"由此可见,城隍既可以为当地驱除虎患,又可以协助保卫城池,还可以在处理当地司法案件过程中助一臂之力。再如,据说是上海城隍秦裕伯曾经挽救百姓性命的传说,更是具有传奇意味:

据说清朝初年,上海地区遭受到了大批海匪的侵犯骚扰,朝廷调派了苏州王总兵去剿匪,结果大败而归。那些残兵败将乘着溃逃之际又沿路烧杀掳掠,百姓苦不堪言,忍无可忍,于是就纷纷聚集到总兵府前大骂王总兵。王总兵怕兵败失利的消息传到上司面前不好交代,就恶人先告状,在巡抚大人周国柱面前说了上海百姓的不少坏话。当时,周国柱偏信一面之词,以为真的是暴民犯上作乱,顿时起了杀机,准备在第二天早晨下令将从浦南到静安寺一带的百姓全部杀光。

这事儿可急坏了当时的上海县县令阎绍庆。他急忙去与遂安县县令曹垂灿会面,当天下午两人一同赶到巡抚府,表示愿意以两家人的性命担保,保证上海的百姓绝对没有做过犯上作乱的事。谁知周大人根本就不理他们,而且下了逐客令。两人无可奈何,只好垂头丧气地出了巡抚府。在路上,他们遇到一个店小二拦轿求见,并说:"对面酒楼上有位先生说有救民要事,务必请两位大人换了便服前去面谈。"阎县令与曹县令相互看了一眼,都觉得这个人来得蹊跷,便立即更衣,随着店小二上了酒楼。

两人走进一间雅静的单间,只见房内有一人正在举杯独饮。定神一瞧,不由大吃一惊,啊,原来他就是巡抚府里的蒋师爷。两位县令急着问:"请教蒋先生有何回天之力,能救当地百姓?"蒋先生一笑说:"两位大人,何不到城隍庙中诚意祈祷一番? 不是说,这里的城隍老爷素有灵验,爱民如子吗?"阎县令和曹县令一听,都泄气了,心想:这火烧眉毛的事,去求神保佑又有什么用呢? 不料蒋先生不慌不忙伸出两个手指,附耳过去如此这般低声说了一番,两个县令连连点头。他们立即下楼,到城隍庙求神保佑去了。

再说巡抚大人周国柱,连夜调兵遣将,布置人马,直至深夜。随后,他坐在巡抚府的二堂上,酌酒独饮,单等鸡声一叫就下令屠杀暴民。渐渐睡意蒙胧。忽然庭院中"嘭"的一声,抬头一看,哟,眼前金光一闪,庭院里来了个身穿红袍、手拿象牙朝笏的大官儿,在灯光下,神色端重,不声不响地站得笔直。周国柱细细一打量,咦,这不是庙里的城隍老爷吗? 哟,什么事儿惊动了这位神道哪? 周国柱心头一沉,不免有点惊慌,刚想开口,只见城隍老爷张大双眼,直视着周国柱,摇了三次头,又兴起右手摇了三摇。这一来,周国柱心里捉摸开了:呀,会不会是百姓有冤,城隍老爷来为民请命哪！他连忙起身离座,深深作了一揖说:"城隍神显灵,百姓定然有冤,本官当不再下令屠民。"他的话音未落,眼前金光一闪,城隍老爷早已无影无踪。

上海县的人民终于躲过了一场灾难,城隍老爷也得了个"爱民如子"的好名声。不过,那位姓蒋的师爷不久就借故辞去了巡抚府中的事,飘然而去了。后来,人们才听说,两位县令私底下凑了两千两银子,用五百两银子连夜请了一个外地来的戏班里的人,装扮成了城隍老爷;又交给蒋师爷一千五百两,由他买通了巡抚府里外上下人员,个个装聋作哑,任那假城隍自由进出。而城隍老爷身后的五色光芒,说穿了也不稀奇,那不过是放了几只焰火而已。

从此以后,上海城隍老爷显灵护民的传说故事越来越丰富,涉及的领域也是越来越宽泛,城隍在人们的民俗信仰中的地位也逐渐得到了提升。当然,方志中记载的城隍故事传说只是一小部分,更丰富的则以口耳相传的形式存留于广大民间。

首先,宣扬城隍神的无所不能和报应不爽,是相当数量故事传说的主要内容。这些故事,有的是叙述人们由于对城隍爷的敬畏与虔诚之心,终于得到了神灵的庇护或帮助。更多的则是通过对有意或者无意之间亵渎城隍者的或轻或重的惩罚,来宣扬城隍神灵的灵验报应与赏罚分明,这种对惩戒效果的反复强调与强化反映出人们对城隍神灵效应的重视与期待。宋宋洪迈在其所撰的《夷坚志·夷坚支癸》卷第六中,就讲述了一个发生在饶州的故事:每年的春夏之交,城隍庙两翼的屋檐内就会有鸟雀将卵产在此并开始哺育小鸟。士兵锦先、杨成和魏赟三人都是被从外地发配到此的隶卒,他们在此已经三十多年,一个做宪台司阍,一个做泉府库典,另一个做军头,住的地方都与城隍庙相近。庆元三年(1197)四月,三家的儿子都已十五六岁,相互带领进入城隍庙中,想试探着抓取小鸟,结果太高而够不到。于是三人就踏上城隍奶奶的肩头,爬到上面,得到了十几枚鸟蛋。而在攀爬的过程中,将神像上的泥踏落剥离,掉到了地上。到了晚上,三个孩子同时感到有病,昏迷、发热,烧到了发烫的程度,不能说话。到了夜里,病情愈加严重,他们的母亲并不知道事情的真相。有几个玩耍的小孩看见了他们的作为,就如实告诉给了大人。第二天,家人带着香火纸烛急忙赶往城隍庙祈祷拜谢,也没能保住孩子的性命。不久,大人也相继生病,得病的症状和孩子完全相似,经多方治疗也不见效。才过了五天,就都卧床不起了。故事中的三位少年因为顽皮,掏取城隍庙屋檐下的雀蛋,却误将城隍夫人塑像肩膀部位的泥踩落至地,结果导致当晚就一齐发病,等家人弄清楚发病原因,并于次日急往城隍庙谢罪祷祝时,已经无法得到城隍神灵的原谅。不仅如此,三位家长也都陆续发病,殃及其身,五天后也都卧病不起。作者认为神灵这种报复有点过分,不应该连累大人,但是这种近乎残酷无情的重磅惩罚,无疑会为城隍神的威灵增添巨大法力,同时也增强人们对神灵的敬畏之情与恐惧之心。故事宣讲所产生的立竿见影般的劝惩效果也是可以预计的。

更多的故事传说,则是当地人们根据一些传闻或者自己的想象臆造出来的,用以说明城隍神的正统地位以及威严法力。这种类型的故事在清廉刚直的城隍神上,表现得最为突出。如杭州城隍神周新,原本是明朝永乐年间的浙江按察使,为官清廉,以善于断狱而被人称为"冷面寒铁",后因镇压贪官锦衣卫指挥史纪纲而被明成祖误杀,明成祖后悔莫及,敕封为浙江城隍之神。他巡按北京时,发现有许多犯人因等不及刑部批文以致瘐死牢中,于是便奏请皇帝改由官署或巡按御史直接进行处理,从而使许多犯人得以生还。正因为此当他调任浙江时,"冤民系久,闻新至,喜曰:'我得生矣。'至,果雪之。"周新听说时任钱塘县令的叶宗人,廉洁奉公,一心为民,便微服私访前去调查,在钱塘县境内听到的都是老百姓对叶宗人的赞誉之声。随后他又乘叶宗人外出时到他的家里查访,发现叶家非常简陋,没有任何贵重值钱的东西,只在竹箱中发现了一包笠泽银鱼干。这使周新十分感动,第二天他特地宴请叶宗人,大力表彰他的清廉。叶宗人感念周新的知遇之恩,更加勤政爱民,被人们称为"钱塘一叶清"。身为国家官吏,周新却在个人生活方面十分简朴,从来不收不义之财。江浙民间广泛流传的"周新挂鹅"故事,形象生动地展现了周新拒腐清廉的高尚气节。有一次,有人给他送来一只烤鹅,家人推辞不掉就留下了。而周新为了杜绝类似事情再次发生,就将那只烤鹅高高地挂在家中的显眼之处,并指着烤鹅说,以后如果再有人执意要送礼,照挂不误。果然,从此再没有人敢给他送礼了。在周新的影响与严厉管束下,他的家人也都勤俭自持。周新做官之前,妻子在家靠缝衣自给;做官后,妻子仍一身布衣,"偶赴同官妻内宴,荆布如田家妇。诸妇惭,尽易其衣饰。"他执法严明,不惧权贵。有一次,锦衣卫指挥使纪纲派一千户到浙江办事,明目张胆地收受贿赂。周新决心要惩治他,但却被他逃脱。不久,周新在上京的途中遇到这个逃犯,马上将其缉拿归案。不料这个逃犯再次逃脱,并在主子纪纲面前恶人先告状,添油加醋地哭诉了一番。于是,纪纲不择手段地罗织罪名,诬陷周新。周新在狱中虽被折磨得体无完肤,但始终不屈。当他被押到皇帝面前时,仍然高声抗辩:"臣擒奸除恶,为何加罪?"明成祖下令将他处以肢解之刑。临刑之际,他视死如归,高呼大喊:"生为直臣,死作直鬼!"后来,纪纲罪发被诛,周新得以平反昭雪。百姓对他十分怀念,后人在编纂《浙江通志》时列他入《名宦传》。人们还在杭州建庙立祀。羊城广州的百姓出于对周新刚正忠直品德的仰慕与崇敬,不仅奉其入乡贤祠奉祀,而且将其故居所在地高第里改名为仰忠街,以示对这位忠义诤臣的纪念之情。

如果对城隍神毕恭毕敬、虔诚奉祀,再加上自己遵纪守法、行善积德,那么城隍会在适当的时候做出某些奖赏性的举动,其中除了赏赐财富之外,最诱惑人的就是增加人的阳寿。这类故事起源较早,而且比重较大。如《太平广记》卷一二四《王简易》中,就描述了城隍神以簿书来记人的生死寿命并且掌握着善恶报应的情景。王简易因为"修善"而得到了城隍使其多享五年阳寿的奖励,五年后又因为其在办案过程中过失杀人而迅速结束了自己的寿命,这一方面说明人的生死寿命是由城隍手中的"簿书"俗称生死簿决定的,民间俗语所说的"阎王让你四更死,没人留你到五更"亦即此意,另一方面也说明只要你在阳间积善行好,不作恶事,"勿以善小而不为,勿以恶小而为之",就一定能得到形式不一的奖赏和报答。城隍在此方面,是具有绝对的生死掌控权的。

在福建省安溪县,就流传着一宗知县黄宅中在任期间"托梦破奇案"的故事:

清代道光年间,安溪有一家金姓少年名文俊,娶得美貌娇妻萧四娘。当地劣绅吴支梯中过进士,用有十多间当铺,无恶不作。他垂涎萧四娘的美貌,于是就与萧四娘勾搭成奸。一天晚上,奸夫淫妇设计将金文俊用酒灌醉,把毒蛇藏入竹管并插入金文俊的口中,使毒蛇咬死了金文俊。知县黄宅中开棺验尸,发现尸体并无任何伤痕,于是下令复葬。吴文梯仗着财势,买通了知府,反而状告知县黄宅中"黄欺寡妇,随意开棺"。黄知县到庙焚香,请求城隍指点解救之法。城隍当晚托梦黄知县:朝前面棕树直进,到晚间,见一陋屋,找到一位木子主月者,即为你的救星。黄县令遵行,果真找到了知情者贼仔三。黄县令假冒成贼仔三舅舅,谈吐中要其娶媳妇,贼仔三有感和震惊于金文俊惨死,说不敢娶媳妇。最后实名为李青即"木子"为"李""主月"为"青"的贼仔三将案情全部托出,并作为唯一证人作证,使奇冤大白。黄宅中将案如实上报,得到上司肯定,官复原职,加升三级,后被人称为"黄青天",黄为感谢城隍,亲笔书写匾额"是梦觉关"悬挂庙内。后来,好事者将此案编成歌谣、歌戏、芗剧和闽南高甲戏进行传唱与演出,声闻海内外。

一旦对城隍神有冒犯或大不敬的言行举止，或者不信守自己做出的承诺，对这种亵渎神灵、言而无信的人，城隍神不仅要以各种形式使其受到立竿见影般的报应，还要受到或长或短，或重或轻的处罚。这种报应式的处罚，轻则祸延及自身，重则迁续至子孙后代。反之，如果为城隍虔诚恭敬，一心向善，致力于做好事和好人，则可受到城隍的格外保佑甚至特殊眷顾。在宋代学者洪迈撰著的《夷坚志》中，这类故事比较多，典型地反映出城隍神在塑造过程中的变化与定型，而惩恶扬善则是这类故事的主旋律。其中《夷坚乙志》卷第二十《城隍门客》记方务德讲述的一个故事道：建唐士子陈尧道，字德广，已经去世三年，但是他的同舍郭九德在梦中梦见他和平时一样。郭九道说："你已经死了，怎么还能够来呀？"陈尧道回答说："我死后给城隍神作门客，负责掌管笺记，相当辛苦。今天主人到阴山庙参加宴集，于是就有了空暇，因此来见你。"问他家父母兄弟的情况，哭泣了很久。郭九德说："你既然是城隍神的门客，应当知晓我们乡今年秋天和来年春天登科人的姓名。"回答说："这个不是我所能够知道的，另外有一个来自广西的人掌管，我回去之后打问一下。"过了几天，又在梦中相见，说："你来年春天肯定及第，我和你的关系相当好，因此先告诉你。其他的虽然知道，但是不敢泄密。"果然，郭九德在第二年的考试中考取了进士。又有一个叫刘子固的人，与陈尧道居住在同一个里巷。他的妹婿黄森既贤德又能文，父亲是小吏，欠了官家的钱，身死家破，黄森也因此郁郁不得志而死。死后几个月，他的妻子在哥哥家，忽然穿上了黄森平时的衣服，和兄长作揖，待客的举止和声音都如真的一样。刘子固一面惊讶，一面又悲痛，叫着他的字说："元功，你现在在哪里？"回答说："我黄森平生刻苦求学，希望得到一领青衫而不可得。近来依靠陈尧道的大力帮助，推荐我在城隍神手下担任判官，有主管的事务，穿绿色袍服，拿槐木手版，大大好过我活着的时候。恐怕我的妻子念叨，因此前来告知。"刘子固问道："来年春天乡人谁能够进士及第？"回答道："只有郭九德一个人。"过了一会儿就离开了，说的话和前面梦中的一模一样。在这则故事中，陈尧道和黄森死后都在城隍神手下工作，虽然辛苦，但是却能够在梦中帮助友人早先预告并通知考试的结果。可见，在城隍身边做事，也是一件美差，比在阳间守穷好多了。尤其是科举功名对士子文人以及普通百姓的诱惑，更是衬托出城隍神明的善恶分明和奖惩不爽。如今许多参加考试的学生，也都盛行到当地城隍庙中焚香许愿，正是这种故事流传的结果。而如果一旦负约或者欺骗了神灵，那么后果将是相当严重，不堪设想的。在《夷坚支癸》卷第六的《舒七不偿酒》中，作者还讲述了一个因得罪城隍而遭到惩罚的故事:鄱阳地区每年都要举办迎神赛会的活动,这种习俗一旦形成,往往有增无减,每座庙都由一兵或者一民专门主持。至于那些拿着酒饭来祭祀的人,又都根据自家的贫富情况贡献祭品,称为心愿。大凡是心术不正的人,因为做错了事而招致惊动神灵降祸的,也时有之。绍熙三年(1192)春天,县衙前有一位居民叫舒七,开设着一家酒店,他的家和县城隍庙相近,因此他预先就想用酒招呼那些抬轿的衙役及其跟随的人。但是很快就爽约了,大家感到愤怒,常常出口诅咒他。到了七月初一日的晚上,舒七从外回到家中,过了一会儿就睡下了。到了三更,从迷糊中醒来,转动了一下身子,发现躺的地方特别冰冷,伸出手去摸索,一个怪物粗如胳膊,粗涩而且光滑。他很害怕,呼喊妻子,妻子正在熟睡中,不答应。他准备下床,但是被怪物缠住身体,缠得既紧又感到痛,只是发不出声音来。猛然用力纵身跳出大喊,母亲在隔壁说:"等我来。"拿着灯去一照,原来是一条蛇,正张大口,好像要吞噬他的样子。家人都起床了,但是没人敢于向前。母亲心里思忖其中缘故,急忙到城隍庙中,招来庙祝买黄钱放在箱子里,扶请蛇离开。舒七因此受到惊吓而不吃饭,在八月四日死了。这天晚上,托梦于自己的母亲,说自己已经到了阴间。眼下正在受罪,告诉母亲快速偿还先前许下的愿,庶几可以得到脱免。母亲按照他的嘱咐做了。过了几天,又梦见说:"幸亏得以从轻发落,母亲不要过分悲伤。"《夷坚志补》卷第十六的《城隍赴会》一则,通过讲述一个因与刘家女私通进而行凶杀人的兵家子张五被处斩后继续为祟祸害他人,后请法师为牒告城隍终得安然的故事,彰显了城隍神对于那些凶鬼厉祟的收治镇压功能与灵验效果。

其次,相当数量的城隍显灵故事,虽明显属于人为的故意编造,以顺应统治者的统治管理思想与人们的信仰心理,充满了迷信和因果报应诸因素,但因其构筑了神灵信仰文学的主体,因此在城隍文化中文本极多、传播地域极广、效应影响也极大。如在甘肃兰州地区,就流传着一个乾隆年间城隍纪信显圣的故事:当时,循化厅(今青海循化)撒拉县的回民因新旧两大教派发生冲突,兰州知府和河州协副将奉命前去镇压新教,并将新教宣传者马明心投入兰州监狱,因而激起了以苏四十三为首的撒拉回民起义。起义回民攻进兰州城后,切断了黄河上的浮桥,攻破了西关,以礼拜寺为据点,直逼内城。就在这危急时刻,起义回民看到兰州城头涌来无数的黄人黄马,他们以为朝廷派出的援军赶到,突然哗乱,一口气撤退了四十多里,后来才知是城隍纪信派出的神兵天马。虽然这种故事传说,带有相当明显的政治目的,意在维护封建统治,扼杀百姓反抗起义的思想,但借用一城之神的威力与灵验,却是再恰当不过的了。而在南方,这类故事就更加普遍而典型,如显佑伯的故事。在浙江义乌,民间就流传着城隍项显佑托梦的故事,带有浓郁的教化意味:

元末己亥年(1359),朱元璋攻打婺州(今浙江金华)时,因军粮接济不上,数万军队被困在义乌境内。这时,军师刘伯温献上一计,说:"听说义乌城隍庙里的城隍老爷托梦很准。"于是,朱元璋依计,沐浴更衣,前往义乌城隍庙投宿托梦。

这一夜,朱元璋梦见自己在一片大树林中迷路了,分不清东南西北。正在焦急时刻,只见两位头发胡须都呈银白色的老人,合牵着一匹高大的赤红大马,沿着溪岸,朝着自己走来。朱元璋上前向两位老者问:"返回之路,朝哪边走?"二位老人同时将手中的马缰绳递给了朱元璋,说了声:"若问返原处,向南五十里。祖孙五进士,兄弟两尚书。"朱元璋骑上枣红大马,立即飞奔出了大树林。

次日一早,朱元璋就让军师刘伯温为其解梦。熟知天文地理的刘伯温解释道:义乌自唐朝开始,就有两个一南一北中间相隔五十里的城隍庙。你梦见的两位头发胡须都呈银白色的老人,合牵着一匹高大的赤红马朝自己走来,这是义乌的两个城隍老爷一起为你指点迷津。他们告诉你:"若问返原处,向南五十里。祖孙五进士,兄弟两尚书。"意思是说在离义乌县南五十里有个叫赤岸的地方,有一户人家因祖上积德,祖孙辈先后出过五位进士,立志要推翻元朝,在等你去啊!听刘伯温军师这么一说,朱元璋立刻带领军队来到离义乌县城南五十里的赤岸。果然有一位名叫冯道传的财主,自宋朝以来,祖孙三代的确出过五位进士,因不服元朝统治,早就准备了犒劳朱元璋及其军卒的美酒肉饭等候在路边。同时,他还向朱元璋献上八百石军粮,帮助朱元璋一举攻克了金华城。朱元璋一时无法表达对冯道传的感激之情,就恭请冯道传随军任职当官,而冯却以年迈推辞。朱元璋脱下身上所穿的一件战袍,写上"助我反元,情同手足"八个字,赠给冯道传以作纪念。朱元璋登极后的第二年,即洪武二年(1369),经军师刘伯温提醒,这才想起了当年自己曾向义乌城隍老爷托梦的事,遂敕封义乌城隍老爷为"显佑伯",意思是显灵以保佑我成功。

明成化十二年(1476),冯道传的五世孙冯畴准备在赤岸建造冯大宗祠。当时朝廷在建制上明文规定:"百官第宅,公侯厅堂,不过七间九架……庶民房舍,不得造九五间数"。就在冯畴苦苦思索该如何建造的当天夜里,他梦见义乌城隍显佑伯来到赤岸城山上的城隍庙作客,便上前问显佑伯："我的冯大宗祠能造多大？"只见显祐伯捋了捋胡子说："你祖上与洪武皇有'情同手足'信物呀？"冯畴从梦中醒来，想到了已经祖传几代的洪武皇所赐的那件战袍。最终，冯畴以当年朱元璋写有"助我反元，情同手足"的战袍，得到了朝廷的破例恩准，建造了一座后进九间、中进五间、前进中间大柱子上刻有"祖孙五进士，兄弟两尚书"楹联，其规格天下无双的民间九五开间大祠堂。如今，这座位于赤岸镇的冯大宗祠已被义乌市人民政府批准为重点文物保护单位。

城隍不仅是一城之守护神，而且还因为他能够给城中的市民百姓带来许多福祉，做一些普通人所不能做到的事情，因此又被人们视为是禳灾祛患的福神，灭除灾殃、消灭祸害也成了城隍的一大职能。也正因如此，各地民间对城隍的信仰笃诚有加、有增无减。而作为口头传播颂扬其福音的许多民间故事传说，就将祛灾除患的内容作为了宣传的重点，家喻户晓，妇孺皆知。而在南方水乡以打鱼为业的地域，城隍也有保护渔民出海打鱼安全的职责。如在福建晋江沿海一带，就流传着清溪城隍显圣保渔民的故事：

据说前清时期的一天，二百多艘渔船出海捕鱼。忽然迎面来了一只小船，船头上站立着一位老汉，大声疾呼："我乃清溪显祐伯，特来指点你们，台风将要刮来，你们速速调头返航。"当渔民全部进入港内安全后，顿时刮起了台风暴雨，渔民与渔船都安然无恙。渔民们传颂道："清溪城隍显威灵，速报台风事是真，渔船返航安无恙，众夸伯主保渔民。"从此以后，泉州、晋江、石狮、南安等沿海各地的善男信女，常常组团到安溪城隍庙焚香敬奉，经年不绝，已成惯例。

第三，这些在民间口耳流传、经久不息的故事传说，不但是对本地土著居民文化精神的有力滋润，更是对地域文明及传统文化的一种继承与发扬。在这些传说中，以解释名人（后来这些名人基本上都成了神）和地名（多为自然神）的来源与历史的最多。纪信的籍贯虽然各持一说，聚讼纷纭，但在特定地域，这类传说故事的生命力极强，代代相沿，从未间歇。在甘肃省天水市，流传着一个"城隍爷请周银匠去写字"的故事传说：

在天水西关南水路巷，住着一个姓周的银匠，人们都称他周银匠。此人不但手艺高超，而且还写得一手的好字。有一天，周银匠既没生病，也没有其他原因，好端端地忽然就死了。他的家人哭哭啼啼，忙着料理后事。可是，过了一天一夜，他忽然又活过来了，吓得守丧的人们个个面如土色，东奔西跑。只见周银匠从棺材里坐起来叫喊："都不要怕，不要怕，我没死。"然后又慢慢地讲出了没死的缘由：夜晚来了几个当差的人，把他叫到一个衙门里去写字，写了整整一天一夜，今早才把他送回来。事后，他仔细地回想了一下当时的情景，似乎去的衙门就是城隍庙，但写的字的内容却一个都记不清了。这件事，据说发生在周银匠三十岁的时候，后来他活到八十多岁才去世。

这种现象，在民间称为"走阴"或"游冥"，或者就是现代医学上所言的短暂休克现象，是一种假死。有鉴于此，民间在处理死人的尸体时，不是马上进行入土掩埋，而是一般都要经过七天的放置才使其"入土为安"。据说人死后，其肉体仍留在人间，而魂灵却要经过七天的时间才能到达阴曹地界，完成从"人"向"鬼"的角色与身份转换，以免成为无人收留、失去处所的孤魂野鬼。死后复活的故事，在民间流传既广又众，充分说明假死现象确有发生。人们在对此现象认识不科学的蒙昧年代，一般都将此与迷信相联想，将人的"走阴"视为其灵魂被阎王或者其他神勾去又放回，从而达到延年益寿的最终目的。而在这些经常勾凡人的神灵中，除了专管阴曹的阎罗王之外，最多的就数城隍了，因为他是一城之神，可以随意差使城内的子民。因此，这一类的民间传说故事尤其兴盛，而故事的主体都是被城隍爷唤去做善事，从而积了阴德，盛了家族，属于典型的"先苦后甜"或"因祸得福"的叙事模式。

在当地还流传着一个与此类似的"叫传鞍子匠，错传了毡子匠"的故事：

在天水城东关仁里，住着一个姓陈的毡匠。有一次，他忽然死了后，又神奇地复活了。事后据他自己说：官府里叫人去砍伐树木，本来叫的是鞍子匠，可是当差的人听错了，听成了毡子匠，就把他叫去了。当他来到衙门以后，主人叫他把院子里树上的树枝砍伐修剪一下。他说他不会修剪，主人说你不就是心灵手巧的鞍子匠吗？他说我是仁和里的毡子匠。主人说是把人叫错了，于是又送他回来。过了几天，城隍庙里的一棵大树，忽然就折断了一股树枝，陈毡匠这才知道是城隍爷叫鞍子匠去砍伐修剪的。

第四，关于城隍及其庙宇究竟产生于何时的问题，是学术界讨论的一大热门话题，在民间大量的传说故事中，同样也充满了对这一课题饶有趣味的研讨与探究。这类解释大多都无凭无据，有的甚至荒诞不经，根本经不起推敲。但却照样被人们描述得有鼻子有眼，加上对神灵的恐惧与崇拜心理，就更是如同生根一般，组成了城隍故事中的主体，也在一定程度上成为城隍信仰的载体。如对于城隍庙到底最早建于何时这一疑问，民间故事中就有不同的说法。有的地方认为是在唐朝。如在河南省淅川县，就流传着这样一个生动有趣的故事传说：

相传，唐朝玄宗李隆基开元、天宝年间，唐玄宗的闺女金枝娇生惯养，性情倨傲，只要不顺她的心，一句话就能把人顶个倒噎气。父母对她没有办法，长到了十七八岁，都成了大闺女了，可是还没有人提亲，这可急坏了玄宗夫妻俩。

玄宗苦思冥想，把朝中的每个文武大臣都在脑海里过了一遍，最后认定郭子仪教子有方，于是就托人到郭家提亲。

郭子仪爽快地答应了亲事，并说："世间禽兽都可训，何况是一个人呢？"于是，金枝和郭子仪的儿子郭暧结成了夫妻，郭子仪和皇上也成了亲眷。

可是，金枝娶来还不到半月，小两口就打了一架。金枝一发怒，蹦得老高，一气之下回了娘家，向父王哭诉。当然她说的全是自己的好，唐玄宗知道女儿任性，就劝了劝女儿，送回了郭家。

金枝回到郭家没几天，就把婆母的脸打肿了。从此，婆媳两人谁也见不得谁，即使见了也是怒目相对。郭子仪从中解劝，可是金枝就是不听，一头扭进新房里再不出来。郭子仪又不能跟着进媳妇的新房去劝说，只得摇头作罢。

家中不和，郭子仪心里闷得慌，就到城外去游玩散心，到老百姓家去聊天侃话。终于有一天，他从一家人家得到了一个调教儿媳、顺和家事的好办法。

夏历三月三日这天，郭子仪叫仆人备好马、套好车，说是要到庙里去上香，要求一家人都去，金枝自然也就随之而去。

他们来到城隍庙，城隍爷正在开堂过审。只见公案桌后，一个青脸红发、锯齿獠牙的恶神，坐不是坐相，站不是站相，一条腿翘在公案桌上。桌的两侧，站着两个怪兽，人头不像人头，牛头不像牛头，手里都拿着明晃晃的大刀，眼睛瞪得铜铃一样大，看着地上跪着的一个年轻女人。这一场面，吓得郭子仪一家人等汗毛都倒竖起来。

只见那恶神龇牙咧嘴，怒喝道："你这恶妇，在人间怎样打了丈夫、又打了婆母、还气公爹？还不从实招来？"

那女人冷汗直往外冒，辩解说："城隍爷，我与丈夫打架，也不能全怨我呀？"

"嘟！竟敢犟嘴，分明是你性情倨傲，打了丈夫，岂能瞒我？减寿五年！"

那怪兽翻开生死簿，画了一笔。

恶神又说："做个儿媳，理应孝顺婆母，你不但不孝，还打了婆母，罪过不小，从实招来！"

那女人说:"我打了婆母,事出有因,她不该……"

"嘟!你还不认错,再减寿十年!"

那个怪兽又在生死簿上画了一笔。

恶神又问:"你自做恶事,乱了家规,又为何不听公爹规劝?"

女人说:"我错了,以后改过就是了,请城隍爷饶了我吧。"

金枝看到这一场面,联想到自己,不由心惊胆战,不敢抬头,没等看完就捂着眼,跑出了庙门。

原来,这是郭子仪搞的鬼把戏,用这来教训金枝女。从此,金枝变得温温顺顺,一家人也处得和和睦睦。

唐玄宗知情后,对郭子仪很佩服。他下了一道圣旨,命令各州各县都盖起了城隍庙。

现今地方戏晋剧中著名的《打金枝》,演的就是唐代宗之女升平公主与郭子仪之子郭暧之间的爱情婚姻故事。而在这则有关城隍的故事传说中,讲述人将天下大兴城隍庙的时代定在了唐玄宗李隆基执掌天下的开元、天宝年间,也就是中国古代封建社会的鼎盛时期,其中既表现出人们对太平盛世、安居乐业生活的向往与期盼,也寄托着人们对政通人和、国兴家旺时代的回味与记忆,更是汉唐大国情结在民间百姓中的形象体现。有的传说故事还为城隍神的存在制造各种依据,以说明其灵验,并渲染其神效。林园主编的《安溪县城隍庙志》中就讲述了安溪城隍戴紫金冠、穿黄龙袍、持玉印的故事:

宋仁宗年间,太后生乳疾,百般诊治,未见好转。皇上下旨广贴皇榜,天下求医。一天,京都街头出现三个人,分别是清水祖师陈普足、清溪城隍、罗内境主。三人将皇榜揭下,守卫皇榜的差官急忙迎上来,恭恭敬敬地将三人引至皇宫午门外候旨。皇上大喜,立刻命令总管太监带领三人到后宫为太后娘娘治病。

总管太监心想:太后患的是乳疾,怎好让这三人医治。正在这时,其中一人问道:"请问总管大人,太后娘娘所患的是否乳疾?"总管惊讶:"你们怎么会知道?"答道:"我们有未卜先知之灵感。"说罢,取出两粒药丸交给总管并吩咐一二。太后娘娘服药后,顽疾不久便除根,龙颜大悦,传旨三人上殿面圣。三人忙对总管说,我三人中两人衣衫褴褛,不敢面君。皇上说,这有何难,将朕的旧衣帽赐予他们。清溪城隍接过龙袍,当即穿上。罗内境主见龙袍内新外旧,便翻过来穿上。从此安溪城隍就穿上了龙袍,而其他地方的城隍则没有。为了褒奖清溪城隍治病有功,皇上钦点总管太监赴清溪县传旨,命清溪县令代为接旨,敕封清溪城隍显佑伯,御赐玉印一枚。

这则故事显然是为本地城隍身披龙袍而位高一等的特殊装束提供理由与依据,但反映出的是对城隍灵验的推崇与高超地位的尊奉。

作为以农耕为主,多数时间"靠天吃饭"的国家,一年之中天象的风调雨顺在农业生产中显得尤为重要。虽然城隍为城镇之神,但是在古代中国,绝大多数生活在城镇尤其是中小城镇中的居民主要是以城外的农田耕作收成为生存基础的。因此,在城隍的具体功能与所守职责中,给所处城市的全体市民带来生存的富足与福祉是其最为主要的神职。由于城隍在城镇神灵中地位的重要,加之传统文化中农耕情结的因素,许多百姓赋予城隍更多与农业生产有关或与本身生活相联系的神职,如司雨、祛魔、镇邪、祈寿、招财,等等。凡是老百姓认为神可以做到的,那么城隍也应该办到,即使有些并不属于其神职范围之内。在大旱之年,人们通常都会去城隍庙求雨,这本来是龙王的事,可是有时城隍也免不了必须接受人们的祈求,一些地方还要在大旱的时候将城隍神像抬到街上游行巡览,一面也让城隍感受一下骄阳似火的滋味,另一方面也有让城隍出来看看自己管辖的地域旱灾到了什么程度以救生灵于痛苦中的意思。唐代文献中的城隍比起后世,显然在法力和地位上要逊色许多,但还是能够为人间百姓解决燃眉之急的,他们有时居然听从地方官的命令。唐代诗人李白在《天长节使鄂州刺史韦公德政碑序》中就记载了鄂州刺史韦公严令呵斥城隍在暴雨成灾的情况下停雨的情节,并以焚烧神庙相威胁:"移镇夏口,救时艰也。慎厥职,康用人。减兵归农,除害处暴。大水灭郭,洪霖注川。人见忧于鱼鳖,岸不辨于牛马。公乃抗辞正色,言于城隍曰:'若一日雨不歇,吾当伐乔木,焚清祠。'精心感动,其应如响。"最后城隍乖乖听命,服从了地方长官的命令,停止了如注的暴雨。在这类型的故事传说中,展现出城隍未定型时的人格特征,也说明了在造神过程中作为主体的人的重要作用。许多城隍走上神坛,都是以人们创造的相应故事为基础和依据的。

第五,城隍神虽然神明公正,能够为百姓伸张正义,也能够保护一方的清平安定,为地方谋福祉,也受到一方百姓的爱戴与敬仰。但是,在众多的城隍神中,同样也有营私舞弊、贪赃枉法的不法之例,虽然这类个案不多,但足以说明即使是在神界,也并非全为清廉之辈。在一些故事传说中,揭露城隍与地方不法之徒相互勾结草菅人命的恶行,表现城隍神在司法断狱过程中的不公正甚至知法犯法现象,都表现出了人们对城隍敬仰有加的同时,也

对其言行不一、破坏规矩的现象进行深刻批判,寄托着百姓对城隍的期望和生活理想。清代文学家袁枚在其编撰的《子不语》卷十九《烧头香》中,就明确地指出"凡世俗神前烧香者,以侵早第一枝为头香,至第二枝便为不敬"的习俗,并讲述了一个人因为迷信烧第一炷香而串通庙祝作弊得到城隍默许最终导致死亡的故事:山阴有一位姓沈的人,心里想着一定要到城隍庙烧上头一炷香,好几天早上都是起得很早,去得也很早,但是都有人先到,烧不上头香,为此整天闷闷不乐。他的弟弟知道这一情况后,就预先通知了城隍庙里的庙官,让庙官不要接待他人,等到其兄先到后再开庙门接纳香客,庙官就同意按其意去做。沈某早晨赶往城隍庙,发现烧香的人都没有到,心中大喜过望,连忙点香下拜,可是倒在地上无法起来。别人将他搀扶着抬到家中,大声呼喊着说:"我是沈某的妻子,我虽然有妒忌的行为,但罪不至于去死。我的丈夫不良,趁着我生孩子时,叮嘱接生的婆子将两根铁针放在我的产门中,因此丢失了性命,家中的人没有一个知晓的。我向城隍神诉告,城隍神说我的丈夫阳寿没有终结,不准审理这个案子。前月关帝到这一地方,我再去喊冤叫屈,城隍又说我冲突他的仪仗,把我绑住放在香案脚下。幸亏天网恢恢,疏而不漏,我的丈夫来烧头炷香,被我抓住,特来索要性命。"沈家的人全部聚集起来进行祭拜祈求,请求为她焚烧百万纸钱,有人也请求召集有名望的僧人诵经做法事超度。沈某仍然以妻子的口气说:"你们这些人也等傻了! 我死得很惨,想到天上去见玉帝,将城隍神放纵恶人、沈某作恶的事情,一齐申诉,难道是区区的纸钱和超度就能够饶恕你们的吗?"话刚一说完,沈某就从床上倒到地上,七窍流血而死。在这一故事中,沈某为了得到烧头香而求城隍神保佑,便与城隍庙的管理人员营私舞弊,互相勾结,虽然勉强烧了头香,得遂心愿,但物极必反,被其阴间的妻子化鬼勾魂,导致当场发病倒地、归家虽请僧众超度忏悔但也得不到原谅最终七窍流血而亡的惨重后果。故事既形象生动地体现出人们急于想向神灵表现虔诚之心的心理,尤其是表现在烧头香方面,又从侧面点出了城隍神灵不容蒙骗、显灵应验的巨大威力,产生出强有力的震慑恐惧效果。主人公亲人癔症发作而口出真言终得灵验的情节模式,能够使读者产生感同身受的阅读效果,对心理产生一种暗示。同时故事中又将天帝、关帝和城隍的神职一一展示,揭露城隍纵容恶人、私授香火的不法行为,又对沈某无视神灵、为所欲为的恶行进行了惩罚。

图 50　康熙敕封城隍

　　清代著名文学家蒲松龄在其文言短篇小说集《聊斋志异》中，也涉及城隍信仰。《考城隍》反映出了作者对城隍这一民间信仰的态度。故事中所讲的事情，似乎是作者亲耳听说的。其姐丈之祖宋公病殁后入冥司考为河南某地城隍神的事，也是有可能的。这实际上反映的是作者的一种民俗信仰观念。在《胭脂》中，通过描写施愚山在城隍庙内审案，利用城隍的威严与灵信，使凶手毛大最终自我暴露而将其绳之以法的故事，说明了城隍神的公平正义和主持公道。而与人间官吏队伍中时有败类情况相同，在《席方平》中，城隍则成了一个昏庸冷漠、贪图贿赂而对为父"代伸冤气"的席方平残忍迫害的酷吏形象。他先是对首次上堂"喊冤"告状的席方平漠然不理，后又"以所告无据，颇不质席"的态度对待。当席方平继续告到郡司，被郡司暴打一顿，"仍批城隍覆案"，发回重新审理时，城隍对席方平进行了残暴的报复，"备受械梏，惨冤不能自舒"，并且因害怕席方平再告而将其遣送回家。此处的城隍确实成了一个贪暴荒政的昏官庸吏，以致后来受到了二郎神"剔髓伐毛，暂罚冥死；所当脱皮换革，仍令胎生"的处罚。在民间故事中，这种类型的城隍形象并不多见，而对其持负面甚至批判的态度的就更是少之又少，蒲氏笔下的城隍恰好是人间贪官污吏的生动写照。

　　有的城隍在任职期间，不为当地百姓办善事实事、谋福祉，有的甚至徇私舞弊、知法犯法，违犯了天条，受到了上天玉皇大帝的警告惩治，有的被严厉惩罚,甚至贬往异地。据《中国民俗源流集成·信仰卷》一书记载,在浙江省杭州市,就流传着一个关于小城隍庙的故事,据说时间是在清朝初年:

那年杭州大旱,老百姓走投无路,只好到抚台衙门去请愿,要求巡抚大人求雨。

巡抚大人有什么本事可以求雨呢?他也是泥菩萨过江,自身难保。不过,既然当了官,总要摆出点做官的样子来,不然的话,皇帝老子那里也是不好交账的。

这一天夜里,他翻来覆去睡不着,终于想出了一个主意来。第二天一大早,他就吩咐底下人为他香汤沐浴,又让厨房里准备素菜,说是要斋戒求雨了。吃过早饭,一顶八抬大轿抬上城隍山,又吩咐差人去把城隍庙里的省主城隍抬出来。顶着热辣辣的太阳,巡抚大人就和这个泥塑木雕的城隍并排坐在了一起。一个活人,一个菩萨,手上都拴上了好几条铁链条,就跟犯人一样,放在太阳底下曝晒。

杭州城里的老百姓听说有这么一件稀罕事,一传十,十传百,老老少少都涌到城隍山上来看热闹。巡抚一看,人也到得差不多了,就开口说道:“我是阳间的一省之主,他是阴间的一省之主,大家都是官,如今杭州大旱,当然大家都要挑起担子来的。为了老百姓,我今天豁出去了,同他一道在太阳底下晒,看看到底是他先坍呢,还是我先死?”

喔哟!这个大官真了不起。四周围看热闹的老百姓一个个拍手叫好,也都立在太阳底下,要看个究竟。

晒了一天下来,当然没有一点结果。

这天夜里,巡抚做了个梦,梦见城隍来寻他了。

城隍哭丧着脸说:“你这个人也太不讲道理了。我管阴间,你管阳间,大家井水不犯河水,黄牛角,水牛角,各管各。你何苦要把我的金身晒坍呢?里面都是烂泥,一晒就要裂缝的呀。”

巡抚说:“我又有什么办法?不下雨,我这个官也做不成了,要完大家一起完。你的办法比我多,只要下一场透雨,这场戏就可以收场了,帮帮忙吧。”

“我又管不了下雨的事。”

“咳,你总有办法的,看在全城老百姓的面上,帮帮忙吧。”

城隍被他缠得没办法,叹一口气,尴尬地说:“办法倒有一个。不过你要答应我,千万不可泄露机密的。”

巡抚顿时眉开眼笑,连忙说:“一定,一定,决不泄露机密。”

城隍这才把嘴巴凑近巡抚的耳朵,轻轻地对他说:"下月初一,天蒙蒙亮,你一个人到玉皇山顶去,看见走过来三个和尚,中间一个就是玉皇大帝,你一把拖住他,向他求雨,一定成功。"

"好,好,好,多谢,多谢!"

"不过,你千万不可出卖原告,把我说出去的呀。"

"知道,知道,你尽管放心,尽管放心。"巡抚一高兴,跌下床来,这个梦也就醒了。

好不容易等到了初一,巡抚心里有事,一夜没睡,半夜三更就一个人换了便衣,溜出抚台衙门,上玉皇山去了。到山顶,天才刚刚有了点亮光。只见山脚下正好有三个和尚,一瘸一拐,在慢慢地爬上山来。

巡抚眼睛一亮,哪里还敢怠慢,赶紧迎上前去。等和尚走到眼前,他眼疾手快,当场就抓住了中间那个和尚的手。

和尚一吓,连忙说:"做啥,做啥? 平白无故拉住我的手做啥?"

巡抚心急慌忙,一边拉住他的手,一边早已跪了下去,急急巴巴地说:"玉皇大帝,请你大发慈悲,救救全杭州百姓的命吧!"

和尚说:"咦! 你不要认错了人,一个普普通通的和尚怎么配做玉皇大帝呢? 不要瞎三话四了,快点放我走吧。"

巡抚哪里肯放手,愈发认真起来:"大帝! 务请你以全杭州百姓为重,降下一场雨来。不然的话,小臣就跪在这儿不起来了。"说着,竟淌下两行泪来。

和尚被他缠得没办法,只好说:"起来,起来,下雨的事总好商量,不过你怎么知道我是玉皇大帝的呢?"

"我自己猜出来的。"

"瞎说! 你不说,我要走了。"

巡抚心里一急,也就顾不了许多了,脱口把原告卖了出去:"是,是城隍爷告诉我的。"

那和尚果然是玉皇大帝,他冷笑一声,对巡抚说:"你回去吧,顷刻要下大雨了。"说罢,刮来一阵清风,三个和尚都不见了。

巡抚飞跑下山,刚走到清波门,黄豆大的雨珠已经夹头夹脑地打下来了。百姓们个个欢天喜地,都说巡抚大人果然有办法。

这天晚上,巡抚刚刚躺下睡觉,城隍又来了。只见他一脸晦气,眼泪汪汪,开口就说:"你这个人也太对不起朋友了,怎么可以出卖原告的呢?"

巡抚连连道歉,说是一时无奈,只好请城隍爷原谅。城隍叹了一口气,

城隍文化放异彩

CHENG HUANG WEN HUA FANG YI CAI

203

说道："时至今日,后悔也来不及了,就托你一件事吧。"

"什么事? 兄弟一定照办,必不食言。"

"玉帝大怒,将我充军西北,明天就要上路。新任城隍一到,我的家眷就要被赶出城隍庙去。望你帮个忙,给他们找个安顿的住处吧。"说罢,城隍就神色慌张地走了。

第二天,巡抚连忙派人四处去找房子,在羊市街找到一座三开间门面的房子,就出钱买了下来,打扫打扫干净,让城隍爷的妻儿老小搬来住下。据说,这就是老百姓所说的小城隍庙。

这则故事展现了一个城市里阴间与阳间的官吏共同合作为百姓办实事的风气,体现出了百姓对城隍的拥戴和同情。但是,老百姓认为作为一城之主,既然享受着信徒子民的供祭,就应该为老百姓谋福利、办好事。

在甘肃省天水地区,还流传着一个城隍部下扑救民房火灾的故事:

> 相传在城隍庙对门有一家酒店,店主人经常看见有两个人出入于城隍庙,有时还到他的酒店里来喝酒。问他两人的名姓,一个说他姓韩,另一个说他姓杨。有一次,城隍庙内的五凤楼失火,附近街上的人都去救火,大家看见那两个经常到酒店里来喝酒的人也奋不顾身地去救火。火终于被扑灭了,大家看到那姓韩和姓杨的两人非常吃力地分别走到两面帅神廊下,忽然之间就不见了。大家这才明白,他二人就是原来在城隍庙两边站班的帅神。从此,人们就把这两位帅神称韩杨爷。

城隍是神,在性别上一般为男性。但是在中国民间信仰中,人们喜欢给这些神也像人一样选择配偶,让他们组建家庭,尤其是一些地位比较低卑的神灵,如山神、土地等等。城隍虽然是一城之神,地位也比较高,但是人们还是为其造了一位城隍奶奶,而且创造了许多故事传说,以此来证明此事不虚。城隍庙实际上成了人神共处的世俗空间,既充满了神性的非凡之威,也具有了人间的烟火气息,从而创造出一种和谐融洽、阴阳互通的浓郁氛围。在广西壮族自治区的钟山一带,流传着这样一个有关城隍的故事:

> 广西钟山县城里有个城隍庙,庙里供奉着城隍爷。到了清朝时期,这城隍庙就改为私塾了。不过,虽是做了学校,庙中的城隍爷还是在那里,不时接受人间的香火。当时,来城隍庙读书的学生,多是城里或临近村子的孩子。只有一个姓冯的书生,是升平养牛地村的。这冯生由于离县城有十二、三里远,早晚来回不方便,所以带了一个从潮滩村请来的书童,一同在庙里住宿。

冯生十分勤奋,每天天不亮就起床读书。一天早上,冯生正在温习课业,看见一个人进庙来,跪到城隍爷神像前,烧了香纸,小声祈祷着:"城隍爷爷在上,现在我想去偷某某某的牛,城隍爷爷保佑我偷到手,我就拿三牲酒礼来谢你老人家。"祈祷完毕,就径直出去了。冯生听了他的话,心想这个坏家伙去偷牛,怎么来向城隍爷许愿呢?城隍爷是一城之神,怎么会保佑你去偷牛呢?谁知道第二天早上,那家伙真的拿香纸蜡烛三牲酒礼来还愿了。只听他跪下来轻轻地说:"城隍爷爷在上,多得你老人家保佑,我已把牛偷到手了,现在备了三牲来还愿,望你老人家领情。"说罢就匆匆离去。就在这家伙还愿的当天中午,冯生在书房里看书,又见一个人拿着香纸蜡烛进来,也是跪在城隍爷神像前喃喃地祈祷。冯生更觉奇怪,就悄悄出来偷听,只听这人伤心地说:"城隍爷在上,我昨天晚上不见了一头牛,这头牛是我家命根子,城隍爷爷保佑我把牛找回来,我拿个猪头三牲来还你老人家。"说完匆匆出去了。冯生心中更加不明白,为什么城隍爷要保佑一个贼去偷牛呢?现在倒要看看这位城隍爷能不能保佑这个人把牛找回来。

又过了一夜,天刚亮,冯生起来,就专门到神殿后等着,果然,找牛的人真的扛着个煮熟的猪头,另加鸡蛋鲜鱼,高兴地进庙来还愿了。只听他说:"城隍爷爷在上,我丢失的牛,已在圩场里找到了,偷牛的人已被官府捉拿审理。现在我在这里向你老人家谢恩。"说完连连叩拜,然后收起东西高兴地走了。冯生看了这几天发生的事情,心里很气愤,暗想这个城隍爷也太贪赃了,只要求者许下三牲酒礼,就有求必应,好事也做,坏事也做,真是是非不分。冯生越想越气,便提笔写了一张告城隍爷的状词。刚写完最后一个字,先生来了,问冯生写的什么文章。冯生来不及收好,被先生拿起看了。先生看完状词,把冯生训了一顿:"你这个蠢才,城隍爷是神灵,你怎么告起他来了,真是糊涂!"训完了,就叫冯生把状词烧掉。冯生没有办法,只得把状词烧了。谁知那么凑巧,冯生烧过的状词,被风一吹,飘飘扬扬上了天。恰巧有一队出巡的天将天兵路过这里,把状词接了,带回天廷奏明玉皇大帝。玉帝展开状词睁眼一看,大发雷霆:"好个大胆城隍,竟敢做此等坏事,天理不容!"马上降旨撤了城隍的职。并下令冯生接任钟山城隍,护卫一城百姓。后来,冯生去世,那位私塾先生被冯生的忠厚感动,把内情张扬了出去,人们就在庙里立起冯生牌位,日月供奉。以后又请了富川县木江桥那班专刻佛像的艺人,按照冯生生前肖像,塑成一尊城隍神像,立在庙内,享受全城百姓的香火。

再说这位冯生自从做了城隍爷爷，百事显灵，有求必应，有恶有惩，保得钟山年年丰收，百姓的生活越来越好过，为感谢这位城隍的恩德，人们决定每年夏历正月十三、十四、十五、十六四天，请城隍爷出游，与百姓共乐。因为城隍爷生前的书童是潮滩人，所以，在每年夏历正月十二这一天，潮滩村的百姓就自动拿扫帚到钟山街打扫街道，准备游神。到了十三日清晨，由四个人抬着城隍神像出游，其他人跟在后面，从鸳鸯巷出，经东门，然后将神像放在城隍楼上供奉。所以，这一天就是钟山东门一带过节。十四日，又抬着神像自西门出，经大新寨，又抬回城隍楼。所以这一天是钟山西门街一带和大新寨过节。十五日，再抬着神像从南门出，经新铺街、东乐街和西乐街。所以，这一天就是这几条街过节。十六日由南门巷抬出回城隍庙，所以这一天是南门巷过节。

单说十五这一天，当城隍爷神像抬到新铺街挑水巷口时，城隍爷手中的白纸扇突然跌落地上。在这里看热闹的一位大姑娘，看到白纸扇跌下来，就恭恭敬敬地捡起来放回城隍爷手中，还含羞一笑。第二天早上，大姑娘在窗口梳头，突然有一只小虫子飞到她耳边轻轻地说："愿意吗？愿意吗？"大姑娘觉得奇怪，但只顾自己梳头，不理它。那小虫子转了两圈，也就飞走了。一连三天，都是这样。大姑娘觉得奇怪，就把这事对母亲说了。她母亲听说也觉得奇怪，就对女儿说："如果它再来，你就说愿意，看它怎么样。"第四天，大姑娘起个大早，洗脸后又坐在窗口对镜梳头。那虫子真的又飞来了，照样说："愿意吗？愿意吗？"大姑娘照母亲的交代，轻声说："愿意。"这小虫子围着大姑娘飞了两圈，就飞出去了。谁知过了几天，这位大姑娘没生什么病就去世了。她的母亲把事情传了出来，人们又记起十五日那天城隍爷丢白纸扇的事，知道是城隍爷把大姑娘娶去了。这样，地方上的人们又照着大姑娘的样子，刻了一尊神像，和城隍爷排座，受百姓香火。所以，城隍庙里，便有了两尊神像，就是城隍爷爷和城隍娘娘。

这个充满了温馨生活气息的故事寄托了普通老百姓善良美好的愿望，表现了朴素真挚的感情。的确，在民间信仰中，很多神灵都是老百姓以自己朴实而普通的生活经验构建出来的，这些代表百姓心声的神灵不但受到百姓全心全意的供奉敬仰，而且也尽力为百姓分忧解难，诊病卜算。百姓与神灵之间是一种互相依赖、互相依存的融洽关系，它们成了老百姓的精神寄托和冥界代表，在阳间贪官污吏横行无道时，这些神灵更能够起到为民伸张正义、扶弱抑强的作用。

图51　陕西三原城隍庙城隍爷与城隍奶奶

　　从城隍神的管理职能来说，一个城市配备一位城隍足矣。但是，在一些都城和地域大都市里，由于存在着各级机构共同管理的现象，因此在大城市中出现双城隍甚至三城隍是合乎情理的，如同都、府、州、县的建制一样，如上所述北京、上海两地就并列有三城隍，有都城隍庙、府城隍庙也是自然。即使将三位城隍并列于一座庙中，供奉民众也是认可的。况且有些城隍还是在民众的强烈呼吁和要求下，官方顺应民意进行增补的。然而，规模建制较小的地方是没有这种特权的。如果在一个小县城里也出现这种并列甚至鼎立的情形，那么势必就会造成混乱和分歧，信众也是不答应的。但是事实上确实出现过这种特殊情况，而且还不少。蒲松龄在《聊斋志异》卷二《吴令》中，就指出过吴地双城隍神的现象。为了使这种现象被信众接受，一些人就编造了许多类似的传说故事，意在为此找到合情合理还合法的依据，随着时间的推移，似乎也确实达到了约定俗成的目的。如在天津市静海县，就同时存在着两座城隍庙。其来历就是一个传说：

　　　　相传很早以前，袁门口有个小男孩不怕神鬼，胆大得出奇，城隍庙里的大鬼、小鬼和城隍怕他怕得了不得。

　　　　有一天夜里，小男孩夜学放学回家，路过城隍庙，只听"嗷"的一声，从庙里窜出两个小鬼，浑身墨黑，青面獠牙，耷拉着血淋淋的大舌头，怪

207

叫着向小男孩扑过来。

小男孩见了这两个怪物，一点儿都不害怕，竟一把抓住了小鬼的头发。小鬼吓得直叫："都堂都堂好大胆！"都堂就是指朝中最大的官，鬼把胆大的人看作是任何人都不敢触犯的都堂。小男孩调皮地笑着，摸着小鬼的脑袋说："小鬼小鬼好大头。"

打这儿以后，小男孩每天后晌放学回家，都有两个小鬼打着灯笼送他。

小男孩天性活泼好动。有一回，一群孩子到城隍庙里去玩。小男孩团了个大雪球，塞进城隍的耳朵里，说："城隍城隍，嘴馋身懒，白吃官饭，屁事不干，好好待着，看好雪团，倘若化掉，我跟你没完！"

一转眼冬去春来，天气转暖了。这天夜里，小男孩的老师做了一个怪梦，梦见城隍爷向他苦苦哀告说："你的学生跟我开了个玩笑，把雪团塞进我的耳朵里，还叫我看着不让它化。眼看着天气越来越暖和，我真怕雪球化了，都堂要跟我过不去。你还是叫他把雪球拿下来吧！"

老师一觉醒来，觉得离奇，想看个究竟。第二天早晨将信将疑地进了城隍庙，果然，泥胎耳朵里面真有个雪球。

当天晚上，小男孩就被老师狠狠地训了一顿。

小男孩一肚子不高兴，只得把雪球拿了下来。他生气地冲城隍庙啐了一口唾沫："呸！好哇！你竟敢到老师那去告我的蔫状！"他气冲冲地拿出笔和纸，哼，我叫你给我滚！顺手写下了"城隍城隍，免到辽阳"几个字，蘸着吐出的唾沫，粘在了泥胎上。

两天以后，城隍又给老师托梦来了。原来，城隍见了字条，果真到了辽阳。可那儿没有他的位置，在那儿待不下去，只好又来找老师帮忙。

第二天，小男孩又挨了训。他不得不在"城隍城隍，免到辽阳"的旁边，添上"辽阳不住，再回本处"八个字。

可是，那可怜的城隍拉家带口，昼夜兼程再赶回静海的时候，新城隍已经上任三天了。为了找个安身之处，城隍给袁门口的袁大乡绅托了个梦，吓唬他说，要是没有他的庙堂，袁家就要灭九族，大祸临头。

袁大乡绅是个有名的"老鼠胆"，对神鬼信服得简直要了命。这天梦见城隍爷，觉得这是阎王爷给他捎的信儿，不能违抗，就赶忙出钱在城门外又修了一座城隍庙。

积年累月，"都堂驱城隍，袁家修庙堂"的故事，就在静海县流传了下来。

这个故事传说还有另外一个版本,说这个小男孩就是明代静海县有名的玄默。而上述传说中的"袁"姓正是为了避讳康熙帝的"玄"而改成的,康熙皇帝也曾数次巡游静海,留下了许多故事传说。据新编《静海县志》记载,玄默字中象,明朝万历十年(1582)出生在大邀铺村一户贫寒的农家。万历四十六年(1618)中举人,翌年中进士。崇祯元年(1628)任怀庆府史科给事中,六年(1633)任河南巡抚。玄默在任怀庆府史科给事中时,当地巨奸陈云汉假名屯田,增赋害民,地方官吏慑于陈云汉的威势不敢过问。而玄默冒着杀身之祸,接连向朝廷奏本,终于将陈云汉参倒,为当地百姓除了一害。

在静海县当地,有关城隍的故事传说与上引稍有差异,兹录如下:

> 玄默自幼天资聪明,性格顽皮。少年时寄居在县城的叔父家,在城隍庙里读私塾。说来也怪,他每天晚上放学回家,总发现有两盏灯笼在前面引路,他感到非常蹊跷。这天晚上,玄默壮着胆去摸灯笼,竟触到了一个头上长角的小鬼。他拍着小鬼的大脑袋说:"小鬼,小鬼,你好大的头!"小鬼听后慌忙跪倒应道:"督堂,督堂,您好大的胆!"年幼的玄默不知"督堂"是何意,便没当回事。秋去冬来,有一天静海县城降了瑞雪,玄默和学友在课间团起了雪球。上课的时候到了,他望着手里两个团好的雪球不忍丢弃,但又不敢拿到教室里去,于是便随手塞到了旁边城隍塑像的屁股里,并开玩笑似的命令说:"看好两个雪球,如果化了,拿你问罪!"玄默本是笑谈,过后就将雪球的事忘了。可城隍却当了真,愁得无计可施,便在当夜给玄默的老师托梦,述说了事情缘由。老师从梦中醒来后,唤来玄默狠狠训斥了一顿。玄默一肚子气无处发泄,便跑到庙里写了一张纸条,上面写道:"城隍城隍太猖狂,命你发配到辽阳。"城隍见到玄默的手书,不敢怠慢,星夜赶往辽阳"赴任"。但辽阳没有空位子,城隍只好返回静海。可进了静海城隍庙,阎王又已经派来了新的城隍,老的城隍无处可去,只好蹲在县城西门外暂且栖身。老城隍给静海知县托了个梦,知县召来玄默问明经过。玄默自知说话放肆酿成大错,便答应给老城隍在西门外重建庙宇。知县见玄默只是孩童,便以自己的名义筹足银两,在西门外建了座简陋的城隍庙。明崇祯年间,玄默做了河南巡抚。为践诺,他扩建了简陋的城隍庙,给城隍重塑了金身。

从此,这个坐落在城外的城隍庙便成了静海的一大奇观。据清同治年间的《静海县志》记载:"明朝洪武初年,诏天下府县建城隍庙,封京城为帝,后遂相沿不改。"这样,静海县城的城隍庙应该最晚在明洪武年间修建。但是明朝嘉靖年间编修的《河间府志》又记载:"静海县城隍庙,在

209

县治西南。"也就是说,在这个传说的主人公玄默还没出生时,县城内的西南方已经修建有城隍庙。

无独有偶,四川省成都市也有两座城隍庙,而且也有一个有趣的故事传说:

传说明末清初,有个叫朱有扬的解元从江苏扬州到四川成都出任府尹,乘舟逆水而上。奇怪的是官船后面老是有一只小舟紧紧跟随,他行他行,你住他住,不肯稍离。尤其令人吃惊的是,早晚鸣锣开道的称谓都是一样的"新任成都府尹",只是姓氏不同罢了。朱有扬以为自己的任命有误,几次拿出皇帝的诏书一检查,总觉事有蹊跷。一日,为了弄清事实真相,朱大人备下大红柬牒,托言邀约过舟赴宴。不多时,下人回来禀报:"邻船主人决定今晚过舟赴约。"

是夜,月朗星稀,风平浪静。约莫初更时分,一青衣少年,随带两个小书僮过舟求见。下人通禀,朱大人迎了进去。两人坐定,寒暄几句,朱大人察觉这少年才华横溢,品貌超群,年纪不过十六七岁,而见解阅历却高人数筹。朱大人高兴得心花怒放,急忙吩咐摆宴,要与他开怀畅饮。两个越谈越高兴,越谈越投机。话题从诗书文章到政务军事,从山川景物到各自经历,无所不及,无所不包,两人都有相见恨晚之感。竟将盘查对方以消疑虑忘到九霄云外去了。

原来这青衣少年姓李名宗义,湖南衡阳人,幼读儒书,十六岁中举,不幸年前暴病身亡。冥王察知至孝,又属冤枉夭折,乃放任成都府尹,以补失误。酒至酣处,李宗义说:"冥王要我与朱兄结为至交,结伴而行,携手并进,阴阳合作,共同治理好巴蜀首府。但因接任事急,明日即要前行赶路,不能再随左右。若非朱兄相邀,小弟也将向兄明言。"说到这里,李宗义从袖管里取出白扇一柄,交与朱大人,说今后如欲相见,但将白扇打开盖在脸上即可。两人依依不舍,言犹未尽。但见月色朦胧,金鸡三唱,天将破晓,两人携手出舱,互致珍重,辞别而去。次日清晨,江面大雾,李的小舟果然先行离去,朱大人吩咐加快速度追赶,见小舟犹如离弦之箭,风驰电掣一般,转眼不见踪影。

朱大人到了成都,一连忙了好几天,办完接任公务,又去各个衙门拜见了上司之后,才备办牛、羊、猪三牲九礼到城隍庙去祭祀,然后吩咐下人在庙内等候,不让他人打扰,自己到签押房一把椅子坐定,把白扇往脸上一盖,会他的好友去了。只见李的书童迎了出来,直呼:"朱大爷

传统信仰与城市生活·城隍

来得正好，我家大人正好思念于你。"谈话间，李宗义全身官戴迎了出来，两人分宾主入座，茶后摆酒，说不尽离情别绪，甚是融洽。三五个时辰以后，两人才依依道别。

时间过得很快，转眼就是一年。一日，朱大人又来与李相见。此时正值李升堂审案，朱大人叫书童不必禀报，自己站在堂上屏风后面窥视年轻有为的弟弟如何办案。只见堂下跪着一个年轻少女，一个白发老媪，一个中年男子。少女是原告，前世是中年男子的小妾，因夫妻口角被男子杀死；二世是老媪的媳妇，说她未生子立后被婆母打死。审讯中，被告矢口抵赖，拒不认罪，李宗义火冒三丈，拍案大怒，吩咐动刑。只见手下人用铬铁在被告身上烧灼，顿时浓烟滚滚，被告昏死过去。朱大人深为惊讶，大叫"好严的刑法呀！"李闻声道："今日有贵客在此，改日再审，将犯人带下去，退堂！"二人在客厅坐下，李将此案原委说了一遍，说被告老媪即丁公保之母。两人又说了些其他事情，吃了午饭才分手。

次日，朱大人因公事要见丁公保，只见府门紧闭，门上一老者说丁大人母病垂危，无心会客。朱大人一听，心里明白，便对老家奴说："朱公正为老夫人的病而来，请你火速通禀。"朱见了丁公保，将事情原原本本讲了出来，丁听后觉得朱说的一切如同眼见，便苦苦哀求朱为他母亲讲情，朱无可奈何，只好说："我尽心竭力为令堂求情就是。"说完，急忙去城隍庙向李宗义求饶，李在室内来回踱着，左右为难，迟迟不能决定。朱乃跪地哀求，李才勉强答应下来，叫丁家多请高僧高道超度亡灵，看是否可以了结此案。朱又去丁家报信，丁家自然是满口答应，照办不误。七七四十九天道场一过，丁母病体霍然而愈，合家欢庆之后，备办厚礼酬谢朱有扬和城隍爷，以示感激之情。

一天中午，朱大人饭后小憩，梦见李宗义随带书童闷闷不乐地来到身边，哭丧着脸对他说："前日丁家案情虽了，但冥王察知我徇私舞弊，已将我革职，新任城隍即将接任。我为了朋友之事丢官事小，只是年老多病的双亲还望仁兄关照。特来向兄辞别，望仁兄珍重。"言罢双膝跪地，泪如泉涌。朱大人将李扶起，再三安慰，说："待我办完交代，就到我家安身罢了。"

次日，朱大人又将此梦经过转告丁公保，请他共图良策。丁略为思索后对朱有扬如此这般讲了他的办法，朱听了大喜，便匆匆回转府廷，亲自起草了一份文告，说城隍庙殿宇破旧，神像凋残，年久失修，虫蛀蚁钻，早有倒塌之虞。决定另建城隍庙一座，凡烧香还愿者即往新址，原城隍庙修葺后改为粮食市场,停止祭祀等等。

数月后,新城隍庙赶建落成,朱大人亲自去老城隍庙迎接和到新城隍庙参加"开光"即祭奠仪式点相,此事轰动全城,家喻户晓,场面格外热闹。从此以后,新城隍庙每日香火不断,老城隍庙再也无人去烧钱化纸了。老城隍每月只有几个薪水钱,从无外快可捞,成了一个"清水衙门",门庭冷落,日子很不好过。李的二老也从原籍迁来成都,朱大人晨昏定省,视若亲生。朱李两人友谊日益深厚,生活都过得称心如意。

这是一个人间官员帮助冥间城隍执法断案并为其新修庙宇的故事,虽然其中少不了人们任意想象和夸张渲染的传奇成分,但是却既说明了城隍庙的来历,又寄托了老百姓希望人间官吏与冥间城隍都能够为民主持公道、维护一方和平安定的美好愿望,同时也是阴阳两界合力治理人间秩序的形象写照,更具说服力,当然也有愚弄万民、因势利导的统治权术因素在内。由于故事传说通俗易懂、生动曲折,容易得到民众的响应和接受,因此许多宗教信仰都是以此为传播工具和途径以达到自身发展壮大的目的的。在城隍信仰的传播中,也是如此。

一般而言,城隍神在善恶是非的判断与奖惩方面是公平正确、毫厘不爽的。因此,人们才会把一些久而未决的老大难问题提交神灵,诉诸城隍,希望通过神灵的研究与评判,最终能给大家一个公开、公正、公平的结果。但是,作为一城之主的城隍,有时也会或出于财帛,或出于疏忽,或出于权势,或出于特殊原因,与地方具有强势的邪恶势力沆瀣一气、互相勾结,做一些伤天害理的事,甚至徇私枉法、草菅人命,干些颠倒黑白、混淆是非的坏事。一些城隍神的传说中就有这方面的内容。笔者幼时曾听家父讲的会宁城隍的故事,曾在陇中一带民间广泛流传。据说甘肃省会宁县城隍庙所供的神灵就是一位见义勇为,为民伸张正义的青年。他本为一介读书人,因为得知本县城隍不为老百姓秉公办事,百姓民怨沸腾,于是就在当晚起草了一份向玉皇大帝告状的文书,准备检举揭发城隍的不法之事,状子写完后他感到十分疲倦,睡意难忍,于是就趴在灯下进入了梦乡。不料,他手头的状子被灯烧着,一下子就到了玉帝那里。玉帝一见状纸,十分震惊,立刻就将城隍撤职查办,并当下就任命这一撰写状文的青年为本地城隍。这则故事可以说是前引袁枚《子不语》中《陇西城隍为美少年》故事的另一个版本,但它说明城隍有时也不是是非分明,有时也会抵挡不了人间烟火的诱惑,偶尔会做一些对不起信众的事,甚至与邪恶之徒同流合污、狼狈为奸欺压良善,但瑕不掩瑜,毕竟城隍是人们不得不依赖和信任的神灵,这些过失并不足以动摇其

在人们心中的地位。在同书卷五中,还有一则《城隍替人训妻》,通过城隍神替周孝子驯服悍妻的故事,说明城隍不但公正善良和威严大度,而且对于处理一些民事纠纷和家庭矛盾方面也是责无旁贷,并且还能取得立竿见影的效果。城隍神手下有黑白无常两大助手,负责不分白天黑夜地勾取阳间人类的魂魄,因此城隍不但能够决定人在阳间生存的质量与寿命,确定赴阴的时间与地点,而且有时候还能够延长人们的阳寿,额外赐予一些行善积德者生存的时间。

四、庙会与文艺

城隍作为一个城市至高无上的专职神灵,其居处神隍庙也就构成了一个城市的中心建筑和地理标志,相当于阳间的官府衙门。其地理位置往往处于都市的繁华街区和交通要冲,是一个城市政治、经济、文化等功能最为集中的所在,堪称"城眼"。在一定程度上,城隍庙规模的大小,往往成为该城市级别与人口多寡的标志,而将其视为一个城市政治文化与都市商品流通经济最繁华和最中心的特区,则一点也不过分。自明代以来,以城隍三巡为主干的城隍庙会集城隍信仰、商品交流和民间技艺展演三位于一体,形成城镇中最为重要的特殊定期集市贸易活动,也成为城隍庙赖以生存的主要经济支柱之一,同时更彰显出城隍庙集信仰、娱乐和经济多种功能于一身的综合社会特征。而对城隍神灵的祭祀活动无疑是这些综合功能中的首要部分,其他功能都是辅助性的。

城隍庙中定期举行的庙会是一个城市宗教活动中规模和经济收益较大的赛会之一。庙会发源于古代的祭祀社即土地神的活动,大多在当地的各色神庙中举行,以神庙中的神灵偶像为祭祀中心,所以又称神会。又因为伴随庙会有多种文艺娱乐表演等助兴,因此又称唱会。有的民间艺人会利用这一难得的表演机会,展示自己的聪明才智和非凡才艺,既为城隍庙会增添了光彩,同时也向众人施展出了自己的才能。在贺绎、赵慧兰著的《陕西庙会》一书中,作者就记录了当地一位七十三岁的老汉武立自编的一首唱赞三原县城隍庙的顺口溜:

三原县,近长安,落花天宝数千年。
驰名关中白菜心,土地肥沃产粮棉。
出过能人活圣仙,岳飞、李靖熟兵法。
马李霍氏理学家,温尚书、王天官,于右任先生中外赞。
陕西只留城隍庙,地点就在东渠岸。

城隍文化放异彩

CHENG HUANG WEN HUA FANG YI CAI

大照壁,好巍然,精磨细刻水磨砖。

铁旗杆,重过万,两条巨龙上边盘。

迎门好像灵霄殿,一对狮子卧两边。

红大门,开两扇,两个偏门不尚算。

木牌楼,在中间,红漆柱子显又扁,角铃摇当听得远。

进门就是不要动,八卦天顶在上边。

踏着石条往前走,两边诸葛亮出师表,岳飞真迹后世传。

石牌坊,修得诮,八仙过海刻上面。

戏楼对面是大殿,钟鼓二楼插云间。

木牌楼,修得悬,好似天官落世间。

城隍高大施护板,还有小鬼和判官。

做得好,画得活,眼窝好像在动弹,十八罗汉站两边。

琉璃瓦,兽面艳,百鸟朝凤能叫唤。

出土文物齐摆满,于右任书法在西边。

领上亲属照个相,以饱眼福作纪念。

我才说了一点点,要想参观仔细看。

    庙会相比民间的社会祭祀,在内容和形式上都要广泛丰富得多,活动也更频繁,力度也相对要大。民间社会祭祀的场所仅仅限于社坛、社庙、土地庙等与"社"神即土地神相关的庙宇,活动内容也通常以春祈秋报为主,而庙会则可以各种规格和名号的神庙为场所,甚至还包括民间私自创设信奉的所谓"淫祀",其赛会内容除了常规性的春祈秋报之外,凡祈雨、止雨、驱邪、除蝗、禳灾、祈福、求晴以及各种神祇的诞辰等等,都可成为举办庙会的堂而皇之的理由,而且不受时间与季节的限制。实际上,庙会空前繁荣兴盛的根本原因,正是由于民间随意修建所谓"淫祠"泛滥的结果。对于"淫祠",唐代段成式曾这样定义道:"大凡非境之望,及吏无著绩,冒配于社,皆曰淫祠。"也就是说,凡是民间私自创设,没有得到朝廷认可的神庙,都属于"淫祠"的范畴,而这些庙宇中所进行的一切活动,都属于"淫祀"。这种民间庙会的活动,起源虽早,但到了宋代,已经发展到相当的规模,不但范围极广,而且名目繁多。明初,朱元璋对这种民间赛会活动的泛滥加以整治,进行了一些规范和限制,并制定了一套里社祭祀仪式。因此,明代的民间赛会只有春秋二社的祭祀活动,庙会暂时趋向沉寂。至明代中叶,由于官方的法令形同虚设,民间各地的庙会重新盛行,遍及全国南北城乡。这些庙会中出售的商品五花八门，从生产工具到零食玩具，可谓是琳琅满目，应有尽有。用山东当地的俗语来说，就是"除了金粪叉子没有卖的，什么都有。"（见俞异君等《山东庙会调查集》）庙会为了充分满足当地百姓的生产需要、生活需要和文化需要，参与流通的商品最大最多的是农具，如编织的各种篮子、筐子、簸箕、席子、制作的木锨、扫把、笤帚，家用的盆、缸、罐等用具，甚至门窗、锅、铲等，其次是各类杂货，如布匹、银货等，再次是食品，如各地的特色有名小吃，还有文具与玩具，如算盘、砚台、纸、墨、笔、帖等。据清人《鸢飞鱼跃斋随笔》记载："在庙内广场上，人排一摊，陈列所制玩具，五光十色，争异斗奇，不啻一年中一度玩具展览会。而孩童亦因此视城隍庙开堂为购买玩具之唯一良机。故届时家有幼年子弟者，必携往参观，择其精致可爱者，购回数件。"可见庙会所提供的商品尤其是孩童玩具类要比平时种类与数量要多得多，故而也成为稀缺紧俏商品的集中发布和销售旺季，也是大量奢侈品进入平常百姓之眼界的良机。伴随着这些商品交易活动的进行，还有一些独具特色与内容的杂耍演出，包括卖药、卖艺、卖唱以及赌博等，都是庙会上不可缺少的内容。此外，求子、求安等许愿还愿活动，也成为城隍庙会中的一项重要项目。

　　各地的城隍庙会，在日期、规模和内容上相差极大，基本上是按照当地的生活实际而具体设置的。仅以河北省为例，在日期的确定方面，就足以看出各地城隍庙会在举办时间上的差异。如邱县城隍庙会是在三月二十三日，武安城隍庙会是在清明节、七月十五中元节和十月初一日，新河城隍庙会是在十月初一日，怀来城隍庙会是在三月二日和十月初一日，束鹿城隍庙会是在五月初五日，宣化城隍庙会是在五月十三日，万全城隍庙会是在清明节和七月十五日，平府城隍庙会是在三月十四日，遵化城隍庙会是在清明节、七月十五日和十月初一日，滦州城隍庙会是在五月十三日，丰润城隍庙会是在三月二十八日，固安城隍庙会是在三月十七日和七月十五日，永清城隍庙会是在三月二十六日，保定城隍庙会是在八月二十八日，定兴城隍庙会是在四月初八日，新安城隍庙会是在四月初四日，阜平城隍庙会是在正月十六日、清明节、五月十七日、七月初一日和十月初一日，唐县城隍庙会是在八月二十八日，新城城隍庙会是在四月初一至初四日。由此可见，就一省而言，各地举办城隍庙会的时间不同，规模及内容就更加受到各种条件制约而因地制异，表现出独特性了。而在南方，城隍庙会的规模与内容也大体上与北方相类，只不过更加突显出地方特色而已。总体说来，由于南方经济发达，因此城隍庙会的经济规模更加盛大，参与拜会的人数也更多，商品种类与艺术表演也更加丰富繁杂。

　　清人潘荣陛在《帝京岁时纪胜》中,记载的北京城的庙会就有每月初一和十五的东岳庙会和北药王庙会,此外还有每月逢三的宣武门外都土地庙会、逢四的崇文门外花市、逢七和八日西城的大隆善护国寺、逢九和十日东城的大隆福寺,这些庙会都会陈列出大量的商品,包括人们日常生活必需品,以及金银珠宝、布匹绸缎、皮货冠带、陈旧估衣和古物古董,无论是精品还是普通消费品,应有尽有。许多商人游客,都会在此时携带大量资金入庙会,顷刻间就能得到自己所心仪的商品,也能够发财了。虽然潘氏并没有特别指出城隍庙会,但是这些庙会的举办无疑是与城隍庙会相互补充而在时间上是有意错开的。相对而言,富察敦崇在《燕京岁时记·都城隍庙》中,则更为具体地描述了城隍庙会的盛况。他指出每年的五月,从初一日开始,城隍庙会中的商品贸易活动要进行十天。所售商品都是儿童们喜欢的玩具及用品,并没有什么奇珍异宝,逛市场的人也不多。由此可见,这是一个专门为销售儿童用品所举办的专题商品交易会。作者又引《日下旧闻考》补充解释道:"都城隍庙,在前明时以每月朔望及二十三日有庙市。市之日,陈设甚夥,人生日用所需,精粗毕备。羁旅之客,持阿睹入市,顷刻富有完美。书画古董,真伪错陈,其他剔红填漆旧物,自内廷阑出者,尤为精好。其初所索甚微,后其价十倍矣。至于窑器,最贵成化,次则宣德。杯盏之属,初不过数金,嗣则成窑酒杯至博银百金。宣德香炉,所酬亦略如之。"可见在明朝都城隍庙会还是具有相当规模的,时间上每月的初一、十五以及二十三日都有庙市,商品种类上除日常用品外,还有书画古董,尤其是明代成化、宣德的瓷器和香炉更是可升值十倍的稀货,这些更值得那些南来北往的贩夫游客找到捡漏发财的机会。

　　北京最大的城隍庙会就是每年农历五月十一日为祭祀城隍神而举行的都城隍庙会,后来每月的初一、十五和二十五日也都要开市。这里经营的货物品种丰富、琳琅满目,既有奇珍异宝,也有日用杂品,还有来自国外的一些洋商,提供各种西洋货物。清代,在都城的很多地方,每年的五月初一至初十日,城隍庙会都要连续举办十天。特别是初一的这一天,宛平县城隍出巡要到都城隍庙相互会见,沿途鸣锣开道,仪仗威严,旌旗招展,伞扇护持,全份执事。八抬大轿抬着城隍塑像,还有许多舍身还愿者,或扮作马童,或扮作判官小鬼,更有甚者披枷戴锁扮成罪犯,沿街游行。同时还有各种民间香会相随,如高跷、地秧歌、五虎棍等,边走边唱,边游边耍,载歌载舞,锣鼓喧天,称之为献神。所到之处,观者如潮。当宛平县的城隍抵达时,都城隍庙

216

还要以旌旗执事和香会文场迎接。数十档香会相聚在一起，互道虔诚，各自献呈和表演自己擅长的节目，把走会活动推向高潮。及至迎接进庙，前来参加祭祀的地方官员马上上香跪拜、焚烧纸表，恭敬地祈祷城隍爷保佑来年风调雨顺、国泰民安。来自远近各地、不计其数的善男信女们也都相继进香焚表，许愿还愿。有的许愿者把两只胳膊肘下扎穿，挂着炉子前来朝拜；有的让小男孩穿上红衣红裤，梳上两个小鬟髻，扮成女孩模样，一步一拜或者三步一拜地前来还愿进香。

庙会经济中的重要支柱之一就是信徒们供奉的香烛纸火，但在日常管理中也是由庙官们视具体情况使用，尽量做到实在节俭，反对铺张浪费。除了盛大节日，城隍庙一般都定时开放，有专人进行管理。对于香客及重要信徒的巨资捐献，都有专门名册进行登记，以俟将来在功德碑或捐献榜中集中列名公示。对于平时焚烧残余的香烛，一方面为了防止火灾的发生，另一方面也是从节约及细水长流角度考虑，都会由庙中的管理人员集中清理存放。清代顾禄在《清嘉录》卷三"犯人香（回残烛）"中就提到了这一现象："（府城隍）庙左右，纸马铺拦街挜卖香烛、钱粮不绝。庙祝、司香，收神前残蜡，复售于烛肆，俗呼'回残蜡烛'。"这里所说的"回残蜡烛"，就是在神案上回收的残剩香烛，重新经过加工后，制成新的蜡烛，在商铺里出售。同条案语引证云："《旧唐书·王毛仲传》：管闲厩刍粟之类，'每岁回残，常致万斛'。又《新唐书·食货志》：'太和九年，以天下回残钱，置常平仓本钱。'吴人谓买物用过，仍卖店中曰'回残'。"而经营香烛纸火的店铺往往是生意兴隆，忙得不可开交。这种回收的经营方式，也为寺庙创造了一定的经济效益，可以补贴一些必要的开支。

在一年数次的城隍三巡会期间举行的各种商品贸易活动，构成了都市庙会经济的主要支柱产业和中心环节。自宋以来，就是如此。孟元老在《东京梦华录·中元节》条中就描述了这一现象，可见任何一种可供奉的明器纸钱及其花卉，都可以在集市中通过买卖购得，而且还有许多流动叫卖、送货上门的小贩。一些文艺表演和文化娱乐，也同时带动了许多行业的小商贩的经营活动。

定期举行的规模性城隍庙会基本上每年三次，也就是在每年的清明、七月十五日和十月初一日举行城隍神出巡期间。但是在民间，由于人们对神灵的属性和身份认识不清，在心理上都存在着世俗考虑，因此有的地方的庙会也不完全是定期的，也有许多个别特殊案例，这在中国民间宗教信仰中是不足为奇的。有的故事传说中，也表现出这种模糊甚至错讹的情形。如在

安徽霍邱一带,就盛传着这样一则故事:

传说正阳曾出一才子,名叫刘自治,此人聪明过人,人说他有状元之才。一年初夏,刚有暖意时,他独自在后花园吟诗作文至深夜,这时,来了一白衣秀士,与他谈古论今,两人越叙越投机,于是两人就结拜为兄弟,每天直谈至疲倦方才各自离去。就这样,日复一日,月复一月,直至秋后。一天,这位白衣秀士面带愁容对刘自治说:"我们兄弟相处了这么长,真是叫人难分难舍,但明天我将要走,再没有相见的机会了。"

"这是怎么回事?"刘自治问道。

"实话告诉你,我是水鬼,明天就要讨替身,所以,以后不能再相见了。"

"但不知兄弟在何处讨替身?"

"明日午时三刻,从寿县来一只三桅大船,船上的'小管船的'将是我在正阳码头的替身。"说完,他们又各自散去。

第二天,刘自治吃了早饭,就到正阳码头下游二里多远处坐岸等船,直等到午时将近,才从寿县开来一只三桅大船,他见了,就奋力喊住船只,一问,船上确有一个"小管船的",年方七、八岁,生得活泼可爱。于是,他对老管船的讲清来意,老管船的当然把他奉为上客,请上船来,排宴侍候,并请他在船舱里看住"小管船的",说话之间,午时三刻已到,船将靠岸时,"小管船的"在船舱里急得一蹦三跳要出来,但被刘自治紧紧拉住不放手。到了未时,刘自治才高高兴兴地离开大船回家。

这天天黑后,他又到后花园吟诗作文,不多时,那白衣秀士又来了。

"兄弟,昨日不说不来了吗?"刘自治问。

"我的事全被大哥破坏了。"

"兄弟,莫怨哥哥,是哥哥舍不得叫你走啊!"

"哥哥放心,今后弟弟一定每天都来相陪。"

就这样,秋去冬来,不觉到了第二年春天。一天,这白衣秀士又满面悲伤地说:"哥哥,我又要讨替身了。"

"不知兄弟又要去哪儿讨替身?"

"这一次是在清水河,这一次不比上次了,上次讨一个即可,这一次要讨两个,明天一早,有一妇女抱着个小孩到清水河,她母子俩,便是我的替身。"

刘自治这一夜没有睡好,天没亮就跑到清水河。等了一个时辰,天方亮,果然来一妇女,怀抱婴儿,哭哭啼啼到了清水河边,那妇女刚要把孩子往河里抛,刘自治上去一把夺过孩子,并劝阻妇女不要轻生。直到她丈夫来把她领回家去,刘自治才回家去。

这天晚上,白衣秀士又和刘自治见面了,他们双方见面一笑,都知道这次事败,又是刘自治在里面:"捣鬼"。

又过了一个年头,这天,白衣秀士又对刘自治说:"哥哥,以后我陪你的机会少了,由于两次没有讨替,我的行动感动了阎王,因此,阎王封我为正阳镇城隍,明天我便要去赴任,以后想我,请到城隍庙相见。"

刘自治听罢,欣喜地说:"恭喜老弟荣升!"

"谢谢哥哥!"

别后,刘自治每当想见他的鬼弟时,就到城隍庙与他相见,他们的交情越来越好,只是从不谈"公事"。

再说,刘自治有一嫂子,为人也很贤良,只是现在长一瘩背,据说是阴疮,是因为前世扣了人家的斤两,这世被城隍查出,才用秤钩给她挂在城隍庙后阁,因此这世长了此疮,是医不好的,想好,必得将秤钩去掉,疮才能好。于是,刘自治又想了一个办法,请他城隍弟弟带他到庙阁去看看,他见庙后阁果然用秤钩挂着一个女鬼,是她嫂嫂的模样,便上去将那女鬼放走。

这一下,城隍就犯了徇私舞弊罪,被贬为土地。刘自治知此事是自己做的,不与鬼弟城隍相干。于是,就以自己的才华,用心写了一本奏章,意思是嫂嫂这世表现很好,应当给她将功补过的机会,放走嫂嫂之事,并不是城隍,而是他干的。奏章写好后,写在一张黄表纸上,焚烧后,奏明五殿阎君。阎王看了奏章,才知自己做事太武断,特降旨,再封土地为城隍。但正阳镇的新任城隍已到,也只好把他封为城隍土地了,即官职是城隍,行权是土地。从此以后,正阳镇的城隍与土地平起平坐,地位相等。土地请了城隍,城隍必得回请土地。因此,正阳镇每年就有两次城隍庙会。

故事中讲述的两次庙会,其实有一次是城隍庙会,另一次则是土地庙会,但是由于土地神的职位极低,因此为他举办庙会这种大型节会的情况是很少见的,多数情况下都是土地沾城隍的光而享受丰盛的香火。

明末《沪江商业市景词》中载有一首《城隍庙诗》,就形象地描绘出了上海城隍庙庙会、祭祀、演戏、经商、购物的热烈场面,诗云:

城隍庙内去烧香,百戏纷陈在两廊。

礼拜回头多买物,此来彼往掷钱忙。

在烧香拜神的同时既能欣赏到精彩纷呈的文艺演出,又能随心所欲、尽情地进行购物交易活动,市民在城隍出巡活动中的消费热情与购买能力相当高涨而可观,几乎可以说是一种超级奢侈而阔绰的文化娱乐消费节日。清人张春华在《沪城岁事衢歌》中云:"豫园晴午景轩眉,同上春台次第窥。相约破工夫早到,庙接日日有年规。"诗后自注:"城隍庙西园,明尚书潘恭定公恩故址。址约七十余亩,花木山石、亭台池沼之胜,详邑志。乔踵吴记:年初游人尤盛。邑之黄浦,数省市舶交集焉。春月各业演剧为报赛,谓年规戏。"可见当时城隍庙都要在每年春天开始时演戏以酬神,这时游人尤为众多,也极其热闹。

被明末文人赵慎微在诗中盛赞为"万家烟火似都城,元室曾经置大盈,估客往来都满载,至今人号小临清"而以棉纺业和粮米集散地为主的上海浦南朱泾镇,由于地理位置得天独厚,从宋元以来商业贸易就十分繁荣发达,尤其在宗教节日里伴随着文化点染,经济活动就更加频繁而突出。据嘉庆《朱泾志》记载,每年三月三日的清明节,当地的迎神赛会活动都要将城隍抬出巡街,豪华讲究,热闹非凡:"赌出抬阁,以指粗铁柱扎系小儿于上,高出楼檐,装点故事,悉用珠玉珍宝,穷极工巧。"在抬城隍神像出巡的时候,还有惊险刺激的杂技表演,最有难度的就是将小孩扮成各种人物形象绑扎在铁柱上,抬到比楼檐都要高的程度,展示故事内容,所用的装饰都为珠宝金玉,流光溢彩,极工巧之能事。当地有民谚道:"忙做忙,莫忘朱泾赛城隍。"说明朱泾镇清明时节赛城隍的活动已经具有了相当的知名度与影响力,以至成为当地民众的一项重要文化娱乐项目,即使再忙也要抽空去欣赏。"凡村庄胜会,最非善事。会中置办物件,有形之花费动以累千计,倾动远近,四处人舟云集,阖镇亲友盘桓。其无形之花销更以累万计。"人们的消费热情及水平由此可见非同一般。在江南的许多地方,人们对城隍出巡的活动分外重视,在规模上也大有互相攀比、竞相奢华的倾向,这一方面形象生动地说明了城隍在人们生活及生产中的崇高地位,另一方面也满足了人们对经济、文化、娱乐的需要。而城隍作为一城主神,可以说是司法制定与实践双兼的代表。它与阳间的官府互相依存、互为支撑,为百姓黎民搭建起了一条上可贯通阳明、下可至冥苍的特殊通道,真正实现了天地人三者之间的和谐共存。因此,城隍庙也就在某种程度上成了仅次于文庙的进行道德伦理教化最理想的场所之一。

城隍庙既是老百姓经常祈求保佑和希望判明善恶的地方,也是城市中进行演戏娱乐活动的重要场所。明末清初人张岱在《陶庵梦忆》卷七《冰山记》中就形象而生动地记叙了当时在浙江绍兴城隍庙演出传奇的情景：

> 魏珰败，好事者作传奇十数本，多失实，余为删改之，仍名《冰山》。城隍庙扬台，观者数万人，台址鳞比，挤至大门外。一人上，白曰："某杨涟。"口口谇谍曰："杨涟！杨涟！"声达外，如潮涌，人人皆如之。杖范元白，逼死裕妃，怒气忿涌，噤断嚘喘。至颜佩韦击杀缇骑，嗥呼跳蹴，汹汹崩屋。沈青霞缚橐人射相嵩，以为笑乐，不过是也。

《冰山记》的内容是叙写以魏忠贤为首的奸佞小人残酷迫害朝廷中敢于谏言的忠良正义人士如杨涟、范元白、沈鍊等，最终阉党及其党羽垮台的故事。城隍庙作为一个城市中的重要建筑，其建筑群独具功能与色彩的戏台（或戏楼）又是重中之重的娱乐主体。城隍庙中戏台上定期演出的各种戏

图52　城隍庙正殿

剧,既可以满足当地官府成员和本地百姓为祈求神灵保佑赐福而定期或不定期地在此为神灵唱戏娱乐的祭祀需要,更可以给文化娱乐活动缺乏的百姓黎民们带来最好的精神产品,使他们充分享受到难得的文化盛宴。而作为向城隍祭礼献艺的戏台,或称乐楼、戏楼,则是城隍祭祀众多仪式程序进行的重要场所之一。祭祀期间演出的戏剧曲目也是有近乎严格的规定,不能随意,有的城隍神还有自己特别喜欢看的固定剧目,一般上演的都是有关城隍或官府为民除害、宣扬官吏清正廉洁而不徇私情、赞颂城隍神灵明察秋毫与公平英明等内容的戏曲,前述《冰山记》即属此类。一般来说,城隍庙里的戏台都为阁楼式建筑,与城隍塑像居中的正殿相对,其高度也是要与殿内神像的视线相当,或稍低于殿中神像,以方便神灵居高临下观赏,而戏台与正殿之间的广阔间隔地带,正好为信众提供观看空间。但是山西省黎城县城隍庙的戏台却是背对正殿而面向庙外的,有学者称其为"背台",并且指出:"神庙献艺,目的是娱神,但黎城县城隍庙却将戏台面对庙外,完全背离了祭礼献艺的宗旨,是对神庙剧场的颠覆性革命。这一现象充分说明,神庙演剧的宗教性根源到明代已经开始发生动摇,逐渐成为仅仅具有象征意义的形式,而娱人的终极目标浮出水面,得以反叛性呈现。这种有些'离经叛道'的戏台并不是孤例,建于清同治十二年(1873)的江西乐平浒崦村程氏祠堂鸳鸯台(当地人称作'晴雨台')也有类似倾向。当然,这样的例子并不多,民间的大多数戏台至少在形式上还是遵从古礼的"(见曹飞著:《敬畏与喧闹:神庙剧场及其演剧研究》)。的确,这种背离常规的现象是少之又少的,尤其是在城隍庙的建筑方面,更是特例。而据现存明代嘉靖三十一年(1552)撰《重修城隍庙门楼记》记载,山西省黎城县城隍庙创建于宋天圣三年(1025),元至正十八年(1358)毁于战火,明洪武二年(1369)在原址重建,嘉靖十六年(1537)庙院俱存而门楼独毁,于是又予以重修,至嘉靖十八年(1539)竣工,山门和戏台也当建于此时。因此,城隍的职能是全方位地为城内外自己的信徒受众服务,这种服务从地方官吏的角度来说是无可争议的。但是,城隍毕竟是神灵,因此理应享受祭祀和崇拜,与阳间官吏相比,他拥有更高的权力和威力。

城隍作为地方大神,并不是高高在上只图享受人间供奉的香火,而是要保地方平安,为当地百姓尽量多做善事,造福地方,保佑他们能够生活安乐、福寿延年,更重要的是在紧急关头,能够替一筹莫展的百姓祈福祛灾,带来实实在在的恩惠。由于城隍与居民之间和谐相处,有许多故事传说都是述说城隍的惩恶扬善之举和报应灵验之效。有的故事传说,人们赋予了城隍更多的人间官员或长辈色彩,从而设立了一系列的规章制度,一方面突出城隍作为神祇的权威与不可冒犯,另一方面更突出神与人的和谐共处。城隍由于所处地域及其差异的存在,因此在生活习俗方面表现得丰富多彩,极具世俗意味。如在甘肃省天水市,就流传有一个"进城隍爷的寝宫要先敲云板"的故事传说:

> 说起秦州城里的城隍爷,人人都知道他是很神灵的,所以城隍庙里常年香火不断,抽签问卜的人也很多。

> 在城隍庙正殿的后面有一个小院,这个小院就是城隍爷的寝宫。寝宫里有三间大殿,正中坐着城隍爷的塑像,左边一间放有书案、坐骑,是城隍爷行事办案的地方。右面一间就是城隍爷睡觉的卧室,里面支着一张大床,床周围有雕满图画及各式图案的暖阁,挂着五彩帐子,床上放着极其华丽讲究的被褥枕头等卧具,房子里还放着洗脸的用具。

> 城隍庙的住持名叫张阴阳,他每天像侍候真人一样,侍候着城隍爷。早晨进屋收拾床铺,打扫房子,还打洗脸水。到了晚上,他也要进去铺好被褥,放下幔帐。但是有一件事,张阴阳特别注意:就是进寝宫之前,先要敲几下云板,给城隍爷打一声招呼。张阴阳为什么要这样做呢?原来有一天早晨,他起床起得早了一点,就闷头闷脑地去侍奉城隍爷。没想到当他走进城隍爷的卧室,掀起幔帐一看,有一条龙在床上卧着。当下就把张阴阳吓昏了,接着还得了一场大病。从此以后,张阴阳早晚进寝宫要做的第一件事,就是必须先敲云板。

故事中出现的"云板",也称"钟板""响板""铁板""云板""大板""传事板",俗称"点"。一般用青铜或生铁铸造而成,通常制作成云形花纹状,有的也制作成两端云头状的扁形铁片。通常悬于木架上,敲击可发声。多用来作为传讯和通知工具。据说宋太祖赵匡胤时,因为鼓声多次惊扰了他的就寝,于是就命令人将击鼓换成了敲击铁磬,有的称为"钲",也就是今天所说的云板。旧时官署或贵族大家庭在集合家众进行祭祀或者丧礼时,就击云板,作为报事的信号,相当于如今的钟声。如《红楼梦》中第十三回《秦可卿死封龙禁尉 王熙凤协理宁国府》中写秦可卿死时与梦中的王熙凤辞别,告诉她"月满则亏,水满则溢""登高必跌重""树倒猢狲散"的俗语,以及"烈火烹油、鲜花着锦之盛……也不过是瞬息的繁华、一时的欢乐"的警示,"凤姐还欲问时,只听二门上传出云板,连叩四下,正是丧音,将凤姐惊醒。人回:'东府蓉大奶奶没了。'凤姐吓了一身冷汗,出了一回神,只得忙穿衣服往王

城隍文化放异彩
CHENG HUANG WEN HUA FANG YI CAI

夫人处来。"民间有所谓"神三鬼四"一说,是说祭神或者是在一般的吉礼上,人们叩首常用"三"数,丧礼则用"四"数,因而丧音为四下。佛教寺院中的云板,通常不用时都统一悬挂在斋堂前,在每天的粥(朝食,即早饭)和斋(昼食,即午饭)之前连续敲打三十六响,因此也称长板。又因为到了此时,寺院中的众僧即可取下钵盂来聚拢用餐,所以又称下钵饭。由于云板在道院中被普遍运用,因此在城隍庙里也是可用的。

在陕西省户县的大王镇,由各村轮流举办的"十九堡迎城隍"的民俗祭祀活动,先后要接大城隍纪信、二城隍韩城和三城隍周苛三位神灵,都要在县城北举行出巡活动。其中大城隍纪信由富村、梧桐村等19个村每年轮流奉祀;二城隍韩城由孝义坊、东韩村、牙道村、野口村等21个村迎祭;三城隍周苛(也有一种说法认为是明代崇祯年间户县知县张宗梦)由皇甫村、六老庵、三旗村等13个村接来送往。据传这三位城隍都是明太祖朱元璋洪武四年(1371)敕封的"都府城隍"。在城隍神出巡游观期间,当地百姓自发组织腰鼓队、梆子队和夹板队,进行文艺表演。一些群众尤其是中老年女性都要带上自家的孩子在路两旁等待观看,当巡游队伍经过时,她们都要率领自家大小纷纷从仪仗队、舞龙队和雄狮队的队伍中穿插经过,意为讨吉利、脱晦气、沾喜庆,你来我往,热闹非凡。

图53　陕西村镇城隍巡游活动场景

总之,在丰富的城隍文化中,既有文人士子的参与,也有下层民众的支持,更有官方堂而皇之地宣传,因此无论是文士撰写的碑文与祭文,还是名家乡贤题撰的匾额和对联,还是那些经久不息流传于百姓口耳的传说故事,加之形象生动、引人入胜的庙会和文艺表演,都充分反映出宣传城隍神灵验威严、劝善惩恶、保民护城等主旨内容,更具有惩罚与警告的预防功能。因此,城隍文化既是一种教化,更是一种防患于未然的震慑机制。作为城市之神,保护城市的安全和市民的安居乐业,正是城隍的神圣职责,也是城市精神与文化的重要组成部分。

城隍文化放异彩

CHENG HUANG WEN HUA FANG YI CAI

参考书目

王永谦. 土地与城隍信仰[M]. 北京:学苑出版社,1994.

郑土有、王贤淼. 中国城隍信仰[M]. 上海:三联书店,1994.

金泽. 中国民间信仰[M]. 杭州:浙江教育出版社,1995.

乌丙安. 中国民间信仰[M]. 上海:上海人民出版社,1996.

孙京荣. 通往天国的驿站——中国寺观文化[M]. 沈阳:沈阳出版社,1997.

[美]王斯福. 学宫与城隍[J]. 施坚雅主编、徐自立译. 中华帝国晚期的城市[C]. 北京:中华书局,2000.

傅俊. 唐宋州县城隍地位变迁及官府运作——以缙云县城隍庙为中心[J]. 黄帝文化研究——缙云国际黄帝文化学术研讨会论文集[C]. 2004.

郑土有、刘巧林. 护城兴市——城隍信仰的人类学考察[M]. 上海:上海辞书出版社,2005.

余欣. 神道人心:唐宋之际敦煌民生宗教社会史研究[M]. 北京:中华书局,2006.

荣真. 中国古代民间信仰研究——以三皇和城隍为中心[M]. 北京:中国商务出版社,2006.

高有鹏. 庙会与中国文化[M]. 北京:人民出版社,2008.

孙京荣. 世俗的法规——甘肃民间禁忌[M]. 兰州:兰州大学出版社,2009.

徐李颖. 佛道与阴阳:新加坡城隍庙与城隍信仰研究[M]. 厦门:厦门大学出版社,2010.

彭维斌. 中国东南民间信仰的土著性[M]. 厦门:厦门大学出版社,

2010.

丁山．中国古代宗教与神话考[M]．上海：上海书店出版社，2011．

曹飞．敬畏与喧闹——神庙剧场及其演剧研究[M]．北京：中国戏剧出版社，2011．

王涛．唐宋时期城市保护神研究——以毗沙门天王和城隍神为中心[M]．北京：中国社会科学出版社，2012．

洪卜仁．闽台神缘话城隍[C]．厦门：厦门大学出版社，2012．

段凌平．闽南与台湾民间神明庙宇源流[M]．北京：九州出版社，2012．

刘家军，沈金来．城隍信仰研究：安溪城隍庙[C]．北京：中国社会科学出版社，2013．

参考文献
CAN KAO WEN XIAN

227

后　记

　　钱锺书在小说《围城》中,描述方鸿渐、褚慎明、赵辛楣等一帮文人和美女苏文纨在讨论结婚与离婚这一话题时,苏文纨引用了法国的一句名言,将婚姻比为城堡,并说"城外的人想冲进去,城里的人想逃出来"。比喻极为贴切而生动,以至后被概括为围城效应。对婚姻是这样,对所有现象何尝又不是呢? 对于如今大多数中国人来说,则是"城外的人想钻进去,城里的人则不出来"。进城过去虽然是绝大多数中国普通老百姓的短暂旅游和贸易行为,但人们从来都没有放弃对城市这一空间的追求梦想,即使在相当长的一段时期内纯属痴人说梦,只敢偶尔放纵灵魂来想一想的。距离城市近的人们,最多也只能在逢集唱会的时候,能够快速进入城中,将自己辛勤收获的农副产品换成油盐酱醋布棉等生活必需品,停留在城中的时间极为有限,与日出而作、日没而息的劳动节奏相同,出入城区也是日出而入、日落而出。到了我们这一代,城里宽厚的城墙和高大的城门多半已经失去了防御功能,侥幸保存下来的部分也成了摆设。即使没有了城墙的围堵与阻隔,城内享受国家特殊待遇的城镇居民和城外贫苦不堪的农民中间却始终有一道无形且无法逾越的鸿沟,其宽度与深度大大超越了城墙的厚度与城壕或护城河的深度。直到二十世纪八十年代,幸逢拨乱反正、恢复高考、改革开放的佳年良辰,我们这些本来命中已经注定要修理一辈子地球的回乡知识青年,凭着自己异常坚韧的拼搏奋斗和老天额外的眷顾垂青,终于从贫瘠穷困的黄土地上成功突围,糊里糊涂地冲进了这个拥有全省最大城隍庙和职权最高城隍爷的城市(后来经过考察才发现已是有名无实,变成工人俱乐部了,实际是古玩交易市场),并在四年后再一次幸运地留在了这个令许多人艳羡而神往的地方。直至今日,大家还习惯性地将住在这个空间中的人称为市民,统称"城里人",而在这个空间之外的则叫农民,即使进了城务工的也称农民工,统称"乡里人"。在很长的时间里,城里人吃的是从粮油门市部里购来的"皇粮"大米,而乡村农民则不但要靠贫瘠的土地种粮生存,并且还要交纳足量的公购粮(后来终于取消,实现了千年以来农业税的免征)。农民永远也过不上城里人的日子,更别说享受城市的文化精神生活了。千百年来,除了在非正常状态如兵荒马乱中逃难混进城且幸运扎根的少数人之外,大多数农民在城里除了掏钱住旅馆饭店别无容身之地,偶尔在城隍庙里能免费待上一晚也属侥幸,因为城市是不属于自己的。进城是奢望,进城拜祭城隍求其保佑更是一个家族的大事,进城贩卖土特产是为了谋生,进城来读书更是为了实现远大的理想,如今进城来打工也是为了实现成为一名城市成员的愿望。城市,永远充满了令人无法抗拒的诱惑,一个令无数人舍生忘死、艰苦打拼成功后才能挤入的豪华空间。长期以来,我国处于较为落后的以农耕为主的社会,城乡差别几如天壤,城乡之人在角色的转换上则几乎没有可能。若不是三十多年前的改革开放,那么上述局面还会维持多长时间,则很难想象。

我家与县城只有一山之隔,从山顶就可以俯瞰县城里高楼林立、万家灯火的壮观景象,就连县城中传来的广播喇叭中的声音也都听得非常清晰。从初中起,我就在全县档次最高的县一中读书,虽有过短暂的居住史,但更多的时间里是每天早入晚出,并不是正儿八经的城镇居民。直到高考录取通知书的到来,才获得了一个迁户口的机会,将自己的身份由农村变成了城镇,颇为自豪而骄傲地跨进了城里人的行列,从此吃起了"皇粮"。大学毕业后又顺利地留在了省城,接着成家立业,在一定程度上告别了农村、农民、农业这所谓的"三农",像个胜利者一样得意地将这顶含有歧视与侮辱意味的帽子甩到太平洋里去了。父亲虽然也是吃"皇粮"、拿工资的城镇人,但由于是农村的"单膀子"家庭,始终无法过上体面的城里人生活。这条剪不断的线羁拴着他的脚步,重压着他的肩膀,逼迫着他每年、每月、每天,都要主动地与农村、农民、农活打交道,虽说也有田园式的快乐,但更多的则是超出人们承受能力的强体力劳作、持续性贫穷和无边际地受苦。当他知道我确定能留在省城的时候,那满面皱纹、饱经风霜的脸上露出了欣慰和满足的笑容,那是一种略带苦意而快活的笑,至今仍深深地铭刻在我的脑海深处。等到我们兄弟姊妹或以考进大学读书的方式,或以其他原因而相继离开了农村,这个曾经因"单膀子"而使人疲惫不堪的家园面临被迫撂搁的时候,父母则表现出了极大的纠结和依恋,因为他们为此付出了一辈子的心血,流干了自己所有的汗水，更因为那是祖先们经营和传承的家园，是他们的青春，他们的奋斗，他们的骄傲，也是他们的最后归宿。"梁园虽好，却非久留之地"，城市虽然对农村的年轻有为一代是个巨大的诱惑，但也是个充满了竞争与挑战、焦虑与孤独、快节奏与夜生活的非凡战场，要想堂而皇之地成为城市中的一员，除了自己的打拼之外，更需要整个环境与文化的改变与提升。如今，党和政府正在领导我们实现全方位转型，逐步缩小城乡差距，加快建设城镇化步伐，厉行户籍改革，中国亿万农民终于迎来了从来都未有过的光明前景，终于可以和城里人一起同做中国梦，共同为实现民族复兴而努力了。

正是因为一直聚含着对城市酸甜苦辣咸"五味俱全"的复杂情结，也基于自己三十多年在城乡之间的痛苦牵挂，因此对自己居住的城市虽为满意，但对数百公里以外的农村老家更是魂牵梦绕，割舍不下。随着年龄的增长与阅历的增加，毫不留情的岁月沧桑感扑面而来，那些儿时生活的欢快场景与一起曾经嬉戏的伙伴，经常会闯进已经尘封多年的记忆深处那些已经作古或者仍在孤独留守的父辈们的音容笑貌，那些正在拼搏奋斗的同辈们的面庞和身影，那些正在努力上进试图摆脱逃出家园的小辈们……从脑海里一一掠过。每次回老家，都是匆匆地看看，略略地转转，根本上见不到几个人，也说不上几句话，就急慌慌地仿佛逃离似地告别生养自己的地方，虽内心充满了惭愧，但更多的则是无法、无奈、无语。走在自己家门前的巷堂里，看着路两边盛开的野花和疯长的杂草，眺望家乡绿树环绕、或新或旧的农家庭院，望着那幅略显单调而少有变化的山村全景，心中感慨万分，足底泛起温馨。经过那座当年巍峨高大而如今已经颇显陈旧的城隍庙时，回想当年青春年少时于风雨霜雪中每天匆忙路过的场景，既朦胧又清晰，既含混又明朗，既像昨日发生的事情，又如遥不可及的过去……

正是因为城市及城隍庙给了我相当深刻而抹之不去的顽强印象，所以当时任西北师大国际文化交流学院副院长、博士生导师也算得上学兄畏友的杨晓霭教授和我谈起"中国传统都市文化丛书"的撰写计划并热情邀请我参与，又闻策划者是业已熟悉的兰州大学出版社梁建萍女士，所以非常爽快地接受了这一任务。当时杨教授已经拟好了丛书的整体计划，又拟妥了书名，因此算得上是一篇应题之作。在写作的过程中，尽管面临才识不足、资料缺乏、时间紧迫的"三缺"，但总算将这本小书呈现在了读者面前，也算是如期交差。更让自己觉得欣慰的是，这次写作本身就是一个难得的学习机会，收获颇丰。

在写作过程中，我参考了学界大量的研究成果和资料，除文中说明和列入书目之外,更多的则未予罗列,在此一并致以诚挚的谢意! 也衷心感谢杨晓蔼教授、梁建萍女士以及给予无私帮助的家人和亲朋挚友!

　　由于时间仓促,加之本人水平有限,才疏学浅,书中肯定有许多值得商榷或不够严谨甚至错讹之处,敬请各位方家不吝指教。

孙京荣
2014年夏于兰州寓所

后　记

HOU JI